KB215286

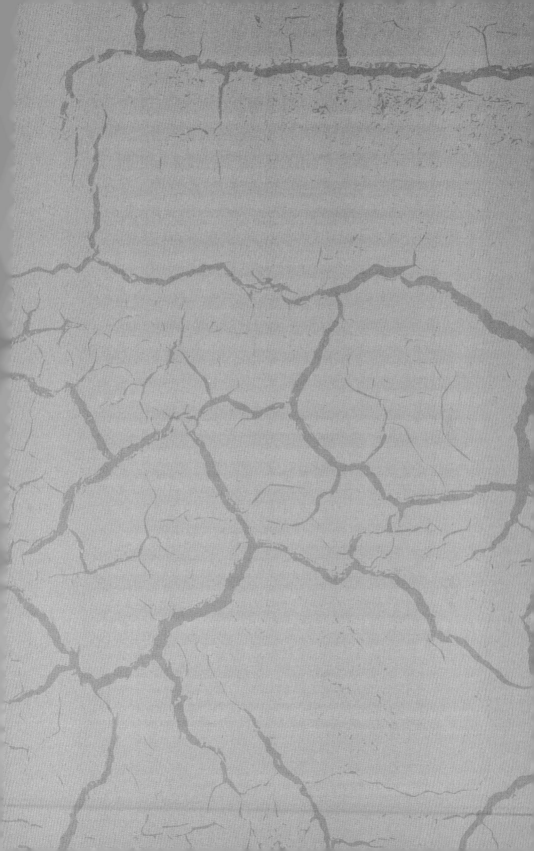

관계
공간

갈등을 전환하는 대화

베티 프리스

『관계 공간』은 소중한 책입니다. 베티 프리스는 날카로운 지성, 명상의 마음, 그리고 개인 및 조직의 갈등을 중재해 온 수 년 간의 경험을 바탕으로 우리를 자신과 화해하고 삶에서 만나는 사람들과 평화하도록 지식과 실천의 세계로 우리를 안내합니다. 그는 우리를 더 겸손하고, 더 지혜롭고, 더 관대하고, 은혜롭게 만드는 위험하고 도전적인 길로 나아가도록 우리를 초대합니다.

레베카 슬로우, 아나뱁티스트 메노나이트 신학대학원의 학장이자 예배학 명예교수

저는 조직에서 심각한 갈등을 겪게 되면 이 책을 읽으며, 베티 프리스의 갈등전환 방식을 적용합니다. 자신의 가장 깊은 감각을 갈등전환 전략에 끌어들여야 할 필요성을 내러티브 패러다임으로 엮어낸 책을 본 적이 없었는데, 이 책은 그것을 해냈습니다. 정말 탁월합니다!

더글라스 클라센, 캐나다 메노나이트 교회 대표 목사

『관계 공간』은 독자들에게 인간이 된다는 것이 무엇이며, 고통과 갈등으로 가득한 세상에서 어떻게 성공할 수 있는지 알려주는 실제적이면서도 풍성한 지혜의 우물입니다. 베티 프리스는 갈등이 어떻게 개인과 공동체의 성장을 위한 기회가 될 수 있는지 보여줍니다. 이 책은 특별히 교회를 위해 중요합니다. 그 이유는 이 책이 우리를 지으신 삼위일체의 생생하고, 관계적인 삶으로 살아가도록 우리를 초대하기 때문입니다.

크리스토퍼 스미스, 『그리스도의 몸이 말하는 방식: 교회 안의 실천적인 대화 회복하기』 저자

갈등을 겪는 모든 사람이 꼭 읽어야 할 책입니다. 자신을 치유하고 갈등을 전환하는 데 필요한 신선하면서도 온전하고 실제적인 접근법을 제시합니다. 저자는 절묘한 기술과 부드러운 이야기로 고도의 이론적, 철학적 개념들을 가장 접근하기 쉬운 방식으로 설명합니다. 이 책은 영적인 관점에 관계없이 인간다워지기 위한 지침서입니다.

제니퍼 볼, 워털루 대학 내 콘라드 그레벨 대학의 평화와 갈등학 부교수

『관계 공간』에서 베티 프리스는 독자들에게 건전한 갈등 관리 원칙을 제시하면서 깊은 곳으로 안내합니다. 오늘날 우리가 사는 세상에 정말로 필요한 지혜, 즉 우리가 사랑하는 공통의 인간성을 제대로 이해하고 포용하는 데 필요한 차이와 방어를 제대로 관리하는 능력을 함양하도록 안내합니다. 이 책은 자아를 치유하도록 더 큰 희망을 제시하며 화해를 추구하는 인류 공동체를 더 큰 기쁨으로 나아가도록 길을 제시합니다.

데이비드 보샤트, 아나뱁티스트 메노나이트 신학대학원 총장

관계공간

지은이	배티 프리스 Betty Pries
옮긴이	김복기 한승권
초판	2025년 2월 3일
펴낸이	배용하
책임편집	배용하
등록	제2021-000004호
펴낸곳	도서출판 비공
	www.daejanggan.org
등록한곳	충남 논산시 매죽헌로 1176번길 8-54
대표전화	전화 041-742-1424 전송 0303-0959-1424
분류	사회	관계	경계	갈등
ISBN	979-11-93272-26-8 03190

이 책의 한국어 저작권은 Herald Press와 독점 계약한 대장간(비공)에 있습니다.
기록된 형태의 허락 없이는 무단 전재와 복제를 금합니다.

값18,000원

관계 공간

갈등을 전환하는 대화

베티 프리스

김복기 한승권 옮김

비공
도서출판

폴,

그리고 엔야, 토마스, 스테판에게

목 / 차

추천의 글 ⋯ 6

감사의 글 ⋯ 13

서문 ⋯ 16

서론 ⋯ 19

1장 • 의견불일치와 갈등의 고조 ⋯ 25

2장 • 자아의 구조와 갈등 전환 ⋯ 89

3장 • 자아에 대한 성찰 ⋯ 143

4장 • 갈등 전환 ⋯ 167

5장 • 갈등 전환과 영적 훈련의 실천 ⋯ 215

결론 ⋯ 262

역자 후기 ⋯ 266

감사의 글

내가 이 책을 집필하기 시작했을 때는 코로나19 팬데믹이 시작된 지 얼마 지나지 않아서였고, 대량 예방접종의 영향을 지켜보는 시점에 맞춰 출간될 예정이었다. 참으로 이상한 한 해였고 아주 많은 사람들에게 온갖 힘겨움으로 가득했지만, 그럼에도 불구하고 경이로움과 은혜의 순간으로 점철된 한 해였다. 이 글을 쓰고 있는 지금, 예방 접종이 시작되었다. 모퉁이를 돌면 희망이 있고, 최소한 우리가 다시 한 번 서로를 안아줄 수 있을 것이라는 희망이 여전히 존재했다. 이런 시기는 우리가 서로 다를지라도 공동체가 얼마나 소중한지 일깨워주었다. 우리는 서로를 위해 건강해야 한다. 나 또한 이 책을 제작하는 데에도 많은 분들의 도움이 필요했다!

먼저, 이 책을 집필하도록 초대해 준 에이미 깅그리치와 훌륭한 편집 안목을 보여준 애미 모이소와 사라 베르스루이스를 비롯한 헤럴드 출판사의 모든 분들께 감사의 말씀을 전한다. 여러분의 도움으로 이 책이 훨씬 더 나은 책이 될 수 있었다!

이 책은 나의 박사 학위 논문을 위해 처음 썼던 몇 가지 주제를 다루고 있다. 논문 지도교수였던 페르난도 엔즈가 친절하고 적극적으로 폭넓은 대화에 참여해 주신 덕분에 많은 영감을 얻었고 지금도 여전히 도움을 받고 있다. 공동 지도교수였던 존 폴 레더락, 암스테르담 자유대학교에서 논문을 검토해주러 온 독자들을 포함하여, 다른 여러 분도 논문 작성과 논문 심사과정에서 나를 도와주었다.

원고가 아직 다듬어지지 않았을 때 원고를 읽어주고 피드백을 준 두 명의 독자, 리즈 왈츠와 캐런 코니스에게 충심어린 감사를 표한다. 이것은 엄청나게 친절한 도움이었다. 리츠, 캐런, 그리고 나의 자매인 아니타 프리스와 모니카 프리스-클라센, 그리고 어머니 앙가네타 프리스는 글을 쓰는 동안 나를 여러 번 응원해 주었다. 이러한 응원팀과 함께라면 글을 쓰는 일이 훨씬 쉬워진다.

팬데믹 기간 내내, 그리고 그 이전에도 나의 삶을 더욱 풍요롭게 해주었고, 나의 생각과 이 책의 페이지에 다양한 방식으로 지혜의 말씀을 전해준 정기적인 걷기 파트너들 덕분에 내 인생이 풍성해졌다. 모든 분께 감사를 드린다. 캐나다와 전 세계에 있는 나의 친구와 가족에게도 감사를 드린다. 기술의 경이로움은 종종 여러 사람들을 나의 글쓰기 공간으로 불러들여 지리적으로나 팬데믹으로 인해 멀리 떨어져 있을 때에도 우리 사이의 관계 공간을 좁힐 수 있게 해주었다. 여러분의 친절과 관심의 선물은 나의 인생과 이 작업에도 의미와 목적을 부여해주었다.

내가 아는 것의 대부분은 내담자, 워크숍 참가자, 학생 등 수년 동안 나를 자신의 삶으로 초대해준 놀라운 사람들에게서 온 것이다. 여러분의 질문, 여러분이 직면했던 도전, 여러분의 신뢰와 선의, 여러분의 이야기를 공유해 주신 기꺼움, 여러분과 함께 아이디어를 테스트할 수 있도록 열어주신 것, 이 모든 것이 나에게는 그저 놀라운 선물이었다. 여러분은 내가 알 수 있는 것보다 더 많은 면에서 나의 스승이었다.

　나의 아이디어 탐색에 대한 인내심과 배려, 아이디어를 실행으로 옮기는 놀라운 능력을 보여준 크레덴스의 과거와 현재의 동료들에게 머리 숙여 깊은 감사를 표한다. 내가 동료들에게 얼마나 감사한지는 말로 다 표현할 수 없다. 수년 전 내가 이 분야에 입문할 수 있도록 지도해 준 중재 서비스Mediation Service의 동료들에게도 감사드린다.

　나의 딸 앤야는 매우 친절하게도 내가 하는 일에 많은 관심을 가져주었다. 아들인 토마스와 스테판은 주로 장난을 치며 나를 즐겁게 해주었다. 내 삶을 훨씬 더 풍요롭게 만들어준 가족 모두에게 감사를 표한다. 마지막으로 가장 큰 감사를 드리고 싶은 사람은 침착하고 변함없는 모습으로 내 든든한 버팀목이 되어주는 사랑하는 남편 폴 피거스다. 말로 다 표현할 수 없을 만큼 감사한 마음이다. **고마워요.**

나는 내가 어릴 적에 의견 충돌을 경험했던 순간을 생생하게 기억한다. 나는 약 아홉 명의 동네 친구들과 뒷마당에서 축구와 숨바꼭질, 꽃사과로 과녁 맞추기 등을 하며 함께 놀았다. 어느 여름날 밤, 동네 공원에서 늘 하던 장난을 치던 중, 누군가가 갑자기 가방에 있던 트랜스포머 피규어가 없어졌다고 소리를 질렀다. 비난과 손가락질이 오고 갔다. 수면 아래에 자리해 있던 미묘한 반목이 화산처럼 폭발했다. 즉시 모두가 편을 들기 시작했다. 이쪽 네 명이 고함을 지르자 다른 쪽 네 명이 반박하는 모습으로 빠르게 편이 갈라졌다. 한 아이가 나를 불렀을 때, 나는 얼어붙은 채로 서 있었다. "댄, 편을 선택하든지 집에 가든지 해!" 안타깝게도 그날 이후 우리는 더 이상 함께 놀지 않았다. 그렇게 갈라선 채로 3년을 흘려보냈다.

내가 이 이야기를 하는 이유는 이것이 아주 유치한 이야기처럼 보이지만, 어른들에게도 흔히 일어나기 때문이다. 우리가 공원에서 놀 때나 정치적 이슈에 관해 이야기할 때, 우리는 어떻게 의견 차이를 줄일 수 있는지 잘 알지 못한다. 갈등은 종종 아주 첨예하게 대립하는 두 개의 그룹이나 의견의 조합을 만들어 낸다. 갈등은 사람들을 양극화시켜, 틈을 만들고 분열시킨다. 우리는 '우리 편' 아니면 '저쪽 편'이라는 단 두 가지 선택지만 있다고 믿기 시작한다. 우리는 편을 가르고 누군가가 이기거나 포기할 때까지 싸운다. 너무 자주, 우리 그리스도인들은 서로의 차이에 직면했을 때 수동적인 침묵과 격렬한 언쟁 사이를 오간다. 이것은 그다지 그리스도인답지 않은 모습이다.

이러한 모습이 싸움이 시작되는 방식이라는 것을 알지만, 이는 교회가 나뉘고, 가족이 분열되며, 오랜 우정이 해체되는 방식이기도 하다. 우리가 갈등을 대할 때 만나게 되는 '우리 대 그들us versus them'의 접근 방식을 넘어설 수 있을까? 사실 갈등에 대한 이러한 양극화된 접근 방식은 결코 새로운 이야기가 아니라, 아주 오래된 이야기이다. 인류의 타락 이후부터 서로를 적대시하는 일은 가인과 아벨, 야곱과 에서, 탕자의 비유에 나오는 형제의 이야기처럼 오랫동안 하나님의 백성을 괴롭혀 왔다. 이러한 예들은 창세기 3장에 기록된 타락의 산물이며, 창세기 1장이 보여주는 인간에 대한 하나님의 원래 계획은 아니다. 승자독식의 정치 문화는 이러한 죄를 더욱 강화하는데 선의를 가진 그리스도인들에게 이러한 죄의식을 강화한다.

우리는 갈등이 몰아가는 힘을 느끼고 있지만, 갈등을 전환하는 기술과 이를 행동으로 실천하고자 하는 사람은 거의 없다. 솔직히 말해서 갈등을 다루는 일은 일종의 마술사처럼 보이는 전문 중재자들에게 맡겨져 왔다. 그러나 갈등을 전환하는 것은 마술이 아니라, 예수를 따라 살려는 매우 의미 있는 삶의 방식이다. 자기 보호라는 생존 본능을 넘어서 성장하는 것과 우리 삶의 분열들을 명확하게 밝히는 근원적인 방식으로 성숙하는 것은 우리가 인간 존재로서 갈망하는 모습이기도 하다. 우리는 이것이 더 아름다운 모습으로 세상에 참여하는 수단이라는 것을 잘 알고 있다. 우리 시대에 이보다 더 필수적인 역량은 없을 것이다.

지금 당신이 손에 들고 있는 책이 제시하는 개념을 내가 이해했을 때, 내 영혼에 산소가 공급되기 시작했다. 베티 프리스는 페이지마다 우리 사이에 존재하는 공간을 가늠하도록 지혜를 펼쳐 보인다. 이 책은 단순히 방법론을 알려주는 것을 넘어, '나'와 '타자'를 이해하는 데 필요한 공적 선언문이다. 이는 분열로 점철된 세상에서 어떻게 인간다워질 수 있는지에 대한 현명한 지침서이다. 베티의 사려깊고 세심한 작업을 통해 대인관계와 조직이 영양을 공급받는다면 이들이 어떻게 변할지는 그 누구도 상상하지 못할 것이다.

갈등에 대한 두려움에 맞서려면 용기가 필요하다. 『관계 공간』은 갈등에 맞서는 일에 필요한 실제적인 용기를 제공해 줄 것이다. 우리는 더 이상 두려움이 우리 관계에 자리 잡고 쐐기를 박게 내버려두어서는 안 된다. 그러므로 갈등을 깊이 들여다보는 방법을 다시 배우고, 갈등에 관여하여 이를 전환하고자 실험하는 나와 다른 사람의 대열에 동참하라. 어쩌면 이 책이 당신 주변의 모든 것을 바꿔놓을 수도 있다.

댄 화이트 주니어

『두려움을 넘어선 사랑』의 저자이자 『운동으로서의 교회』 공저자, 키네오 센터 공동설립자

서론

이 책은 1993년 내가 처음 중재자로 활동하기 시작하면서부터 준비해 온 책이다. 갈등을 겪고 있는 사람들 사이의 어려운 대화를 진행하는 방법을 배우면서, 나는 관계에 의미 있는 변화가 일어나게 하는 미세한 순간까지 파악하는데 관심을 집중하고 있었다. 그리고 사람들이 서로에 대해 갖고 있는 편견과 선입견이 상대방이 무슨 말을 하는지 **실제로 듣는 능력**을 제한한다는 사실을 알아차리기 시작했다. 나는 편견의 지속적인 힘과 사소해 보이는 작은 제스처가 마치 지렛대처럼 작용하여 일순간에 누군가의 태도를 변화시킨다는 사실에 매료되었다. 당시에 나는 갈등을 겪고 있는 두 명 혹은 그 이상의 사람들 사이에 일어나는 전환[1]이 그들의 자아 안에서 일어나는 내면의 변화와 깊이 연관되어 있다는 것혹은 반대로 내면의 변화가 관계의 변화와 깊이 연관되어 있다는 것을 감지했다. 내가 하는 일은 항상 직장, 지역사회, 교회 등과 같은 더 큰 시스템 내의 갈등을 다루는 것이었기 때문에, 나는 조직 내의 더 큰 시스템 패턴이 사람들 사이에서 발생하는 갈등에 깊은 영향을 미치고, 그 시스템 내의 개인, 특히 리

---

1) transformation의 번역어로, 질적인 변화 혹은 변환을 의미함.(역자주)

더의 내적 상태의 변화가 체계적인 조직 패턴을 형성하고 영향을 미칠 수 있다는 사실 또한 관찰하게 되었다. 수 년 간의 일을 통해, 나는 내면의 변화가 대인 관계를 변화시킬 수 있다면, 조직은 물론 더 나아가 국가도 변화시킬 수 있으리라는 결론에 도달했다. 마찬가지로, 시스템 차원의 전환이 대인 관계의 변화와 자아의 변화를 모두 지원한다는 것도 사실이었다.

나는 자아의 변화에 관해 더 이해하고 싶었고, 나를 시험 사례로 사용하여 1996년부터 영적 지도자인 60대 수녀님을 만나 명상 수련을 배우기 시작했다. 나는 명상의 초보자임에도 불구하고 명상이라는 훈련이 자아에 깊은 변화를 일으키는 위대한 약속을 담보하는 뭔가가 있고, 두 당사자 간의 관계 변화를 가능하게 하며 나아가 조직 생활을 변화시킬 수 있는 많은 가능성을 감지했다.

이러한 아이디어는 2004년 말, 절친한 친구이자 동료였지만 직장에서의 어려움 때문에 관계가 악화되어 서로 잔인한 적이 되어버린 두 남자의 분쟁을 중재할 수 있는 특별한 기회를 얻었을 때 구체화되었다. 갈등이 너무 심해지자, 둘 중 한 사람인 알렉[2])은 자신과 가족이 다른 곳에서 다시 시작할 수 있도록 이직하는 것 외에는 다른 방법이 없다고 생각했다. 이것은 알렉이 이런저런 이유로 다시 같은 도시로 돌아와 일을 하게 될 때까지는 꽤나 괜찮은 선택이었다. 그러나 더 잔인한 것은 그가 이전에 일했던 직장에 그것도 같은 부서의 동료들과 다시 일하게 되었다는

---

2) 이 책에 언급된 모든 갈등 사례의 이름과 신원 정보는 실명이 아님.

점이다. 알렉과 그의 이전 친구/적이었던 로이도 다시 같은 업무 공간에서 일하게 되었다. 회사는 이 두 사람이 전에 겪었던 갈등이 반복될 것을 우려하여, 업무 관계 재개 직후 로이와 알렉을 중재 모임에 보내는 방식으로 선제적 조치를 취했다.

공동중재자와 나는 그날 중재실에서 일어난 모든 것을 목격했다. 어떤 의미에서 알렉은 너무나도 친절하고 강력하게 대화를 이끌었기 때문에 로이도 친절하게 반응하는 선택 외에 다른 도리가 없었다. 가끔 공동중재자와 나는 질문을 하거나 대화의 방향을 바꾸기도 했지만, 대부분 우리의 임무는 그 뜻을 이루지 못했다. 알렉은 10년 동안 도시를 떠나 있었고, 상담을 받았고, 자신의 영혼을 진지하게 탐색했다. 알렉이 스스로 인정했듯이 알렉이 그 도시를 떠나있던 시간은 그를 변화시켰다. 나는 자신이 겪은 갈등에 대해 알렉보다 더 깔끔하고 철저하게 스스로 감당해야 할 책임을 지고자 노력하는 사람을 거의 본 적이 없다. 알렉은 로이에게 자신이 한 것과 똑같이 하라고 요구하지 않았고 자신이 해결해야 할 일에만 집중했다. 이렇게 하자, 로이에게 해방감을 느끼는 일이 일어났다. 로이 또한 자신의 역할에 책임을 지고 알렉이 한 대로 그에게 은혜와 용서를 베풀었다. 이렇게 서로를 용서하는 대화를 주고받은 후에, 중재자인 우리는 주로 알렉과 로이의 싸움을 지켜보며 즐거워했고, 어쩌면 지금은 다시 그들이 싸우기를 바랄지도 모를 주변의 동료들을 어떻게 할 것인가에 초점을 맞추었다.

로이와 알렉의 중재를 마치고 집으로 돌아오는 길에 나는 전환의 본질에 대해 깊이 생각하게 되었다. 모든 것을 살펴볼 때, 그것은 성공적인 중재였다. 하지만 이 사례에서 중재 과정이나 중재자로서 우리의 역할은 성공과 거의 관련이 없었다. 성공은 거의 전적으로 **중재 이전**에 일어난 알렉의 변화에 의해 주도되었다. 나는 알렉이 명상과 같은 관상 수련을 했는지는 기억나지 않지만, 그의 개인적인 변화는 나의 명상 경험을 닮아 있었다. 자아 내면의 변화는 대인 관계를 심오하게 변화시키는 힘이 있다.

이 책은 갈등 전환과 관상 영성이라는 두 분야의 훈련 방식을 모두 활용하여, 자아의 전환과 그것이 대인 관계 및 집단 간 관계의 전환에 미치는 영향 사이의 연관성을 탐구하고자 한다. 좀 더 명확하게, 말하자면 이 책은 자기 자신을 전환하는 것만이 갈등을 변화시킬 수 있는 유일한 방법이라고 제시하려는 것이 **아니다**. 실제로 까다롭거나 불평등한 조직의 역학을 고치는 것이 개인 간 갈등이나 집단 간 갈등에 긍정적이고 심대한 영향을 미칠 수 있다. "갈등을 해결하려면, 문제를 사람에게서 상황으로 전환하라"는 중요한 속담이 있다. 나는 일을 할 때 갈등 자체에 대한 직접적인 대화 외에도 조직의 '상황 문제', 즉 역할과 책임 명료화, 비전과 목적의 의미 재구축, 구조, 정책, 절차의 강화, 의무의 명료화 등을 강화하는 데 도움을 주는 방식으로 갈등을 다룬다. 그러나 그것은 또 다른 책에서 나눌 내용이다. 내가 전문직을 수행하면서 갈등 전환의 기술을 가르치기 위해 수십 가지 모델과 이미지를 자주 활용하지만, 이 또한 별도의 책에서 다룰 내용이다. 이 책은 갈등의 이유가 무엇인지, 갈등 속에서 어떻게 자신을 발견해야 하는지, 개성에 대한 이해 및 이러한 이해에 꼭 필요한 영적 훈련이 어떻게 갈등 경험을 변화시키는 데 도움이 되는지를 탐구한

다.

　이 책은 갈등 전환에 관심이 있는 사람, 갈등 전환 실무자, 영성을 추구하는 사람을 염두에 두고 썼다. 나 자신이 기독교 전통에 속해 있고, 이 글이 기독교와 다른 전통을 언급하고 있지만, 나의 바람은 어느 전통에 속해 있든 그렇지 않든, 모든 사람이 이 자료를 자신의 맥락에 맞게 해석할 수 있기를 바란다.

　만약 이 주제에 대한 학문적 담론에 관심이 있는 독자라면 나의 박사학위 논문이나 이를 책으로 만든 『나-타자 사이를 연결하기: 대화에서 갈등 전환과 관상 영성』*Bridging the Self-Other Divide:Conflict Transformation and Contemplative Spirituality in Dialogue*을 읽어보기 바란다. 이 논문은 암스테르담 자유대학교에서 열람 가능한데 곧 다른 출판사를 통해 책으로 출간될 예정이다. 이 논문과 책은 여기 『관계 공간』에 들어 있는 기본적인 내용을 다루고 있지만, 훨씬 더 자세하고 공식적인 모습으로 출간될 것이다.

　이 책의 다음 장들에서는 몇 가지 핵심 주제를 다룬다. 1장은 우리를 갈등으로 이끄는 단계에 대해 생각해 보도록 독자를 초대한다. 2장에서는 자아에 대한 은유를 통해 갈등의 경험을 어떻게 이해할 수 있는지 살핀다. 3장에서는 자아에 대한 이해를 심화시키는 것과 관련된 몇 가지 주제를 추가적으로 살핀다. 4장에서는 갈등 전환을 탐구한다. 마지막 5장에서는 갈등을 헤쳐 나가기 위한 일련의 영적 훈련법들을 제공한다.

　갈등을 전환하는 일은 쉽지 않지만, 우리가 갈등 전환이라는 여정을 떠난다면 기쁨이라는 새로운 전망을 발견하게 될 것이다. 우리 사이의 관계 공간이 치유되는 만큼 우리 안의 공간도 변화될 것이다.

1장 • 의견불일치와 갈등의 고조

모든 사람은 갈등을 경험하거나, 적어도 갈등으로 비화할 가능성이 있는 차이들을 경험한다. 어떤 갈등은 몇 사람 사이에서 발생하지만, 어떤 갈등은 그룹과 그룹 간 또는 그룹 내부에서 발생한다. 어떤 갈등은 몇 가지 주요 사건이나 이슈와 관련이 있지만, 어떤 갈등은 뿌리 깊은 조직적 부정의injustice에 반응하는 가운데 발생한다. 어떤 갈등은 주로 한 개인이나 그룹 내부에서 발생하는 것 같고, 어떤 갈등은 복잡하고 다층적이며, 다양한 이해관계자 그룹이 서로 얽혀 있기도 하다.

어떤 갈등은 너무 커서, 마치 불도저가 길 위에 있는 모든 것을 몽땅 밀어내는 것처럼 작동한다. 이런 일이 발생하면 갈등이 우리를 **소모시키는** 것처럼 느끼게 된다. 우리 인생에서 마주하는 큰 갈등들은 우리를 갈등의 원 안으로 끌어들이지만, 그렇다고 불도저가 우리가 겪는 고통과 주변의 풍경까지 깨끗이 지울 수 없다. 대신, 고통은 우리 발밑의 새로운 토양이 된다. 이러한 상황이 발생하면, 우리의 갈등들은 너무 고통스러워 단순히 숨을 쉬는 행위조차 어려운 일이 될 수 있다. 우리 삶의 큰 갈등이 일으키는 비극은 세 단계에 걸쳐 우리에게 피해를 끼치는 경향을 보인다. 첫 번째로 원래의 사건혹은 일련의 사건들에서 피해를 경험하게 하고,

두 번째로 갈등의 기억이 우리를 붙잡고 우리를 소모시키면서 자존감부터 정신 기능 및 신체 건강에 이르기까지 모든 것에 영향을 미친다. 그리고 세 번째로, **우리**는 우리가 경험해 온 큰 갈등에 대응하면서, 심지어 지금 갈등을 겪고 있는 원래의 사건과 아무 관련이 없는 사람과도, 새로운 갈등의 고통을 만들어 내는 사람이 된다. 슬프게도, 우리 발아래 있는 고통 기반의 토양은 새로운 갈등의 싹을 틔우는 경향이 있는데, 이는 고통 기반의 토양이 아직 치유되지 않았기 때문에 계속 갈등을 만들어 낸다는 문제가 있다. 결국, **치유되지 않은 고통은 전이된다**고 할 수 있다.

물론, 어떤 갈등은 훨씬 더 작은 데, 이러한 갈등은 성가시거나 사소한 것처럼 여겨질 수 있다. 이러한 갈등은 쉽게 무시할 수도 있다. 혹은 정도의 차이가 있지만, 우리 안팎의 '수많은 작은 상처로 인해 사람이 죽는 것'처럼 수많은 사소한 갈등이 쌓여 우리 자신을 서서히 죽이는 모습으로 드러날 수도 있다.

갈등의 본질을 어떻게 이해할 수 있을까? 바람직한 의견불일치를 갈등으로 치닫게 하는 원인은 무엇일까? 어떻게 하면 서로의 차이를 잘 관리하는 법을 배울 수 있을까?

갈등 고조

정의들definitions

모든 대인 관계와 집단 간 관계에는 차이가 존재한다. 이 세상에 똑같은 사람은 없고, 똑같은 경험도 없으며, 똑같은 생각도 없다. 내 생각에 차이라는 단어는 사람들이 사물을 서로 다르게 보는 현실을 설명하는 중립

그림 1. 의견불일치, 갈등, 고착화

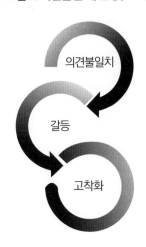

적이고 포괄적인 용어이다. 차이는 인간의 조건으로 직조되는데, 그 어떤 사람도 홀로 완전할 수 없고 홀로 똑똑한 사람은 없기 때문이다. 지혜는 대화 속에서 발현된다. 그러한 것이 존재한다면 지혜의 완성은 공동체에서 발현될 것이다. 간단히 말해, 우리의 차이점은 우리의 생존을 위해 서로를 필요로 한다는 것을 상기시켜 준다.

　　그림 1이 보여주듯[3], 인간관계에서 차이는 종종 의견불일치, 갈등, 고착화라는 세 가지 방식으로 표현된다. **의견불일치**Disagreement는 차이의 건강한 표현이다. 의견불일치는 격렬하게 표현되거나 표현되지 않을 수도 있고, 골치 아프거나 즐거움으로 표현될 수도 있고, 시끌벅적하거나 차분하게 표현될 수 있다. 의견이 다를 때, 우리는 그 차이를 개인적인 것

---

3) 이 섹션에 제공된 정의들은 내가 직접 규정한 것이지만, 갈등 고조 모델을 수년 동안 함께 연구해 온 존 폴 레더락과 스피드 리스의 공이 크다. 내가 쓴 글에 그들의 흔적이 드러나 있는 것은 의심의 여지가 없다.

으로 만들지 않고 서로의 차이를 자유롭게 탐구한다. 우리는 문제를 문제로problem as a problem 4) 볼 수 있다. 이와 대조적으로 **갈등**은 개인화된 차이와 관련이 있다. "저 사람은 항상 저래", "저 사람은 왜 저래…?"와 같은 방식으로 말할 때, 우리는 갈등에 빠지게 된다. 단순히 문제에 관한 의견만 다른 것이 아니다. 문제에 관한 상대방의 의견이 불일치한다는 사실을 넘어, 우리가 그 문제를 해결할 수 없는 이유가 그 사람 때문이라고 믿는다. 또는 **그 사람이** 문제라고 믿을 수도 있다. 고착화는 차이에 대한 갈등 가득한 표현이 그대로 굳어질 때 발생한다. 특별히 **고착화**가 고통스럽게 느껴질 때가 있는데, 실제로 상대방이 우리에게 희생당하고 있음에도 불구하고, 우리가 상대방에 의해 희생당하고 있는 것처럼 느낄 때 그렇다. 우리가 고착화 상태에 이를 때, 바람직한 의견불일치 상태로 돌아가는 길을 찾는 것은 거의 불가능해 보일지도 모른다.

의견불일치, 갈등, 고착화는 존재하는 연속체로 시각화할 수 있다. 시작된 의견불일치는 갈등으로 넘어갈 수 있고, 갈등은 고착될 수 있다. 이것은 우리가 서로 다를 때, 이러한 차이로 인해 우리 대부분이 피하고 싶은 갈등에 빠지거나, 더 나쁜 고착으로 이어질 수 있다는 것을 의미한다. 그 결과, 우리 중 많은 사람이 바람직한 의견 차이가 어떤 느낌, 어떤 모습인지조차 알기 어려울 정도로 서로의 차이를 피한다. 이렇게 갈등으로 치닫는 것은 한 사람의 문제일까? 아니면 서로 자신의 입장을 고수하며 싸우는 사람들의 문제일까? 대화에 참여하는 모두의 문제일까? 쉽게

---

4) 자세한 내용은 로저 피셔, 윌리엄 유리, 브루스 패튼이 쓴 『Yes를 이끌어내는 협상법』(2판, 펭귄북스, 1991)를 참조할 것.

말해, 서로 의견이 잘 맞지 않는다는 것은 무엇을 의미하는 것일까?

건강한 조직 만들기 컨설턴트인 패트릭 렌치오니Patrick Lencioni에 따르면, 함께 일하는 직장 내 80% 사람들은 겉으로만 괜찮은 척하는 인위적 조화artificial harmony의 공간 안에서 살고 있다.5) 이렇게 겉으로만 그럴듯한 모습으로 서로 평화롭게 지내다 보면, 갈등이 생길까 봐 서로의 차이를 인정하기를 두려워할 수 있다. 이럴 때 사람들은 실제 자신이 갖고 있는 더 좋은 판단을 거스르면서까지 다른 사람의 생각에 찬성해야 한다는 강박을 느끼게 된다. 이는 잘못된 결정을 초래할 뿐만 아니라, 더 넓은 시각에서 얻을 수 있는 지혜를 잃을 수 있다는 것을 의미한다. 좋은 결정을 내리기 위해 우리는 서로가 필요하다. 이에 못지않게 우리는 좋은 결정보다 더 좋은 결정을 내리기 위해, 의견이 다른 사람들과 대화할 필요가 있다. 당연히 우리가 알고, 보고, 경험할 수 있는 것에는 한계가 있다. 우리는 대화를 통해 반대인 관점으로부터 새로운 것과 중요한 지혜를 배운다. 의견이 다른 사람들과 대화하는 것은 어려울 수 있고, 의견의 차이를 추구하는 것이 어렵거나 불필요하게 느껴질 수 있지만, 진정으로 지혜롭게 살기 원하는 사람에게 의견 차이 자체는 필수다.

하지만 더 있다. 가족 문화나 조직 규범으로 인해 모든 것이 괜찮은 것처럼 행동하도록 강요되는 상황에서 차이가 발생하면, 사람들은 사적으로 다른 사람에게 불평하거나 심지어 다른 사람에게 비열한 생각으로 인신공격하는 상황에서조차, 공적으로는 모든 것이 괜찮은 척하는 인위

---

5) Patrick Lencioni, *The Advantage: Why Organizational Healthy Trumps Everything Else in Business* (San Francisco: Jossey-Bass, 2012).

적 조화artificial harmony에 따라 행동한다. 다시 말하면, 마음과 생각으로는 또는 동료들과 대화할 때는 상대방에 대해 부정적인 말을 하면서도, 다른 사람의 면전에서는 마치 모든 것이 괜찮은 것처럼 행동한다. 인위적 조화는 시간이 지남에 따라 공적으로 일어나는 일과 사적으로 생각하는 것 사이의 의견불일치를 유지하기가 너무 어려워지기 때문에 갈등을 유발한다. 화합의 외피는 너무 얇아서 사적인 공격이 새어나가 공개적으로 드러날 때면 아주 치명적인 결과를 초래한다. 사람들이 "어떻게 하면 그렇게 관계가 빨리 나빠졌지?" 하고 궁금해하지만, 나는 '관계가 그렇게 빨리 한꺼번에 나빠질 리 없다'라고 생각한다. 오랫동안 쌓여온 부정적 감정이라는 장작더미에 무시라는 불쏘시개가 던져진 것일 뿐이며, 마침내 불꽃이 그동안 쌓여 있던 그 불쏘시개에 불을 붙인 것일 뿐이다.

인위적인 조화의 유혹과 의견불일치가 갈등으로 번질 수 있다는 두려움에 맞서기 위해 우리는 서로 다른 점을 더 잘 이해하는 법을 배워야 한다. 우리에게는 바람직한 불일치가 필요하다.

내가 20대 중반이었을 때, 나의 수퍼바이저 그렉은 바람직한 불일치를 좋아하는 60대 남성이었다. 그렉과 나는 다양한 주제들에 관해 행복하고 긍정적인 방식으로 불일치했다. 대화가 격렬해질 때마다 그렉은 항상 상황을 점검했다. 그는 "우리 지금 괜찮은 거지?", "내가 너무 세게 밀어붙였나?" 하고 질문하곤 했다. 나도 그렉만큼이나 논쟁적 대화를 즐겼기 때문에, 우리는 항상 괜찮았다. 우리 조직과 관련된 현실적이고 어려운 주제들에 관해 논의하면서 나는 우리가 마치 세상을 바꾸고 있다고 느꼈다. 7년 후 내가 그 조직을 떠날 때, 그렉은 웃는 얼굴로 나에게 "이제 누구랑 논쟁을 하지?" 하고 작별 인사를 건넸다.

　지금까지도 나는 그렉과의 대화를 내가 경험한 바람직한 의견불일치의 가장 좋은 예 중 하나로 생각하고 있다. 우리의 대화는 친절하고, 정직하고, 서로를 존중하며, 진솔했다. 우리는 서로 어려운 주제들을 함께 해결해 나갔다. 우리는 선을 넘지 않았는지 확인했다. 우리는 서로의 관점들을 자유롭게 공유했으며, 서로의 관점을 주의 깊게 경청했다. 그렉과의 대화는 격렬했지만 갈등이 있었던 기억은 전혀 없다. 서로의 차이가 개인적인 감정으로 이어지지 않았다. 왜 그랬을까? 서로 대화가 잘 통했기 때문에 서로 힘든 대화를 해야 할 때에도 인위적 조화나, 비열한 인신공격과 같은 행동에 빠지지 않았기 때문이다.

　의견불일치를 바람직하게 바라보는 사람들은 상대방을 문제로 여기기보다는 당면한 문제를 심사숙고한다. 그들은 시간을 들여 서로에 대한 신뢰를 쌓고 관계를 키워나간다. 서로 문제를 제대로 이해하고 있는지 확인하고, 서로의 관점을 이해하기 위해 경청하며, 동의하지 않을 때조차 서로를 존중한다. 불일치를 잘하는 사람이란 오해의 소지가 있을 때, 서로의 차이를 다른 의견으로 남겨두되 갈등으로 번지지 않도록 서로를 확인하는 사람을 말한다. 훌륭한 결정이란 바람직한 불일치에 달려 있기 때문에, 불일치를 잘하는 사람들은 건강한 결론에 도달하기 위해 다른 관점들을 적극적으로 찾아낸다.

위험에 처한 자아, 갈등으로 빠져들다
의견불일치에서 갈등으로의 전개를 보다 충분히 이해하려면, 이러한 변화의 핵심 동인 중 하나인 우리의 자아를 이해하는 것이 중요하다. 이미 언급한 것과 같이, 의견불일치와 갈등의 차이는 문제를 문제로 보느냐 사람을 문제로 보느냐에 달려 있다. 상대방을 문제로 보는 우리의 성향은 어떤 식으로든 우리의 자아가 위험에 처해 있다는 인식에 의해 추동된다. 자아는 우리의 복잡하고 다층적인 정체성으로 인식되는 것이 가장 일반적인 이해인데, 이는 우리의 성격 그리고 그 성격과 연결된 정서적 관계에 의해 형성된다. 또한 자아는 우리의 성격에 얽매이지 않는 더 깊은 침해 불가능한 깊은 감각을 포함하기도 한다. 자아와 관련하여 2장에서 좀 더 자세히 이야기하겠지만, 여기서는 우리가 자아를 보호하려는 선천적 성향을 갖고 있는 것처럼 행동한다는 점만을 주목한다. 자아가 있다는 것은 살아 있다는 것이다. 그 결과, 자아가 위험에 처하게 될 때, 자아 생존에 대한 두려움이 큰 소리로든 미묘하게든, 의식적으로든 무의식적으로든 내면에서 강력한 정서적 반응을 불러일으킬 수 있다. 우리의 존재 저 깊은 곳에서 우리의 생각이 존중받지 못한다거나, 우리의 존재 방식에 대한 의혹이 제기되고 있다고 감지할지도 모른다. 이때 우리는 깔봄을 당하거나, 무시당하거나, 굴욕감을 경험하기도 한다. 우리가 주장하는 힘에 확신이 없거나, 불일치에 의해 자신의 권위가 위협받고 있다고 믿거나, 상처받은 과거의 갈등이 떠오를 수도 있다.

위험에 처한 자아는 무수히 많은 방식으로 자신의 모습을 드러낸다. 실제로 자아가 위험에 처하는 상황을 경험하면 우리는 방어적이 된다. 많은 사람이 말이 빨라지고, 심장이 두근거리며, 속이 뒤집히며, 목소리 톤은 불안에 휩싸인 모습으로 바뀐다. 또 어떤 사람들은 냉정을 유지하고 내면의 감정적 동요를 피하기 위해 논리에 뿌리를 둔 채 거리를 유지한다. 이런 순간에 우리의 몸과 마음은 마치 "내가 열등한 모습으로 보이게 할 수는 없어", "아무래도 위험에 처한 것 같은데", "의견 충돌과 같은 불일치는 나를 불안하게 해", "아무래도 내가 이 논쟁에서 이길 수 없겠는걸. 그러니 어떻게든 주제를 바꿔야 해"라는 식으로 반응한다. 혹은, 대화를 통제하기 위해 "감정을 허용하면 불편해질 거야"라는 식으로 욕구를 느낄 수도 있다. 날카로운 말, 어디론가 도피하고 싶은 마음, 주제 바꾸기 등의 반응은 문제를 해결하기 위한 것이라기보다는 자기 자신을 방어하거나 보호하는 행동들이다. 대개의 경우, 우리는 문제를 문제 자체에 집중해 보도록 훈련되어 있지 않다. 우리는 다른 사람의 인격을 문제로 보는 데 익숙해 있어서, 자신도 모르게 상대방의 방어기제를 일깨우는 방향으로 가게 된다. 그러면 이제 상대방은 내면의 공황 상태에 빠지고, 이내 상대방도 자아가 위험에 처해 있음을 경험하게 된다. 이런 일이 발생하면 마치 도미노의 타일이 넘어져 연쇄적으로 반응하는 것처럼 의견불일치는 갈등으로 치닫게 된다.

몇 년 전, 한 조직의 리더가 자신이 겪고 있는 어려운 문제에 대해 코칭을 요청해 왔다. 그는 사람들이 그의 의견에 동의하지 않을 때, 이를 감정적으로 받아들이는 경향이 있어서, 동료들과 중요한 대화를 나누는 데 한계를 느낀다는 사실을 알아차리게 되었다. 그는 이러한 자신의 모습을 바꾸고 싶다고 했다. 그가 털어놓은 딜레마를 듣고 난 뒤, 나는 그에게 "생각을 나눌 때, 그 생각을 어디에 놓아두나요? 그것을 자신의 정체성처럼 여겨 가슴 가까이 두고 있나요? 아니면 팔이 닿을 정도의 거리에 두고 있나요?"라고 물었다. 그 리더는 실제로 자신의 생각을 자신의 정체성과 일치시키면서 자신의 생각들을 가까이 두는 경향이 있다고 대답했다. 이처럼 누군가가 그의 생각 중 하나에 반대하면 그 사람이 자신의 인격에 반대하는 것으로 경험한다. 달리 말하자면, 동료들이 그의 의견에 반대할 때마다 그는 마치 자신의 자아가 위험에 처한 것 같다고 했다. 그때 나는 그와 나 사이의 탁자 위에 있던 컵을 집어 들고 따라 해보도록 제안했다. "만약 이 컵이 당신의 모든 생각들을 담는 컵이라고 생각해 보면 어떨까요? 당신이 동료들을 만날 때, 항상 이 컵을 들고 만나세요. 그리고 이 컵을 동료와 당신 사이, 당신의 자아를 상징하는 가슴과 멀리 떨어져 있지만 손이 닿을 만한 거리에 놓아두세요. 당신의 동료는 왜 당신이 그 컵을 거기에 놓아두었는지 알 필요는 없습니다. 실제로 모든 사람이 회의에 참석할 때 컵들을 들고 오잖아요! 당신이 당신의 생각을 동료들에게 설명할 때, 당신의 생각을 그 컵에 넣는다고 생각해 보세요. 동료들이 당신의 생각에 대해 비평할 때 컵에 그들의 생각들을 담아 놓는다고 생각해 보세요. 어려운 주제든, 서로 다른 생각이든, 당신이 토론하면서 들은 생각들을 담아두기 위한 통으로 컵을 이해하세요. 그 컵은 항상 당신의 손이 닿을 만한 거리에 두어야 합니다. 사실 의견 차이는 그저 의견 차이일 뿐입니다. 의견들은 당신의 지이니 상대방의 지아에 괸힌 것이 아닙니다. 이 사실을 기억할 때 우리는 방어적인 태도를 취할 필요가 없습니다."

각자의 상황은 저마다 다르지만, 그 리더가 겪는 어려움은 그만의 일이 아니다. 우리 대부분은 어떤 식으로든 자신의 자아가 위험에 처하는 경험을 할 때마다 바람직한 불일치에서 갈등으로 급변하는 상황을 마주한다. 마치 다른 사람의 생각이 곧 그 사람의 정체성인 것처럼 여기듯이, 우리 중 많은 사람이 내 생각이 곧 나의 정체성인 양 여기며 서로 피드백을 주고받는 능력을 제한한다. 이는 단지 우리의 자아만 위험에 처하게 하는 것이 아니라, 상대방의 자아도 위험에 처하게 한다. 우리 사이에 컵을 놓는 것은 사실 은유에 불과하지만, 그 의도와 목적은 매우 중요하다. 의견불일치를 잘하기 위해, 우리는 우리의 인격과 다른 사람의 인격을 위험에 처하게 해서는 안 된다는 사실을 기억해야만 한다.

우리-그들 프레임

자아가 위험에 처해 있다고 여겨지면, 우리는 이내 우리-그들 프레임[6]에 빠지기 쉽다. 이 프레임은 자신과 타인을 '나보다 낫다'와 '나보다 못하다', 좋다와 나쁘다, 맞다와 틀리다라는 범주로 자신과 다른 사람들을 분류하는 것을 말한다. 표1은 이 프레임을 이해하기 쉽게 정리한 것이다.

세상을 우리-그들로 바라보게 하는 방식은 상대의 행동을 비난하면서 우리의 행동을 정당화하도록 만든다. 일단 이 감옥에 한 번 빠지면 헤어나올 방법이 없다. 상대의 어떤 행동도 우리의 성에 차지 않게 된다. 그래서 상대방은 항상 '나쁜' 범주에 넣어 설명하게 된다. 반대로, 상대는 결코 우리가 책임을 져야 할 대상이 될 수 없다. 우리의 자기 정당화는 우리

---

[6] 갈등 이론에서는 이를 기질적 귀인(dispositional attribution)과 상황적 귀인(situational attribution)이라고 부른다. 어떤 행동을 정상 참작할 수 있는 상황보다는 그 사람의 성격 탓으로 돌리는 것을 말한다. K. Allred, "Anger and Retaliation in Conflict: The Role of Attribution," in *the Handbook of Conflict Resolution: Theory and Practice*, ed. Morton Deutsch and Peter T. Coleman(San Francisco: Jossey-Bass, 2000)

가 취한 행동에 대한 책임에서 우리를 해방해 준다.

우리-그들 프레임은 희생자-악당이라는 세계관에 따라 우리의 관계를 구성한다. 우리가 실제로 해를 입은 것이 없더라도, 우리는 상대의 행동에 의해 표적이 되는 것으로 자신을 이해하거나, 상대보다 항상 약한 존재로 여긴다. 특히 상대방이 우리와 좋은 관계를 유지해 온 사람일 경우 이러한 느낌은 더 커진다. 이와는 달리 다른 사람의 세계관이 우리와 다르다는 이유로, 다른 사람을 '그들'의 범주에 넣을 수도 있다. 아마도 그들이 우리와 다르게 투표했거나, 우리가 좋아하지 않는 생각들을 가지고 있을 수도 있다. 아마도 그들은 우리 조직을 이끌지만, 우리가 생각하는 대로 행동하지 않을 수도 있다. 그들은 단지 우리와 다르게 보이고, 말하고, 행동할지 모른다. 우리-그들 프레임은 무수히 많은 방식으로 우리의 영혼 안에 둥지를 틀고 있다.

우리-그들 프레임에 빠지면, 우리의 두뇌는 어떻게 이런 일이 일어났는지 정당화하기 위한 데이터를 채워 넣어야 직성이 풀린다. 우리는 "그 사람은 항상 그래" 혹은 "그 사람은 매우 공격적이야"라는 식으로 말할 만큼 패턴화하여 상대방을 관찰한다. 우리가 내리는 평가에는 일말의 진실이 존재하지만, 그 어느 누구도 '항상 그렇지' 않을 뿐만 아니라, 지금 그 사람이 한 행동을 설명하기보다는 그 사람의 인격에 관한 우리의 추론에 따라 상대방에게 라벨을 붙여온 것이다.

이렇게 되면 이제 우리의 두뇌는 우리-그들 프레임에 대한 우리의 신념이 맞다고 확인하기 위한 추가 데이터를 찾기 시작한다. 더 이상 상대방과의 관계에서 문제의 해결책을 찾지 못하게 되며, 더 나아가 그 사람

표1. 우리-그들 프레임

구분	좋은 것으로 간주되는 행동	나쁜 것으로 간주되는 행동
우리	▶ 선하다고 여겨지는 행동을 했다면 그것은 우리의 사랑스러운 성격이 반영된 것이라고 해석함 ▶ 그룹 구성원의 좋은 행동은 그룹 전체의 좋은 인성이 반영된 것이라고 해석함	▶ 나쁘다고 여겨지는 행동을 했다면, 그것은 우리가 의도한 것이 아니라, 강요당했기 때문이거나 기분이 좋지 않았기 때문이라고 해석함. 우리의 행동은 상황에 따른 불가피한 행동이며, 상황이 좋으면 그런 행동은 없었을 거라고 해석함 ▶ 그룹 구성원의 나쁜 행동은 일회성으로 그친다고 해석함.
그들	▶ 선하다고 여겨지는 행동을 했다면, 그것은 그들이 의도한 것이 아니라, 어쩔 수 없이 그렇게 했거나 평소와 다른 하루를 보냈기 때문이라고 해석함. 그들의 좋은 행동은 상황과 맥락에 따라 달라진다고 여김 ▶ 그룹 구성원의 선한 행동은 일회성에 그친다고 해석함	▶ 그들이 나쁜 행동을 저지른 것은 그들의 고약한 성격이 반영된 것이라고 해석함 ▶ 그룹 구성원의 나쁜 행동은 그룹 전체의 인성이 반영된 것이라고 해석함

의 걸음걸이, 말할 때의 억양, 모임에서의 태도와 같은 방식들이 문제가 된다. 우리가 해결하고자 하는 문제와 거의 상관이 없는 상대방의 성격의 엉뚱한 면과 행동 방식에 짜증을 내게 된다.

우리-그들 프레임이 제공하는 렌즈를 통해 상대방을 바라볼 때, 상대방에 대한 우리의 무시가 실제 그들의 '나쁜' 행동에 관한 것이 아니라, 좀 더 정확하게 표현하자면 우리가 상대방을 '그들'이라는 범주에 넣어버린 왜곡된 현실에 관한 것임을 쉽게 놓친다. 이런 식으로 우리는 상대방을 '타자화'해왔다. 안타깝게도 상대방을 타자화하는 것에서 비인간화하는 단계는 순식간에 진행된다. 비인간화가 일어나면 우리는 상대방이 타자라는 이유만으로 상대에 대한 우리의 모든 행동을 정당화할 수 있다.

몇 년 전, 나는 이 우리-그들 프레임에 대한 강의를 마친 후 한 대학생과 이야기를 나눈 적이 있다. 다른 나라에서 온 그 학생은 다른 민족과 오랫동안 치명적인 분쟁을 겪고 있는 민족에 속해 있었다. 그는 "우리 민족은 정말 평화를 원합니다. 그렇지만 다른 민족은 그렇지 않아요."라고 말했다. 나는 그가 어떻게 그 사실을 알았는지 물었다. 그는 최근에 상대 민족의 사람들이 작은 전쟁을 일으켜 자신들이 사는 지역이 불안에 떨게 되었다고 했다. 이 이야기를 듣고 나는 그가 최근에 발생한 분쟁으로 인해 아파한다는 것을 알게 되었다. 그리고 나는 그 학생이 속한 민족 출신의 사람들이 최근에 일으킨 분쟁에 대해 알고 있으며, 양쪽에서 평화를 간절히 원하고 행동하는 사람들을 개인적으로도 알고 있다고 말해 주었다. 그러자 그 학생은 "네, 그쪽에도 평화를 원하는 사람들이 있고 우리 쪽에도 평화를 원하지 않는 사람들이 있지만, 전반적으로 우리 민족은 평화를 원하고 그쪽 민족은 그렇지 않아요."라고 반박했다. 나는 부드러운 어조로 그 학생에게 우리가 나눈 대화가 바로 우리-그들 프레임의 핵심을 드러낸 것임을 상기시켜 주었다. 이 학생만 그런 게 아니다. 일단 상대방을 바라보는 우리의 시각이 우리-그들 프레임에 갇히게 되면, 그 프레임이 우리에게 제공하는 사고 및 행동의 감옥에서 벗어나기 어렵게 된다.

우리-그들 프레임에서 우리의 자아는 적어도 우리-그들이라는 사고방식에 머무는 만큼 다소간 지속적으로 위험에 처하게 된다. 우리가 자신을 '선하다'고 여기는 한, 다른 사람을 '악하다'고 보게 되는데, 이러한 사실은 우리가 어떤 식으로든 다른 사람과 관계를 맺는 동안 정서적 또는 신체적 안전에 대해 끊임없이 염려하는 상태로 살아가게 된다는 것을 뜻한다.

또한, 우리 대부분은 이미 그 누구도 완전히 선하거나 순수하지 못하다는 것을 뼛속 깊이 알고 있다. 시간이 지남에 따라 겉으로 선한 척하는 일은 인간적이지 못한 일이 된다. 우리가 저지른 해악이나 훨씬 더 평범하지만 결코 이상적이지 않은 성격의 단점을 이해하거나 인정할 수 없을 때, 우리는 온전한 인간성과 자신의 취약성에 저항하게 된다. 아이러니하게도 이러한 저항은 우리를 점점 더 열등감으로 밀어 넣는데, 심지어 우리 스스로가 위대하다고 혼잣말을 하거나 공개적으로 자신을 드러낼 때조차 그러하다. 이러한 입장을 바꾸지 않으면, 보호한다면서 수치심과 비난에 빠지게 되고, 우리-그들 프레임은 더욱 견고해진다. 바람직한 의견불일치로 돌아갈 수 있는 우리의 능력, 그리고 우리 사이의 관계 공간 안에 존재했으면 하는 서로를 향한 은혜를 베풀 가능성은 점점 더 제한된다.

삼각 관계, 전환점, 그리고 고착화

다른 사람의 표적이 된 것처럼 느끼는 것은 힘든 일이다. 다른 사람과 그 사람의 개성을 무시하는 수많은 느낌을 우리 내면에서 다루는 것 또한 어려운 일이다. 그 결과, 우리 대부분은 어느 순간 상대방과 겪고 있는 긴장에 대해 제3의 사람이나 그룹에게 이야기하게 된다. 가장 일반적으로 삼각관계라고 알려진 이 단계는 갈등이 발생하는 과정에서 갈등을 겪고 있는 상대방과 대화하는 것이 아니라 제3자에게 이야기할 때 발생한다. 제3자가 우리를 바람직한 의견불일치로 되돌아가도록 도움을 줄 수 있지만, 우리는 종종 최소한 내가 옳고 상대방이 틀렸다는 편견을 확인시켜 줄 수 있는 사람이나 우리의 동맹이 될 수 있는 사람들을 불만을 토로하는 출구로 선택한다.

삼각관계는 뒷담화, 불만 토로, 제2의 의견 구하기 등 다양한 이름으로 불린다. 대부분 가족, 친목 모임, 직장, 지역사회, 교회 등지에서 삼각관계를 너무나 당연한 것으로 받아들이기 때문에 삼각관계가 발생한 것이나 삼각관계에 연루된 것조차 깨닫지 못해 갈등에 깊숙이 개입되곤 한다. 삼각관계는 인위적인 조화와 높은 상관관계가 있다. 이는 은밀하게 내 편의 사람들과 연대하여 다른 사람들에게 비열한 인신공격을 하면서도, 우리가 다른 사람들과 잘 지내는 것처럼 행동한다. 다른 사람들을 갈등에 끌어들임으로써 진영을 형성하고, 각 그룹의 언어는 더욱 양극화되는 경향을 띠게 된다. 그리고 처음 시작된 갈등이나 누적된 갈등 관련 이슈들이 알지 못하는 사이에 자신들의 갈등 경험에 지나치게 몰입하거나 과장됨에 따라 왜곡된다.

아마도 이러한 현상은 너무 정상적이기 때문에 대부분의 그룹은 전환점에 도달하기까지 꽤 오랫동안 삼각관계에 연루될 수 있다. 마치 눈이 차곡차곡 쌓여 마침내 나뭇가지가 부러뜨리는 것처럼, 상대적으로 작은 사건 하나가 그동안 차곡차곡 쌓여 있던 갈등을 폭발시키는 것은 결코 드문 일이 아니다. 이제 이런 과정을 거쳐 숨겨져 있던 갈등의 실체는 모두가 볼 수 있도록 드러나게 된다. 전환점에서 고착화까지의 과정은 비교적 굉장히 빠르게 진행된다. 고착화를 정당하다고 여기도록 만드는 새로운 분쟁이 등장하고, 상대방과 상대방의 의도에 대한 가정들이 객관적 진리라는 지위를 부여하고, 행동은 고조되고 적대화한다. 이 시점에서 '옳음being right'이 문제를 해결하거나, 친구든 상대든 상관없이 모두에게 좋게 보이거나 합리적으로 보이는 것보다 훨씬 더 중요하게 된다. 이제부터는 갈등을 지속하는 것 자체가 원칙으로 자리하게 된다. 상대방을 모욕하고, 처벌하고, 상처를 주고, 비인간화하는 행동을 지지할 수 있는 충분한 자기 정당화가 자리하기 시작한다. 일단 개인과 집단이 전환점에 도달하면 갈등을 해결하는 것은 자신과 동맹을 맺은 지지자 모두를 배신하는 행위가 된다. 갈등을 지속시키지 않는다는 것은 자아를 상실하는 행위로 여겨진다.

고착화된 갈등에 연루된 사람들의 내면 깊숙한 곳에는 잘못된 일에 대해 자신들이 특별하게 기여한 뭔가가 있다는 일말의 자기 인식이 남아 있을 수 있다. 우리-그들 프레임의 초기에는 취약성, 수치심, 비난에 대한 두려움이 존재하지만, 갈등이 확대되는 과정에서는 이러한 특성이 그 사람의 존재 방식에 고착화되어 갈등을 의미 있게 위치시켜서, 사과하고, 호기심을 유지하고, 핵심 이슈에 다시 집중하는 능력을 제한하게 된다. 갈등이 고조될수록 사람들은 자신으로부터 점점 더 멀어진다고 말할 수 있다. 이렇게 갈등 공간 안에 있는 사람들에게, 몸과 생각은 결코 마음으로부터 나오는 것이 아닌 것처럼 느껴지게 된다. '그들'이 누구이든 그들을 향해 몸과 생각은 분노하고, 사람의 몸속, 즉 내면에 자리하는 마음은 고통받고 상처받고 두려워하게 된다.

표 2. 갈등의 단계 및 관련 목표와 행동

단계	초점	행동
1단계: 불일치	목표: 문제 해결 문제가 문제다.	▶ 다름차이은 원래 본질적이거나 절차적인 경향이 있다. ▶ 신뢰가 강하다. 당사자들이 참여하여, 서로의 의견을 듣고 이해하려고 노력하며, 두려움 없이 자신의 견해를 분명히 밝히고, 협력하고, 더 큰 선을 추구한다. ▶ 다름을 적극적으로 추구하고 정상적이고 가치 있는 것으로 여긴다.
2-a 단계: 갈등과 우리/ 그들 분리	목표: 생각을 바꾸거나 상대방의 성격을 바꿈 사람이 문제다. 시간이 지남에 따라, 상대방의 성격에 결함이 있다고 인식하기 시작한다.	▶ 다름은 심리적 욕구자기 방어를 일깨워준다. ▶ 신뢰가 약해지기 시작한다. 자아는 어떤 식으로든 위협을 받고 있다고 느낀다. ▶ 다름을 문제가 있는 것으로 간주한다. ▶ 당사자는 상대방이 문제라고 생각하는 자신의 견해를 스스로 정당화한다. 상대방의 의도를 의심하며 가정하기 시작한다.
2-b 단계: 갈등 및 삼각 관계	목표: 상대방을 문제로 보는 자신의 관점을 확인받는다.	▶ 다른 사람과 충돌하는 자아는 스스로를 취약하다고 느낀다. 제3자를 끌어들임으로써 느낌을 해결하려 든다. ▶ 다른 사람들을 끌어들여 진영을 형성하며 갈등이 고착화 된다. ▶ 언어를 통해 문제를 양극화하는 경향이 있다. 사람들이 자신의 갈등 경험들을 과장하여 문제를 왜곡한다.

2-c 단계: 갈등 및 전환점/ 행동 고조	목표: 어떤 대가를 치르더라도 자기를 지킴 싸우거나 도망가기	▶ 갈등이 빠르게 고착된다. 새로운 갈등이 고착화를 정당화하는 증거로 등장한다. ▶ 상대방과 상대방의 의도를 의심하는 가정이 진실하다고 객관적 지위를 부여한다. ▶ 전환점에 도달한다. 상호 적대적이고 고조되는 행동이 발생한다. 상대방을 모욕하거나 처벌하거나 해를 끼치는 행동을 정당화한다. 문제를 해결하거나 합리적이라고 여겨지는 것보다 옳다는 것이 더 중요해진다. 갈등은 원칙의 문제가 된다. ▶ 동맹이 강화된다. 동맹을 이끄는 리더가 등장한다.
3 단계: 고착화, 사회 구조의 변화	상대방 죽이기	▶ 갈등이 고착된다. ▶ 갈등을 포기하는 데 드는 비용이 상대방을 죽이는 데 드는 비용보다 더 크다고 여겨진다. 따라서 싸움을 계속하는 것이 유일한 선택이며, 싸움을 멈출 수 없다. ▶ 당사자들은 갈등을 유지하는 한편, 상대방을 완전히 배제하기 위해 사회 구조를 바꾼다. 아이러니하게도 이 시점에서는 당사자 간의 접촉도 제한되기 때문에 새로운 갈등이 나타나지는 않는다. 그러나 오래된 갈등의 기억은 계속 반복해서 펼쳐지며, 당사자들의 행동을 지배하는 규범처럼 된다. ▶ 폭력 위험이 발생한다. 관계는 절대로 복구되지 않는다.

양측에 의해 갈등이 고착되면 상대방을 죽이는 데 드는 비용보다 철수 비용이 더 많이 든다고 여겨진다. 그러므로 싸움을 계속하는 것만이 유일한 선택이며, 싸움을 멈출 수 없게 된다. 더 큰 사회적 맥락에서 당사자들은 갈등을 유지하는 한편, 상대방을 완전히 배제하기 위해 사회 구조를 바꾼다. 아이러니하게도 이 시점에서는 당사자 간의 접촉도 제한되

기 때문에 새로운 갈등이 나타나지는 않는다. 그러나 오래된 갈등에 대한 기억은 계속 반복해서 펼쳐지며, 당사자들의 행동을 지배하는 규범처럼 된다. 이 단계에서는 폭력의 위험이 현실화된다. 어쩌면 관계가 회복되지 않을 수도 있다.

앞의 표2에는 갈등의 단계와 그에 따른 초점, 목표 및 행동이 요약되어 있다.

안타깝게도, 많은 갈등은 바람직한 의견불일치 단계에서 시작되지 않고 삼각관계나 고착화 단계에서 시작된다. 상대방은 단순히 상대방이라는 이유로 무시된다. 관계가 꽤 건강한 상태에서 시작된 갈등의 경우에도, 대부분의 개인과 집단은 갈등이 전환점을 지나갈 때까지 도움을 요청하지 않아 해결의 가능성을 놓친다. 이때부터 갈등의 전환은 멀고 먼 지평선처럼 보인다. 평화 구축가인 존 폴 레더락은 골이 깊은 갈등 관계를 "두려움, 상호 비난, 폭력으로 정의되는 관계"라고 설명한다. 갈등 전환은 이러한 협곡에 발을 내딛도록 하는데, 심지어 갈등 관계를 "사랑, 상호 존중, 적극적인 참여로 특징지어지는 관계"[7]로 전환하도록 모색한다.

건강한 의견불일치

현존presence의 실천

때로는 교훈을 얻기도 하지만, 의견불일치에서 갈등과 고착화로 가

---

7) John Paul Lederach, *The Moral Imagination: The Art and Soul of Building Peace* (New York: Oxford University Press, 2005), 42. 존 폴 레더락, 김가연 옮김, 『도덕적 상상력』, 글항아리, 2016.

는 여정은 고통스러운 반면, 다름차이이 우리를 반드시 이러한 방향으로 이끌어 가는 것은 아니다. 갈등에서 다시 바람직한 의견불일치 또는 화합으로 돌아갈 수 있는 것처럼, 서로 훌륭한 의견불일치를 이루는 일도 얼마든지 가능하다. 훌륭한 의견불일치를 이루기 위해, 혹은 갈등의 계절을 지나 건강한 의견불일치나 하물며 화합으로 돌아가기 위해 우리는 무엇을 해야 하는가? 상대방이 무엇을 바꿀 수 있는지, 상대방이 무엇을 잘못했는지, 당면한 갈등의 긴장 상태에서 벗어나기 위해 상대방이 우리를 위해 무엇을 해야 하는지에 초점을 맞추고 싶은 유혹이 커진다. 그러나 이러한 전략은 상대방이 얼마나 빨리 또는 어떻게 변할지 알 수 없다는 점에서 우리를 무력하게 만든다. 또한 이 전략은 완전히 정직하지도 않다. 종종 우리도 갈등을 일으킨 공범인 경우가 많다. 우리 안에는 우리가 흔히 생각하는 것보다 더 많은 갈등 이야기가 있으며 변화의 주체가 될 수 있는 힘을 갖고 있다. 그러나 이 힘은 아주 중요하면서도 어려운 원칙을 의지한다. 즉 이는 우리가 현존이라는 규율을 실천해야 하며, 알아차림의 기술을 익혀야만 한다는 것을 의미한다.

현존의 규율은 **우리 안**에 떠오르는 것이 무엇인지 기꺼이 주의를 기울이는 것을 말한다. 다른 사람이 말할 때 우리 안에는 어떤 감정이 일어나는가? 이러한 감정은 우리 몸 어디에 자리 잡고 있는가? 우리는 이러한 감정을 무엇이라 부르는가? 이러한 경험에 의해 어떤 기억들이 촉발되는가? 우리 내면에는 상대방에 대한 어떤 편견이 숨어 있는가? 우리는 이러한 상황에 어떤 기여를 하고 있는가? 이 순간 우리에게 또 어떤 일이 일어날 것인가?

조나단 하이트Jonathan Haidt는 우리의 이성적 생각은 코끼리 위에 앉은 기수와 비슷하다고 했다.[8] 기수는 상대적으로 작고, 코끼리의 결정에 대해 상대적인 통제력만 갖고 있다. 마찬가지로 우리의 생각은 감정, 직관, 편견, 본능, 잠재의식 등으로 불리는 코끼리를 거의 통제할 수 없다. 코끼리와 기수의 의견이 맞지 않을 때, 크기, 무게, 힘에서 우위에 있는 코끼리가 항상 승리한다. 갈등 상황에서도 코끼리처럼, 우리의 감정, 직관, 무의식적 현실이 우리의 생각을 주도한다. 기수인 우리의 생각은 코끼리가 이미 내린 결정을 정당화하면서 따라간다. 안타깝게도 우리의 생각은 자신이 주도권을 쥐고 있다는 착각 속에 살면서 종종 자신이 앉아있는 코끼리를 억압하거나 무시하는 경향이 있다. 이것이 큰 문제다.

우리 안에 떠오르는 것이 무엇인지 기꺼이 주의를 기울이는 것과 관련되어 있는 현존의 실천은 기수와 코끼리, 우리 생각과 우리의 내면세계, 그리고 우리의 몸이 다시 한 번 균형을 이루도록 돕는다. 구체적으로 설명하자면 현존이란 **우리 자신에게 드러나 있는 것**being present to ourselves 에 관한 것이다. 우리의 몸이 경직되고, 우리의 목소리가 빨라지고, 우리의 심장이 요동치며, 숨이 얕아질 때를 알아차리는 기술을 말한다. 감정이 일어날 때 그 감정을 인식하고, 그 감정의 본질을 알아차리는 것과 관련이 있다. 지금 느끼는 감정이 분노인가, 아니면 두려움인가? 배신감인가, 아니면 방향 감각의 상실인가? 자신이 무가치하다고 느끼는가, 아니면 지나치게 압도당한 상태인가? 지나친 판단인가, 아니면 걱정이 돼서

8) Jonathan Haidt, *The Righteous Mind: Why Good Peaople Are Divided by Politics and Religion* (Vintage Books, 2012)

그러는가? 또한 이러한 알아차림의 기술은 이성적 사고의 기능이라기보다는 우리 생각을 뚫고 지나가는 '기록들'을 관찰하고, 우리의 편견과 오래된 감정이 이끄는 내러티브를 성찰하는 것을 포함한다. 여기에는 인간의 근본적인 욕구가 현재 일어나는 상호작용에서 어떻게 느껴지는지에 주의를 기울이는 것을 포함한다. 간단히 말해서, 자기 자신에게 현존한다는 것은 옳든 그르든 주어진 의견불일치 상황에서 어떻게 우리의 내적 상황이 우리에게 자아가 위험에 처해 있는지를 숙고해보도록 묻고 인식하게 하는 것을 포함한다.

우리의 내면의 현실을 알아차리는 것이 그리 어렵지 않게 보일 수 있다. 결국, 우리 몸에 관한 오랜 연구 끝에 우리는 우리 몸이 어떻게 기능하는지 그리고 내면의 공간을 차지하는 감정들을 잘 알게 되었다. 그러나 종종 우리의 기수는 코끼리가 존재하지 않는 것처럼 행동한다. 우리의 코끼리는 트럼펫을 울리며 땅을 헤집고 있지만, 여전히 우리의 기수는 마치 우리가 감정, 본능, 편견의 영향을 받지 않는 이성적인 존재인 것처럼 대화하려 한다. 실제로 우리의 생각은 감정이 이미 내린 결정을 정당화할 뿐인 상황에서조차, 우리는 여전히 이성적인 생각이 우리를 이끌고 있다고 가정하고, 서둘러 달려 나가 의견불일치가 갈등으로 치닫도록 자신을 재촉한다.

현존 연습은 자기 인식의 훈련이 필요하며, 이는 우리 생각이 자리 잡고 있는 코끼리를 인식하는 것과 관련이 있다. 우리는 인식하지 못하는 것에 주의를 기울일 수 없다. 우리의 감정, 오래된 이야기, 편견들을 알아차리고, 규정함으로써 우리는 그것에 갇히지 않고 이 재료들을 다룰 수 있다. 우리는 우리의 감정들을 우리 자신의 것으로 인정할 수 있다. 예를 들어, 다른 사람과 대화할 때 내면에 주의를 기울인다면, 불안해하는 자신의 모습을 알아차릴 수 있다. 이런 알아차림이 일어나면, 우리는 자신의 감정에 호기심을 갖고 부드럽게 말을 건네도록 질문해 볼 수 있다. "나는 내가 불안해하고 있다는 것을 알고 있다. 왜 내 안에 염려가 일어나는 것일까? 이 불안한 감정이 나에게 어떠한 요구에 주의를 기울이도록 요청하는 것일까? 지금 내가 불안해할 필요가 있는가? 나의 불안이 지금 맺고 있는 상호작용에서 비롯된 것인가, 아니면 오늘 일어난 사건과는 무관한 일, 즉 이전에 발생한 일에서 비롯된 것인가? 지금 느끼는 감정에 영향을 끼치는 더 큰 맥락이 있는가? 내 안에서 일어나는 염려에 대해 어떤 관심을 기울여야 하는가?" 우리가 감정을 인정하고 다룰 때, 우리의 코끼리는 자신의 역할을 다했음을 알게 된다. 코끼리는 자신이 표현하고 싶은 관심사를 우리에게 미리 알려주었다. 이제 코끼리는 이성적인 감각을 다시 한 번 사용하게 함으로써, 우리의 생각이 감정에 주의를 기울이고, 감정이 전달하고자 하는 바를 배우도록 할 수 있다. 반면에 우리가 우리의 감정, 즉 편견, 본능, 직관 또는 무의식적인 내면의 현실을 인정하지 않는다면, 대화가 점점 더 인정하기 힘든 내용으로 채워져 가는 상황에서조차, 우리의 생각은 이성적으로 말하고 있다고 믿게 된다. 이는 우리가 자아를 위험에 처한 것으로 간주하고 대화를 의견불일치에서 갈등으로 전환하게 만드는 주요 원인이 된다.

코끼리와 기수 비유는 의견불일치가 갈등으로 빠르게 바뀌고 있는 모습을 인식하는 데 도움을 줄 수 있음에도, 이 비유는 매우 고통스러운 갈등을 다룰 때 더욱 통렬하게 다가온다. 최근에 나는 동료와의 트라우마로 인해 심각한 감정적 상처를 안고 있는 친구와 이야기를 나누고 있었다. 최선의 노력을 기울였고 많은 시간이 지났음에도 불구하고, 친구의 상처는 지속되고 있었다. 내 친구는 앞으로 나가기 위해 노력하였지만, 몇 달마다 새로운 경험이 오래된 상처를 자꾸 건드리게 되어 고통을 상기시키고 있었다. 친구와 나는 대화를 나누면서 친구의 상처를 가장 잘 표현할 수 있는 단어를 찾아냈다. 결국 우리는 그녀가 경험하고 있는 감정에 가닿았다. 그것은 '두려움'이었다. 일단 이 감정에 이름을 붙이게 되자, 나의 친구는 어린 시절의 경험과 연관되어 있는 동일한 두려움을 기억해 냈다. 나와 친구가 함께 이야기를 나누는 동안, 친구는 어릴 적부터 자신에게 각인되었던 두려움이 어떻게 자신이 의견불일치에서 갈등으로 빠져들 때마다 가장 먼저 떠오르는 감정으로 자리하게 되었는지 관찰하게 되었다. 또한 그 친구는 갈등을 겪을 때 자신의 갈등이 두려움에 관한 것이었다고 표현한 적이 거의 없다는 사실을 알게 되었다. 사람들 대부분이 그렇듯이, 그녀는 자신의 갈등을 주변 사람들의 잘못 때문에 그런 것으로 설명하는 경우가 더 많았다. 내 친구 주변의 많은 사람들이 그녀를 어렵게 만든 것은 사실이지만, 내 친구가 잘 알지 못해 이름을 붙이지 못했던 그 두려움이 그녀의 삶의 의견불일치에 대해 자유롭게 대응하지 못하게 한 것 또한 사실이었다.

우리의 깊은 상처는 치유될 수 있다. 그럼에도 불구하고, 우리의 가장 깊은 상처와 연관된 이러한 감정은 우리 삶이 진행되는 동안 금지되지 않은 채로 다시 나타나는 경향을 보인다. 현존 연습은 감정이 차오를 때 이를 알아차리고, 그 감정이 어떤 것인지 이름을 붙여주고, 그 감정에게 말하는 것과 연관되어 있다. 그것은 우리 감정들과 중립적인 관계를 발전시키는 것과 관련되어 있다. 내 친구에게 현존 연습은 두려움이 찾아오면, 그 두려움을 향해 "두려움아 안녕, 네가 다시 찾아왔구나. 이제 네가 여기 있는 줄 알겠어."라는 식으로 친절하며 중립적으로 말하는 모습이 필요했다. 이런 식으로 두려움에 말을 걸면 내 친구는 더 이상 두려움에 걸려 넘어지지 않게 된다. 두려움이 가라앉게 되면, 그녀는 다시금 자신 있고 때로는 즐겁게 눈앞의 대화에 집중할 수 있게 된다.

감정에 대해 불안해하지 않고 거부하지 않는 관계를 발전시킨다면, 감정은 우리를 노예로 만들지 않고 오히려 중요한 정보를 제공하는 자료은행data bank과 같은 역할을 하게 된다. 이제 우리는 현존 연습의 두 번째 능력인 상대방과 차이가 발생하는 더 큰 맥락에 주의를 기울일 수 있는 능력을 키우는 방향으로 나갈 수 있다. 이러한 일이 일어나면 우리 앞에 놓인 다름차이에 대해 현명하고 분별력 있게 대처할 수 있는 능력이 증가할 것이다.

문제로서 문제 자체(problem as the problem)에 집중하기

몇 년 전, 벤Ben이라는 사람이 이웃인 몰리Morley와 갈등을 겪고 있다며 상담을 요청했다. 몰리는 자신의 소유지와 벤의 소유지 사이에 울타리를 설치하길 원했고, 몰리는 벤이 그 비용을 부담하리라 생각했다. 벤은 울타리를 세워야 할 필요성을 느끼지 못했지만, 평화를 유지하기 위해 울타리를 설치하기로 동의했다. 울타리를 세우고자 원한 것은 몰리였기 때문에, 벤은 비용을 반반씩 분담해야 한다고 생각했다. 울타리에 관한 벤과 몰리의 대화는 잘 진행되지 않았다. 벤의 코끼리가 자극을 받아 벌떡 일어나자, 그는 몰리와의 대화에 집중할 수 없게 되었다. 사실 벤은 깊은 상처와 두려움을 느끼고 대화를 더 이상 진행하지 못할 정도로 감정이 격해졌다. 절망에 빠진 벤은 나에게 도움을 요청했다. 그는 자신과 몰리 사이에 무슨 일이 있었는지 더 잘 이해하고 싶었다. 또한 그는 마냥 몰리를 피해 다닐 수 없다는 것도 잘 알고 있었다. 그는 대화를 위한 전략이 필요했다. 그것도 가능한 빨리.

내가 벤을 만났을 때, 우리는 그가 몰리와 나눈 대화를 돌아보며, 대화가 어떻게 진행되었는지, 감정이 격해졌는지, 벤의 코끼리가 어떻게 자극을 받게 되었는지, 그리고 대화가 어떻게 끝났는지 점검해 보았다. 나는 벤에게 대화 중 어느 시점에서 두 사람이 의견이 일치하지 않았는지 물었다. 이는 너무나 당연한 질문처럼 보였지만, 사실 대답은 생각만큼 쉽게 찾을 수 있는 게 아니었다. 멀리서 보면, 문제가 울타리 비용을 어떻게 충당할 것인가라는 것임을 쉽게 알 수 있다. 두 번째 문제는 몰리와 벤이 어떻게 하면 서로 좋은 대화를 나눌 수 있을지에 관한 방법의 문제였다. 그러나 우리 자신의 현존에 집중하지 않으면 이러한 문제는 잘 보이지 않는다. 갈등이라는 실제 삶에 주어진 수수께끼 앞에서는 문제를 문제로 보기보다는 상대방 즉 **사람**person을 문제로 보고 싶은 유혹이 커진다. 상대방이 곧 갈등의 원인인 것처럼 보인다. 물론 벤과 몰리 사이의 성격적 갈등과 역사적 긴장이 문제를 복잡하게 만든 것은 사실이다. 벤이나 몰리 중 어느 한 쪽이 자신의 존재를 드러내지 않는 것도 문제를 복잡하게 만들었다. 벤은 상황에 대한 좌절감을 토로하면서 몰리의 여러 성격적 결함에 대해 이야기했다. 가령 몰리가 너무 쉽게 화를 내고, 너무 게으르고, 일을 찾으려 하지 않고, 지나치게 참견하는 사람이라는 것이었다. 한편 몰리는 벤이 너무 경직되고, 너무 자기중심적이며, 너무 이기적이고, 자기 일에만 너무 집중한다고 비난했다. 여러 차례의 대화를 나누면서 시간이 흐른 뒤, 벤은 몰리와의 갈등과 관련된 자신의 감정을 잘 받아들일 수 있었다. 자신의 감정에 주의를 기울이고 코끼리가 안정되자, 벤은 다시 한 번 마음의 안정을 되찾았고, 자신과 몰리가 해결해야 할 핵심 문제에 집중할 수 있게 되었다.

코끼리가 안정되고 기수가 다시 제 기능을 할 수 있게 되면, 벤처럼 우리도 의견이 일치하지 않는 문제를 더 명확하게 파악할 수 있게 된다. 각각의 의견불일치는 독특하지만, '문제를 문제로 다루기'는 한 가지 혹은 그 이상의 범주로 나뉘게 된다.

   a. 반드시 내려야 하는 구체적인 **결정**: 벤과 몰리가 울타리 비용을 어떻게 지불할지

   b. 어떻게 **의사소통**을 해야 하거나, 했으면 좋은지에 대한 기대: 두 사람 사이의 거친 말

   c. 논의가 필요한 **사건**: 몰리의 개가 벤의 고양이를 해쳤는지 여부

   d. **정보**의 차이: 몰리와 벤이 울타리 설치비용과 시의 조례에 따라 허용되는 항목에 대해 서로 다른 데이터를 가지고 있는지 여부

   e. 의사 결정 **과정**에 대한 기대치: 벤과 몰리가 울타리와 관련한 결

정을 내리는 방법

 f. **가치관**의 차이: 벤은 개방된 잔디밭 환경을 선호하고, 몰리는 울타리가 있는 폐쇄된 공간을 선호할 수 있음.

 중립적이되 문제의 핵심을 파악하는 것이 중요하다. 갈등을 개인의 성격 문제로 보지 않으면서 **동시에** 내면의 공간에 주목하면 의견불일치를 더 잘 해결할 수 있다. 상대방을 타자화하는 함정에 빠지지 않게 된다. 우리 자신과 상대방은 방어적이 되지 않고, 우리의 코끼리도 침착하게 대화에 참여하며, 우리의 생각 또한 나와 동의하지 않는 상대와 함께 생각할 수 있는 능력을 유지하게 된다.

 문제를 문제로 다루기 위해 집중하는 것과 함께 현존 연습은 단계별로 그 과정을 시각화할 수 있다. 이 과정을 발전시키기 위해서 우리는 벤과 몰리의 이야기를 조금 더 깊이 들여다 볼 필요가 있다. 이제 잠시 벤의 직업적 성공이 몰리 안에 있는 오래된 부적절한 감정을 일깨우기 때문에, 벤의 존재 자체가 항상 몰리를 괴롭혔다고 가정해 보자. 한편 몰리에게 이러한 감정이 존재하지만 이를 부정하기 위해 끈질기게 노력해왔다고 가정해 보자. 그는 그냥 벤을 싫어하고 수천 가지로 그 이유를 들 수 있겠지만, 사실 그 어떤 이유로도 그가 가진 감정의 깊이를 설명할 수는 없다. 벤의 관점에서 볼 때, 몰리를 미워해서가 아니라 몰리의 존재 때문에 혼란스러워하는 것이다. 몰리는 빙빙 돌려서 이야기하고, 벤은 몰리의 논리를 따라갈 수 없게 된다. 만약 벤이 정직하다면, 벤은 몰리보다 다소 우월하다고 느낄 것이다. 벤은 성공했고, 생활을 잘 조직하고, 마당을 깨끗하게 유지하는 등, 몰리에게서 발견할 수 없는 모습과 몰리가 하지 않는 모든 것을 하고 있다. 벤은 몰리의 존재가 짜증이 나지만 손뻗으면 닿을만한 이웃에 살고 있다. 이것이 몰리를 화나게 만드는 것 같은데, 왜냐하면 실제로 몰리에게는 벤과의 친밀한 이웃관계보다 더 가치 있는 것이 없기 때문이다.

많은 뒷이야기가 있기 때문에, 벤과 몰리 사이에 빚어진 단순한 울타리 분쟁이 생각보다 간단하지 않다는 것을 쉽게 알 수 있다. 문제는 두 사람이 울타리를 공유하고 있다는 것이다. 몰리에게는 자신의 부적절한 감정이 문제일 수 있고, 벤에게는 자신의 우월감이 문제일 수 있다. 여기서 각자의 울타리와 상관없는 문제는 사실 상대방에 관한 것이 아니라, 자신의 내적 감정의 변화 과정에 관한 것인데, 실제로는 자신의 감정 상태에 놓여있는 문제를 인식하기보다는 상대방이 문제인 것처럼 표현된다는 점을 주목해야 한다. 이슈가 감정의 부적절함에 있든 상대방에 대한 우월함에 있든 상관없이, 울타리 논쟁은 두 사람의 자아를 위험에 빠뜨리고 있다. 두 사람 중 한 사람이 자신의 감정을 인식하고, 그것을 품고, 놓아버릴 수 있다면, 자아를 위험에 빠뜨리지 않고, 울타리 문제를 좀 더 중립적으로 바라볼 수 있고, 두 사람이 보다 솔직한 방식으로 이 분쟁을 해결할 수 있을 것이다. 그러나 그렇게 되려면, 의견불일치가 갈등으로 변한 이후뿐만 아니라, 의견불일치 상태에서라도 자기 인식과 자기 조절을 위한 전폭적인 노력이 필요하다. 그러나 불행히도 벤이나 몰리, 또는 우리 모두가 이 전략을 항상 따르지는 않는다.

이제 벤과 몰리의 이야기를 발판 삼아 문제를 좀 더 복잡하게 들여다

보자. 몰리가 벤에게 너무 화가 나서 홧김에 벤에게 소리를 지르고, 벤은 몰리에게 괴롭힘을 당한다는 느낌을 받고 있다고 가정해 보자. 이제 진짜 문제는 무엇인가? 울타리 비용을 지불하는 방법과 서로 좋은 대화를 나눌 방법에 대한 문제는 변하지 않았다. 이 이슈에 얽힌 뒷이야기의 역학 관계도 변하지 않았다. 그러나 이제 우리에게는 가장 최근에 주고받은 격렬한 논쟁으로 인해 발생한 피해를 어떻게 처리해야 할까 라는 새로운 문제가 더 생겨났다.

위의 시나리오에서 갈등과 관련된 사람들은 자신의 행동 및 그 행동에 기여한 근본적인 감정들을 책임져야 하고, 각자의 방식으로 문제에 기여하지만, 실제로 핵심적인 문제는 결코 상대방에게 있지 않다. 각자가 취한 행동의 복잡함과 그 행동을 유발한 근원적인 감정의 변화 과정들의 복잡다단함과 더불어, 이슈로서 울타리 비용 문제는 여전히 남아 있다. 몰리와 벤은 좀 더 바람직한 불일치로 나아가기 위해 3단계 경로를 따라가 보기로 했다. 벤과 몰리가 (a) 자신의 근원적인 감정의 변화 과정을 인식하고, 수용하고, 치유하고 또는 전환하고, (b) 각자가 피해를 끼친 행동에 대해 책임을 진다면, (c) 비용 문제에 대해 각자가 왜 그런 입장을 취하는지 명확하게 이해하는 것을 포함하여, 울타리 문제에 다시 집중할 수 있을 것이다. 이렇게 되면 벤과 몰리는 울타리 비용 지불에 관한 의견 차이를 성공적으로 해결할 수 있을 것이다.

많은 사람이 (a)와 (b) 단계에 많은 노력을 기울이지 않고 곧 바로 울타리 문제에 관심을 재집중하고 싶어 한다. 때때로 이렇게 하는 것이 임시방편의 효과를 볼 때도 있지만, 종종 우리의 근원적인 감정 변화 과정과 우리가 저지른 피해를 부인하는 것이 울타리에 집중하려는 시도에 스며들면, 울타리에 대한 직접적인 대화가 상황을 개선하기보다는 악화시키는 경우가 더 많다. 사실 우리 자신의 해결되지 않은 감정의 변화 과정이 효과적이고 바람직한 의견불일치를 가로막을 때, 우리는 대화를 어색하게 만든다며 상대방을 비난하기도 한다. 우리의 근원적인 감정의 변화 과정에 주의를 기울이는 것은 우리 자신과 타인에게 주는 선물이다. 내면세계의 감정적 환경을 더 잘 인식하고, 받아들이고, 치유할수록 우리는 더 효과적으로 상호 간에 존재하는 바람직한 의견불일치를 다룰 수 있다.

어떤 사람들은 "만약 벤이 이 3단계 여정을 따를 수 있다고 할지라도, 몰리가 할 수 없다면 어떻게 해야 하나요? 몰리의 미처 처리되지 않은 감정의 변화 과정에 벤이 인질로 잡히게 되는 것은 아닐까요?"라고 질문할 수 있다. 내 경험상 이 3단계 여정은 한 사람만 수행하면 된다. 물론 두 당사자 모두가 근원적인 감정의 변화 과정을 해결하면 더 즐겁고 쉽겠지만, 단지 한 당사자만이라도 여정을 수행한다면, 그 당사자는 전체 상황으로부터 어느 정도 감정적 거리를 확보한 뒤 문제 자체에 다시 집중할 수 있게 된다. 벤만이라도 자신의 상황을 의식하며 감정의 변화 과정을 이해한다면, 그의 내면의 평온함이 몰리와 다시 연결시켜서 몰리 또한 문제에 집중할 수 있도록 도울 수 있다. 그러면 벤은 몰리의 마무리되지 못한 내면의 대화로 인해 대화 중에 놓여있는 감정적인 제약을 인식하면서 문제 자체에 집중할 수 있게 된다. 이렇게 하는 것이 해결을 더 어렵게 만들 수도 있지만, 그 상황의 감정적 격렬함을 제거하고 벤이 문제를 문제로 보는problem-as-problem 대화에 더 효과적으로 집중하게 할 수 있다.

더 바람직한 의견불일치를 위한 3단계 경로는 간단하면서도 심오하다. 몰리가 이 3단계를 따른다면 그 과정은 다음과 같이 펼쳐질 것이다.

> a. 저는 벤과 함께 있으면 뭔가 부족하다는 느낌을 갖게 됩니다. 이것은 그의 문제가 아닌 저의 문제입니다. 저는 이러한 저의 부족한 느낌을 받아들이고, 이러한 느낌들을 놓아 보내고 싶습니다.
>
> b. 저는 벤에게 가혹한 말을 해왔습니다. 벤이 저에게 한 행동과 상관없이 저는 이 일들에 대한 책임을 지고 싶습니다. 벤에게 사과하겠습니다.
>
> c. 저는 울타리 비용 지불에 대해 생각하고 말할 때 태도를 분명히 하겠습니다. 벤이 울타리 비용 전액을 모두 지불하는 것이 왜 저에게 중요한가? 저의 개들을 위해서 울타리가 필요하지만, 실제로 울타리 비용을 지불할 여유가 없기 때문입니다.
>
> d. 다시 a 단계로 돌아가서: 울타리 비용을 지불할 수 없다는 사실이 저를 불안하게 만들지만, 이 취약한 감정은 벤의 현실이 아닌 저의 현실입니다. 그러나 저의 취약한 감정 때문에 벤에게 화를 내지 않을 것입니다.

몰리가 문제를 문제로 다루기 위해 따랐던 3단계더하기 1단계에는 어느 정도의 '숙제' 또는 내면의 상태a, b단계에 대한 주의 집중이 포함되어 있다. 관상 영성이나 마음 챙김의 세계에서는 이러한 주의 집중을 현존지금 여기에 머무는 연습, 즉 내면에서 떠오르는 것에 주의 기울이기 혹은 알아차리기라고 말한다. 또한 여기에는 우리 자신에 대해 책임지는 연습도 포함된다. 내면의 상태에 주의를 기울이는 방법에 대해서는 나중에 더 자세히 이야기하겠지만, 이 책의 대부분은 위의 처음 두 단계에 관한 것이므로 지금은 우리 내면에 숨어서 갈등을 일으키는 동인들과 관련된 자기 인식 훈련의 중요성을 강조하는 것이 중요하다.

사람의 문제를 상황의 문제로 전환하기

내면의 상태에 관심을 기울이는 것을 넘어, 의견불일치는 갈등이 발생하는 맥락에 의해 깊은 영향을 받는다는 사실을 기억하는 지혜가 필요하다. 상호 간에 건강하게 의견불일치를 유지하려면, 그리고 사람을 문제로 보기보다는 문제를 문제로 다루기 위해, 더 큰 상황이 문제에 어떻게 기여했는지 고려하면서, **사람의 문제를 상황의 문제로 전환**하는 것이 좋다. 더 큰 상황과 우리 내면의 상태를 분리하고 싶은 유혹이 있지만, 우리는 더 큰 상황과 내면의 상태는 종종 거울처럼 서로를 비추어 준다는 것을 알고 있다. 상황의 문제들은 우리 존재 안에 거주하며 우리가 행동하고 반응하는 방식에 영향을 미친다. 만약 우리가 상황의 문제를 전환할 수 있다면, 우리의 내면 상태, 상대방에 대한 느낌과 관점들도 전환시킬 수 있을 것이다.

예를 들어 인종차별과 연관된 사건을 생각해보자. 위해 행위의 뒤에는 개인이 있을 수 있지만, 인종차별을 용인하고, 방조하거나 조장하는 더 큰 사회적 맥락이 각각의 인종차별 사건을 떠받치고 있다는 것 또한 사실이다. 개별적인 피해 사례를 언급하는 것도 중요하지만, 이러한 행위를 사회적 맥락에 위치시키고 제도적 인종차별로 언급함으로써 더 큰 차원에서 인종차별의 문제를 언급할 수도 있다. 비록 제도적 차원의 노력이 개개인을 변화시키지는 못하지만, 우리는 제도적 차원의 변화가 개인 차원의 행동까지 변화시킬 수 있음을 잘 알고 있다. 또한 더 큰 사회적 맥락을 기억함으로써, 우리는 개별적인 인종차별 행위와 관련되거나 영향을 받은 모든 사람의 인성을 더 쉽게 기억할 수 있다는 사실을 언급해야 한다. 즉, 피해 사건을 더 큰 사회적 맥락에 놓음으로써, 우리는 단일 사건들의 누적이 피해를 입은 사람들의 인성에 미치는 영향을 어느 정도 이해할 수 있게 된다. 반대로, 가해 행위의 이면에 있는 더 큰 상황을 고려할 때, 우리는 이러한 개인들의 인성을 기억하며 가해 행위를 저지르는 사람들에게 더 쉽게 은혜를 베풀 수 있다.

조직, 지역사회 그룹 그리고 회중들에게, 더 큰 상황이란 조직의 구조, 정책 및 절차, 시스템의 가치, 리더십 스타일, 그리고 조직이 겪고 있는 관련 이슈들의 복잡성이 포함될 수 있다. 예를 들어, 어렸을 때 트라우마를 경험한 사람은 어른이 되어서도 같은 경험에 의해 쉽게 영향을 받을 수 있다. 일터에서 비정상적인 수준의 스트레스를 받은 사람은 이 스트레스로 인해 가정이나 가는 곳마다 갈등을 일으킬 수 있다.

상황 문제에는 변화와 관련된 도전들도 포함될 수 있다. 지난 10년 동안 나는 변화의 맥락에서 수많은 대인관계 및 조직들이 직면한 도전들을 다루어 왔다. 변화 이론에 따르면 인간으로서 우리는 어느 정도는 항상 변화와 씨름하게 되어있다고 한다. 우리가 마주하는 그 변화를 원하든

원치 않든, 그 변화가 우리가 선택한 것이든 강요된 것이든, 일단 변화가 일어나면 적어도 변화의 맥락과 관련된 삶의 규칙은 수정되게 마련이다. 어떤 의미에서 변화는 우리를 모든 것이 이상하고, 낯설고, 새롭게 다가왔던 유치원 시절로 되돌아가게 한다. 그리고 마치 학교를 다니게 된 첫날처럼 우리 대부분은 이 변화가 우리에게 무엇을 요구할지 모르기 때문에, 변화를 마주하며 일말의 불안감을 느끼게 된다.

최근 한 동료가 갈등을 심하게 겪고 있는 조직과 일하고 있었다. 사람들은 서로에게 화를 냈고, 편을 가르고 서로를 비난하는 말을 주고받았다. 나의 동료는 조직에서 나오는 데이터를 살펴보면서, 양측이 서로에 쏟아내는 불평불만이 단순히 시스템으로부터 느끼는 불안의 수준과 비교가 안 된다는 사실을 알게 되었다. 그녀는 지난 5년 동안 조직에 일어난 중요한 변화, 즉 30년간 사랑받던 리더가 은퇴한 후 새로운 리더가 부임한 것, 지난 몇 년 동안 조직이 크게 성장한 것, 정부의 정책 변화에 따른 새로운 규칙과 규정들이 제정된 것, 조직이 새로운 곳으로 옮긴 것, 그리고 적지 않은 수의 직원이 퇴사한 것을 적어보았다. 게다가 이 조직은 사회 규범의 변화, 정치적 격변, 소셜 미디어와 관련된 소통 패턴의 변화, 더 넓은 지역사회에 끼쳐진 환경 파괴 그리고 가장 최근에 일어난 팬더믹 등 더 큰 사회의 변화에 의해 영향을 받고 있음을 알게 되었다. 사람들이 힘들어하는 것은 오히려 당연했다. 당사자 간의 구체적인 갈등은 현실적인 것이었고 관심이 필요했지만, 변화의 맥락은 새로운 역학 관계와 불안을 가중시키며, 당사자들에게 중대한 영향을 끼치는 상황 문제를 일으켰다.

상황 문제들, 특히 변화와 관련된 문제들을 있는 그대로 인식하는 것은 사람들이 경험하는 도전들을 정상적인 것으로 볼 수 있게 도와준다. 이는 구체적인 도전들을 좀 더 큰 맥락에 놓은 뒤, 왜 모든 것이 그토록 압도적으로 보이는지 설명할 수 있도록 도와준다. 이는 사람들에게 엄청난 안도감을 가져다준다. 일단 우리가 압도당하는 이유를 알면 다시 세상이 이해되기 시작한다. 이러한 이해는 또한 "우리가 나쁜 사람이었던 게 아니라 우리가 처한 상황이 다루기 어려웠던 거야."라는 식으로 서로에게 더 큰 은혜를 베풀 수 있는 문을 열어줄 수 있다.

동일한 주제에 머물러 있기

문제를 문제로 보도록 집중하는 것과 사람 문제를 상황 문제로 전환하는 것이 바람직한 의견불일치를 유지하는 두 가지 전략이라면, 세 번째 전략은 실제로 의견 차이를 보이는 사람이나 그룹이 동일한 주제에 대해 계속 이야기하는 것이다. 이 전략은 다른 전략과 마찬가지로 우리의 내면에 무엇이 나타나는지 관찰하기 위함이다. 불행히도 사람들은 의견 차이가 있을 때 당황하거나 위험하다고 느끼게 되며, 이슈를 어떻게 다룰지 몰라 혼란스러워하며, 자신들이 이길만하다고 믿는 주제로 대화를 바꾸는 경향을 보인다.[9] 우리가 이렇게 하는 것이 때로는 분명하지만, 다른 경우에는 너무 미묘해서 우리 자신이 다루어야 할 주제를 바꾸고 있다는 것을 거의 알아차리지 못한다. 예를 들어, 벤이 몰리에게 "당신이 나한테 말하는 방식이 걱정돼요."라고 말하면, 몰리는 "그래, 난 당신이

---

9) 이 아이디어에 대한 자세한 내용은 Eugenia Cheng, *The Art of Logic* (Basic Books, 2020)을 참조할 것.

항상 고양이를 내 마당으로 뛰어들게 하는 방식이 걱정돼요."라고 대답할 수 있다. 몰리는 아마도 무의식적으로 자신이 이길 수 있는 새로운 주제가 필요하다고 생각하여, 다른 이슈로 주제를 바꾼 경우다. 몰리는 이슈를 모호하게 만들어 대화가 자신에게 유리하게 흘러갈 수 있을 정도로 바꾸었다.

잠시 다른 예를 하나 더 들어보자. "흑인의 생명도 소중하다.Black Lives Matter"는 운동이 등장했을 때, 어떤 사람들은 "모든 생명은 소중하다."라는 문구로 반응했다. 후자의 문구는 이슈를 모호하게 만들었고, "흑인의 생명도 소중하다"는 운동에 반대하는 사람들이 이길 수 있다는 주장으로 논점을 전환시켰다. 또한 이는 "흑인의 생명도 소중하다"는 운동을 등장시킨 어려운 이슈들을 제대로 바라보지 못하게 했다. 물론 모든 생명이 소중하다. 실제로 흑인들은 모든 생명이 중요하지 않다고 말한 적이 없다. 문제는 서구의 많은 지역에서 삶의 배경, 교육, 경험이 같은 두 사람이 피부색이 다르다는 것 때문에 다른 사회적 결과를 얻게 되고, 그 사회적 결과는 어두운 피부의 사람보다 밝은 피부의 사람을 선호하는 경향이 있다는 것에 문제가 있다.[10] 2020년 여름에 몇 사람이 "모든 생명은 소중하다"고 말하면서 "흑인의 생명도 소중하다"는 운동에 반응했는데, 이는 마치 집이 불타는 것을 보고도 현재 불타고 있지 않은 집을 포함한 모든 집이 소중하기 때문에 불을 끄기를 돕지 않아도 되는 것처럼 만들었다.

벤과 몰리의 예로 돌아가서, 벤과 몰리 모두에게 서로 다른 중요한 관

---

10) Cheng.

심사가 있었다는 것은 사실이다. 벤의 관심사는 몰리가 자신과 대화하는 방식이었고, 몰리는 벤의 고양이에 대한 것이었다. 벤과 몰리가 동시에 자신들의 관심사를 서로에게 이야기할 때면 둘 다 상대방이 말을 듣지 않는다고 느낄 것이며, 대화가 격화되고 좌절감을 느끼게 될 가능성이 높다. 그러면 서로의 의견불일치를 잘 유지하려면, 한 가지 주제(예: 벤이 몰리에게 말하는 방식에 대해 먼저 이야기한 후, 두 번째 주제(예: 몰리가 벤의 고양이에 대한 염려로 전환하는 것이 좋을 것이다. 문제를 회피하지 않고 다른 사람과 동일한 주제로 계속 논의하려면 인내심이 필요하며, 적어도 어떤 상황에서는 상당한 감정적 인내가 필요하다. 서로의 다른 의견에 더 잘 동의할 수 있을 뿐만 아니라, 그 과정에서 서로를 존중할 수 있다는 점에서 이것이 끼치는 영향력은 상당하다.

소통의 구성 요소와 갈등
기본 욕구

갈등 이론에 따르면 각 사람이나 사람들로 구성된 각 집단의 핵심에는 다섯 가지 기본 욕구[11]가 있다고 한다. 이러한 욕구들은 개인적이면서도 집합적인 인격으로 우리 존재의 핵심 요소다. 우리의 욕구는 내면의 공간에 자리 잡고 있으며, 기쁠 때나 갈등이 있을 때 그 힘을 한껏 발휘한다. 우리의 욕구는 하찮은 것이 아니다. 욕구는 연결하고자 하는 욕망을 불러일으키고, 세상을 탐험하는 추동력이며, 우리에게 목적을 추구하도

---

11) 이론가에 따라 인간의 기본 욕구는 다섯 가지 이상으로 설명되기도 한다.

록 도와준다. 기본적 욕구의 표현은 문화마다 다를 수 있지만, 이러한 욕구는 다양한 모습으로 각 개인이나 집단마다 존재한다. 인간의 기본적인 욕구는 소속감, 인정, 자기 결정권 또는 자율성, 안전, 그리고 의미 추구로 설명할 수 있다. 이러한 욕구는 매우 기본적이어서 아이들의 말에도 잘 드러나 있다. "쟤네들이 저를 못 놀게 해요"는 소속감의 욕구를 드러낸다. "내 것보다 쟤 물건이 더 커요"는 인정의 욕구를 드러낸다. "나 혼자 할 수 있어요"는 자기 결정의 욕구를 드러내며 "엄마, 저 좀 안아 주실래요?"는 안전의 욕구를 드러낸다. 그리고 "근데 왜 그래?"는 의미에 대한 욕구를 드러내는 표현이다. 물론 어른들에게도 그들만의 표현법이 있기 마련이다. 안타깝게도 이러한 기본적인 욕구가 충족되지 않을 때, 우리는 개인적으로든 집단적으로든 위험에 처한 자아를 경험하게 된다. 이런 일이 일어나고 이를 알아차리지 못하거나 제대로 표현하지 못하면 갈등에 빠지게 된다.

몇 년 전, 한 회중을 대상으로 기본 욕구에 대해 발표하고 있었는데, 워크숍 장소 뒤쪽 구석에 있던 한 우락부락한 남자가 일어나 화이트보드에 그려놓은 기본 욕구들의 이미지를 불편한 듯 가리키며, "그래서 내가 불쾌한 편지들을 쓴 거지"라며 소리쳤다. 그곳에 있던 모든 사람이 고개를 돌려 그 남자를 바라보았고, 모두가 당황한 표정을 지었다. 그 남자는 계속해서 "내가 소속감을 찾고 있었던 건데"라고 말했다. 불쾌한 편지를 보낸다고 저절로 소속감이 생기는 것은 아니다. 이 남자에게도 마찬가지였다. 사실 이 남자의 편지는 소속감보다는 배제로 이어졌다. 몇 년이 지나, 나는 이 남성이 불우한 어린 시절을 보냈고 평생 소속감을 찾아 헤맸다는 사실을 알게 되었다. 이제 인생의 끝자락에서 그는 소속감을 얻기 위해 다시 한 번 노력했지만 모두 잘못된 방법이었다.

　인간의 기본적인 욕구foundational human needs라는 문제는 우리의 자아와 너무 밀접하게 연결되어 있어, 우리가 추구하려는 욕구를 취약성으로 드러낸다. 소속감의 욕구는 제대로 표현하기 참 어렵다. 인정의 욕구는 명명하기 쉽지만, 이 욕구가 우리에게 왜 그렇게 중요한지 설명하기는 쉽지 않다. 그 결과, 사람들이 자신의 욕구를 말로 표현하려고 하면 어색하게 표현되거나 심하게는 갈등으로 표출되기도 한다. 달리 말하면, 우리의 나쁜 행동은 때때로 기본적인 욕구를 잘못 표현한 시도일 수 있다. 워크숍에 참석했던 그 남자는 소속감을 찾고 있었지만 사람들에게 어떻게 말해야 할지 몰랐던 것이다. 그는 거칠고 공격적으로 표현했다. 그리고 그의 겉모습 이면에는 그가 원했던 공동체에 소속되려고 애쓰고 있는 한 상처 입은 남자가 있었다.

　갈등이 있는 일터와 연결하여 일하다 보면, 직원의 4분의 3 이상이 경영진으로부터 충분한 인정을 받지 못한다고 말한다. 청소년과 부모가 싸울 때, 그들은 종종 자기 결정권자녀의 입장과 안전부모의 입장에 대한 상반된 욕구 때문에 싸운다. "흑인의 생명도 소중하다"와 같은 운동에 참여하는 사람들은 경찰력에 의해 뒷받침되고 있는 체계적인 인종차별이 흑인, 선주민, 유색인종의 안전, 인정, 소속감, 자기 결정권을 위험에 빠뜨린다고 주장한다.

　인간의 기본적인 욕구와 관련된 어려운 문제 중 하나는 이러한 욕구들이 서로 연결되어 있는 동시에 서로 상충하는 경우가 많다는 것이다.

우리는 다른 사람의 욕구 충족을 자신의 욕구 충족에 대한 위협으로 인식할 정도로, 우리 자신의 근본적인 욕구에 애착을 형성할 수 있다. 두 그룹이 서로 간의 안전에 대한 욕구를 가질 수 있지만, 한 그룹이 이 욕구에 대해 말하는 것이 다른 사람의 안전을 최소화하면서 자신의 안전은 극대화하는 모습으로 나타날 수 있다. 한 그룹의 자기 결정에 대한 욕구가 다른 그룹의 인정에 대한 욕구와 충돌할 수 있다. 한 사람의 자기 결정에 대한 욕구가 다른 사람의 소속에 대한 욕구를 부정하는 원인으로 작동할 수도 있다.

우리의 욕구는 인간다움이라는 직물을 훌륭하게 만들기도 하며, 개인 및 집단적 자아와도 밀접하게 연관되어 있다. 자아를 위협하지 않는 건강한 의견불일치가 있을 때, 비로소 우리의 욕구는 인생의 배경 음악처럼 연주된다. 좋은 대화는 소속감과 인정받는다는 만족스러운 감정을 불러일으킨다. 차이에 대한 이해는 자기 결정권과 안전에 대한 우리의 욕구를 지지해 준다. 다른 사람이나 상황을 더 잘 이해하면 세상을 이해하는 데 도움이 되고, 의미에 대한 욕구를 충족시킬 수 있다. 따라서 우리의 욕구가 어떤 식으로든 충족되지 않을 때, 자아가 위험에 처한 것으로 경험하고, 의견불일치에서 갈등으로 빠지는 것은 놀라운 일이 아니다.

또한 인간의 기본적인 욕구를 알아차리는 훈련을 하는 것이 필요하다. 우리 안에서 일어나는 욕구를 알아차리고 그 욕구를 받아들일 때, 우리는 주어진 순간에 어떻게 자신의 욕구를 충족시킬 수 있는지 분별할 수 있다. 결국, 다른 사람과의 갈등은 상대방이 무엇을 했거나 하지 않았기 때문이라기보다는 자신의 충족되지 않은 욕구 때문일 수 있다. 대신에, 우리의 충족되지 않은 욕구는 우리가 상대방과 가졌으면 하는 관계에 대한 중요한 관심사를 반영할 수도 있다. 우리가 인간의 기본적인 욕구를 인정하지 않을 때, 우리는 앞서 불쾌한 편지를 쓴 사람처럼 때로는 수동적이자 공격적인 방식을 포함하여 온갖 잘못된 방식으로 우리의 욕구를 표현하여, 불필요하게 갈등을 일으키거나 확대시키게 된다. 자신의 욕구를 파악하고, 그 욕구에 주의를 기울이거나 자신의 욕구가 무엇인지 알아차리면서 말할 때, 우리는 더 단순하고 자유로워진다. 존재의 무게가 가벼워져 서로 더 나은 대화를 나누고 더 훌륭한 모습으로 서로의 차이를 용인할 수 있다.

실제적인 추론, 과정에 대한 기대, 그리고 인간의 기본 욕구

몇 년 전, 나는 새로운 건물로 이전해야 하는 한 조직과 함께 일하고 있었다. 행정을 담당하는 리더들과 임상 서비스 팀은 함께 이사 날짜를 결정하기로 합의했고 실제로 그렇게 했다. 이사를 하기 몇 달 전, 행정 리더가 새로운 정보를 알게 되면서 이사 날짜를 몇 달 앞당겨야 했다. 이러한 일정 변화를 위해 그들은 임상 서비스 팀과 회의를 소집하여 이 새로운 정보를 공유했다. 대화는 잘 진행되지 않았다.

회의에서 행정 리더들은 재정 관련 새로운 정보가 주어졌기 때문에, 이사 날짜를 변경했다고 설명했다. 임상 서비스 팀은 행정 리더들에게 이미 이사 날짜에 대한 공동 결정을 약속하지 않았냐고 주장하며 항의했다. 행정 리더들은 믿을 수 없다는 표정을 지으며 좌절감에 손을 내저었다. 그들은 임상 서비스 팀이 왜 날짜를 변경해야하는지 논리를 이해하지 못한 것에 대해 당황해했다. 임상 팀도 자신들의 입장에서 볼 때, 당황스럽기는 마찬가지였다. 어떻게 행정 리더들이 자신들의 상황을 그렇게 모를 수 있을까? 싶었고, 행정 리더들의 일방적인 결정이 신뢰를 깨뜨렸다고 생각했기 때문이다.

내가 모임을 진행하기 위해 도착했을 때, 두 당사자는 서로 논쟁 중이었다. 나는 한참 동안 그들의 논쟁을 듣고 있었다. 마침내 열 명 모두가 나에게로 고개를 돌려 도움을 요청했다. 나는 그들에게 서로 같은 것에 관해 이야기하는 것이 아니므로,[12] 서로가 놓치고 있는 점을 제시하였다. 행정 리더들은 이사 날짜 변경에 대한 실제적인 추론을 중심으로 이유를 제시하고 있었다. 반면 임상 팀은 적법한 절차에 대한 우려를 제기하고 있었다. 그리고 논쟁의 과정에서 양측의 기본적인 욕구들 즉 인정, 자기결정권, 소속감, 안전에 대한 욕구가 자각되기 시작했다. 만약 나처럼 그들이 외부에서 이 상황을 지켜보고 있었다면, 참석자 중 많은 사람들은 그들과 동료들이 서로 다른 주제로 논쟁하고 있다는 것을 알아차렸을 것이라고 확신한다. 그러나 안타깝게도 갈등의 내부에 있을 때, 뒤늦게야 실제로 무슨 일이 벌어졌는지 알아차릴 정도로 우리의 사고 능력과 시각이 손상될 수 있다.

그림 2에서 볼 수 있듯이 실제적인 추론, 과정에 대한 기대, 인간의 기본 욕구는 훌륭한 대화를 지원하기 위해 함께 작동해야 할 중요한 구성요소이다. 각 요소는 대화를 구성하는 데 중요한 역할을 한다. 실제적 추

---

12) 속담에 나오는 한밤중의 배처럼 - 잠깐 만나 몇 마디를 나누다 헤어져서 다시는 만나지 못하는 두 사람을 뜻함, 역자주.

론은 우리가 어떤 문제에 대해 취할 수 있는 입장 뒤에 있는 합리적, 논리 기반의 이해관계를 나타내고, 과정에 대한 기대는 적법 절차에 대한 우리의 관심, 즉 대화가 어떻게 진행되었어야 하거나 진행되어야 하는지에 대한 우리의 기대를 반영한다. 기본 욕구는 인간의 조건에 내재되어 있으며 우리의 복지를 위해 중요한 본질적인 것들을 나타낸다. 서로 의견이 일치하지 않아 대화가 막힐 때는 동일한 주제로 대화하고 있는지 검토해 볼 필요가 있다.

그림 2

이 그룹에서처럼 한 쪽은 주제에 관하여 실제적인 추론에 근거해 이야기할 수 있고, 다른 쪽은 대화가 어떻게 진행되었거나 진행되어야 하는지, 또는 어떤 결정이 이루어졌거나 이루어져야 하는지 등 과정에 대한 기대치에 대해 이야기할 수 있다.

서로 의견이 다를 때는 실제적인 추론에 근거하여 서로 다른 생각을 하는 것이 일반적이다. 이런 종류의 의견불일치는 꽤나 분명하고, 흥미로우며, 심지어 즐거울 수도 있다. 사실, 과정 자체가 공정하다면 사람들은 실질적인 차이에 대해 불일치하더라도 동의하는 것이 일반적이다. 당사자 중 적어도 한 쪽이 대화, 의사 결정 과정, 시스템, 혹은 관계가 불균형하거나 불공평한 경험을 하게 된다면 이 모든 것이 과정에 대한 기대임, 기본 욕구가 촉발되어 의견불일치가 갈등으로 치닫게 된다.

호기심

의사소통의 구축 요소 관리에 관해 내가 처음 배운 가장 유용한 조언 중 하나는 판단을 호기심으로 바꾸라는 것이었다. 호기심 어린 자세는 질문을 던지고, 다른 사람의 관점을 뒷받침하는 요소에 대해 열린 자세를 갖게 하며, 우리가 추측하거나 상상했던 것보다 상대방의 관점에 더 많은 것이 있음을 믿게 한다. 호기심이 많을수록 우리는 더 겸손해진다. 간단히 말해 우리가 모든 것을 알고 있지 않다는 말이다.

의견불일치나 갈등 상황에서 내가 '뒷주머니'에 넣어 둔 가장 좋아하는 말은 "좀 더 이야기해 주세요…"이다. 좀 더 많은 정보를 요청할 때, 우리는 동시에 네 가지를 한꺼번에 요청하는 셈인데, 상호책임으로 서로를 초대하고, 새로운 정보를 배우고, 시간을 벌고, 결정적으로 상대방의 인정 욕구를 충족시킨다는 것이다. 호기심 어린 모습으로 "좀 더 이야기해 주세요"라는 태도는 상호책임으로 서로를 초대하는 행위인데, 왜냐하면 갈등은 의견 불일치한 문제에 관한 우리 입장의 논리 진술을 포함하여 일반화한 포괄적 진술 뒤에 숨어 있기 때문이다. 또한 포괄적 표현은 상대방을 움츠러들게 하는 경향이 있다. 일반화는 대화의 문을 열기보다는 닫아버리는 경우가 더 많다. 우리가 상대방에게 더 많은 정보를 요청하면, 상대방은 자신이 이미 한 말을 다시 확실히 설명할 수 있고, 일반적인 내용을 보다 구체적으로 설명할 수 있도록 초대받게 된다. 이렇게 하면 상대방이 한 말에 대한 상호책임을 불러일으킬 뿐만 아니라, "좀 더 이야기해 주세요"는 상대방에게 더 많은 정보를 제공하여 훨씬 효과적으로 반응하며 소통할 수 있다. 이 질문은 시간도 벌어준다. 경청하는 동안 우리는 생각할 시간을 갖게 되고, 이는 우리의 반응이 상대방에 대한 즉각적 반작용이 아니라, 실제 하고 싶은 반응이라는 것을 확신시켜준다. 아마도 가장 중요한 것은 호기심 어린 자세가 상대방의 인정받고 싶은 기본 욕구를 충족시켜 준다는 점일 것이다. 사람들은 자신이 한 말에 대해 더 이야기할 수 있도록 초대받을 때, 자신의 말이 잘 들리고 있다고 느낀다. 이렇게 하면 갈등이 완화될 뿐만 아니라, 사람들이 자기 목소리가 들리고 이해받는다고 느낌으로써 자신과 타인 사이의 연결이 형성되어, 서로 다르더라도 바람직한 의견불일치와 조화가 나타날 가능성이 높아진다.

　　호기심은 나무를 보면서도 숲을 놓치지 않는 것과 관련이 있다. 추측보다는 사실에 근거하여 말하는 것이 크게 도움이 되겠지만, 논리에 너무 얽매이거나 단어 하나하나의 정확성에 너무 집중하여 상대방이 말하고자 하는 진심을 놓칠 때 건강한 대화가 제한된다. 취조는 법정에서 해야 하지 지역사회에서 소통하는 방식은 아니다. 바람직한 의견불일치를 유지하려면, 상대방의 실제적인 관심사와 과정에 대한 기대, 그리고 인간의 기본 욕구와 관련하여 상대방이 하는 말과 말 뒤의 정신에 귀를 기울이며 깊은 호기심을 가진 사람이 되어야 한다.

(잘못된) 의사소통

의도, 행동 및 결과

몇 년 전, 루Lou라는 사람이 직장에서의 까다로운 문제를 들고 나에게 자문을 요청해 왔다. 루는 한 중견 기업의 관리자였다. 애나Ana는 선임 관리자였다. 유난히 우울하고 추웠던 1월의 어느 날 아침, 출근 중이던 애나는 회사 통로에 눈이 치워지지 않은 것을 발견했다. 그녀는 여러 사람이 서 있는 로비에서 루에게 다가가 큰 소리로 통로의 눈을 치워달라고 요청했다. 이 대화를 나눈 후, 루는 이내 건물을 떠났다. 그는 병원에서 상사에게 전화를 걸어, 몇 주 동안 병가를 냈다. 처음 루와 대화를 나누는 동안, 나는 루가 병가 내던 날 집에 있는 아이가 아파서 지각하게 되었다는 사실을 알게 되었다. 그날 그가 통로의 눈을 치우러 나가던 찰나에 애나가 건물 안으로 들어왔다. 루에 따르면, 애나는 루에게 통로에 눈을 치우지 않은 데 대해 질책하면서 소리를 지르며 욕설을 퍼부었다고 했다. 루는 당시 상황에 크게 당황했다. 루에게 애나의 발언은 매우 부정적으로 다가왔기 때문에, 그는 애나가 동료들 앞에서 자신을 망신주려는 의도가 있었다고 생각했다. 애나에 따르면 그날 아침 자신이 건물에 들어왔을 때 너무 추워 몸을 떨고 있었고, 그래서 자신의 말투가 부자연스럽게 컸었다고 했다. 눈을 치우라고 말한 의도가 긍정적이었기 때문에, 애나는 루가 자신의 말을 긍정적으로 받아들였다고 생각했다. 그러나 반대로 루는 애나의 말을 부정적인 것으로 경험했기 때문에 애나가 자신을 해칠 의도가 있다고 생각했다.

의도에 따라 결과를 가정하고, 결과에 따라 의도를 추측하는 것은 수

많은 오해를 불러일으킨다. 원칙적으로 루와 애나 사이의 갈등은 쉽게 해결될 수 있는 문제였다. 애나와 루가 단순히 서로의 경험을 인정하고, 당시 상황에 대한 자신의 역할에 대해 서로 사과할 수만 있었다면 쉽게 해결할 수 있는 문제였다. 하지만 실제로 애나와 루의 갈등은 훨씬 더 복잡했다. 루와 인사팀장과 그날 아침 함께 있던 사람들에 의해 확인된 바에 따르면 애나는 다른 사람들이 있는 자리에서 루에 대해 큰 소리로 날선 말을 한 전력이 있다고 했다. 또한 애나는 루가 들을 수 있는 거리에 있을 때조차 루에 대해 좋지 않은 말을 하기도 했다. 한 번은 루가 자신의 언어 장애에 대해 애나가 한 발언에 대해 따졌을 때, 애나는 단지 웃자고 한 이야기에 루가 너무 예민하게 반응하는 것이라고 말했다. 이후로 루는 다시는 애나에게 따지지 않았지만, 애나를 볼 때마다 이를 갈았다. 루는 애나에게 깊은 상처를 받았다. 루는 애나를 믿지 못했고, 가급적이면 애나와 함께 있기를 피했다.

갈등이 있을 때 우리의 뇌는 일어난 일을 왜곡시켜 되짚어보는 경향이 있다. 일어난 일에 대해 스스로에게 이야기하고 되풀이하면서 우리는 추측과 확증 편향이라는 두 가지 함정에 쉽게 빠진다. 이러한 역학 관계를 더 잘 이해하려면 그림 3[13]과 같이 의도–행동–결과 의사소통 모델을 살펴보라.

---

13) 이 모델은 마니토바주 위니펙에 있는 중재 서비스(Mediation Service) 작업을 수정한 것임.

그림 3. 의도–행동–결과 의사소통 모델

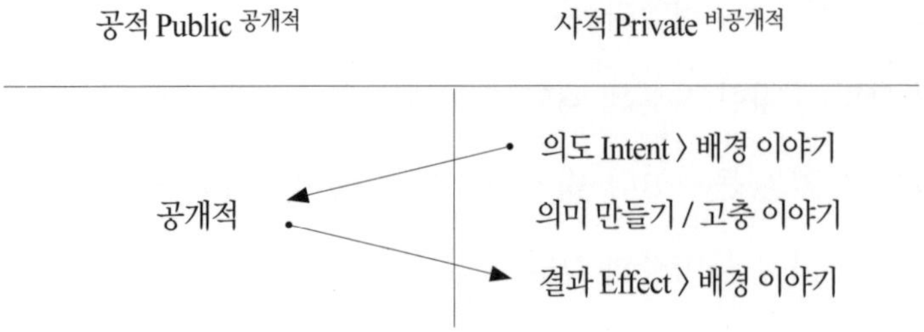

공적 Public 공개적   사적 Private 비공개적

공개적 ◄─────────────────── 의도 Intent 〉 배경 이야기

의미 만들기 / 고충 이야기

결과 Effect 〉 배경 이야기

- 의도 Intent : 행동 이면에 있는 행위자의 사적인 이유
- 행동 Action : 양측이 모두 듣거나 볼 수 있는 공개된 말, 행위 또는 사건
- 결과 Effect : 행위 대상자가 개인적으로 받게 되는 행위의 영향
- 의도 뒤 배경 이야기: 의도 뒤에 숨겨진 이유로, 종종 뒷이야기는 당장의 상황과는 상대적으로 관련이 적은 경우가 많다.
- 결과 뒤 배경 이야기: 행위 대상자에게 끼쳐진 영향 뒤에 숨겨진 이유로, 결과 뒤에 숨겨진 배경은 종종 당장의 상황과는 거의 관련이 없는 경우가 많다.
- 의미 만들기 혹은 험담 : 일어난 일과 상대방에 관해 스스로 하는 이야기들, 그리고 이러한 이야기를 통해 커져가는 상대방에 대한 성격 규정

우리는 무슨 일이 일어났는지 이해하기 위해 상대방의 의도나 내 행동이 상대방에게 미칠 영향에 대해 추측하는 경향이 있다. 어떤 의미에서

이것은 당연한 일이다. 의도와 결과는 행위자와 행위대상자라는 사적인 영역에 존재하기 때문에, 만약 의도와 결과가 공적인 영역으로 드러나지 않는다면, 즉 누군가가 왜 어떤 행동을 했는지 또는 행위가 상대방에게 어떤 영향을 끼쳤는지 이야기하지 않는다면, 우리는 추측을 할 수밖에 없다. 보통 이런 일이 발생하면 우리는 우리의 의도에 따라 행동이 끼친 결과를 가정하는 것처럼, 상대방의 행동이 나에게 미친 결과를 바탕으로 상대방의 의도를 추측한다. 즉, 어떤 일이 나에게 부정적인 영향을 미쳤다면 상대방도 내가 부정적인 영향을 받기를 의도했다고 가정하는 경향이 있고, 반대로 나의 의도가 긍정적이었다고 생각하면 내 행동 또한 긍정적인 영향을 끼쳤을 것으로 가정하는 경향이 있다. 그러나 후자는 이해하기 쉽지 않은데, 왜냐하면 추측할 때 우리는 우리의 악의를 최소화하고, 무의식적인 편견이 우리의 의도에 포함될 수 있는 가능성을 부정하는 경향이 있기 때문이다. 우리는 우리의 의도가 긍정적이거나 적어도 합법적이라고 전제한다.

일어난 일에 대한 이야기를 우리 자신에게 다시 들려줄 때, 우리는 우리의 가정이 옳다는 것을 확인하기 위해 일어난 행동에서 '데이터를 끌어오는' 경향이 있다. 이를 확증 편향이라고 한다. 당연히 이것은 문제가 있는 행동인데, 왜냐하면 우리의 가정은 일반적으로 전적으로 정확하지 않을뿐더러, 완전한 경우가 드물기 때문이다. 우리의 의도와 타인의 행동이 우리에게 미치는 영향은 우리의 배경 이야기우리의 인격을 구성하고 현재 상호작용에 영향을 미치는 다양한 경험에 의해 크게 영향을 받는다는 현실 때문에 문제는 더욱 복잡해진다. 시간이 지남에 따라 우리의 가정은 점점 깊이 뿌리를 내리게 된다. 우리는 사람과의 만남 즉 단지 갈등을 경험한 사람 뿐만 아니라 다른 사람과의 다음 만남까지도 의미를 부여한다. 이러한 상황의 어려움 중 하나는 뇌가 이러한 상황을 쉽게 놓아주지 않는다는 것이다. 우리는 일어난 일에 집착하기 시작하고, 개개인의 특성과 상대방 이 야기한 고통에 대해 상대방을 비난한다. 이것은 단지 다른 사람들을 향해 우리를 부정적인 생각과 행동으로 몰아넣을 수도 있을 뿐만 아니 라, 우리의 생각을 내면으로 향하게 하여 우리 자신에 대해 부정적인 생 각을 하게 만들 수도 있다. 그렇게 되면 이제 우리는 우리의 인격이 위험 에 처한 것을 경험하게 된다.

배경 이야기의 힘

루와 애나 사이의 갈등을 이해하려면 두 사람의 개별적인 배경 이야 기와 그들이 함께 공유하는 배경 이야기를 고려해야 한다. 두 사람은 서 로 불편한 상호작용을 해온 역사를 갖고 있다. 적어도 루는 불편한 역사 를 갖고 있다. 애나의 발언은 루에게 중립적으로 전달되지 않았다. 그 대 신 루가 애나에게 겪은 경험에 의해 색이 입혀져 있다. 루가 어렸을 때 언 어 장애로 인해 괴롭힘을 당한 것도 사실이다. 루는 애나처럼 큰 소리로 말하고 다른 사람이 약점을 갖고 유머를 하는 사람들에 대해 선천적으로 예민한 반응을 보인다. 루에게 애나나 언어 장애에 대한 배경 이야기가 없었다면 애나의 발언을 무시하기 쉬웠을지도 모른다. 하지만 애나의 발 언을 중립적인 영역에 놓을 수는 없다. 대신 루의 내면 풍경, 즉 이미 애나 에 대한 고통과 두려움이 공간에 가득 차 있다. 여기에서 우리는 루의 고통에 대한 책임이 누구에게 있는지 질문할 수 있어야 한다. 그 발언을 하지 말았어야 했던 애나의 책임인가, 아니면 치유되지 않은 상처를 안고 있던 루의 책임인가? 질문해야 한다. 어떤 의미에서 루와 애나 모두에게 책임이 있다. 왜냐하면 애나는 루에 대해 부적절한 말을 하였고, 루의 고통의 일부는 애나가 아니라 적어도 치유되지 않은 자신의 배경 이야기에 속해 있기 때문이다. 결국 루와 애나의 만남은 루에게 낯선 선물이 되었다. 왜냐하면 이 짧은 조우와 관련 있는 루의 고통의 깊이는 루가 자신의 갈등의 역사에 현존하고, 이전과는 다른 방식으로 자신의 배경 이야기를 치유하기 위해 노력하도록 그를 추동했기 때문이다.

하지만 애나의 배경 이야기는 어떨까? 나는 루를 만나 그의 이야기를 들려달라고 부탁하며 "당신과는 전혀 상관없는 애나의 의도는 무엇일까요?"라고 질문했다. 이 질문은 이 분야에서 경력을 쌓으면서 내가 배운 가장 큰 도움을 주었던 질문 중 하나다. 우리는 종종 갈등을 겪을 때, 상대방의 행동이 나에 대한 것이라고 가정한다. 겉으로 보기에는 그럴 수 있지만, 실제로는 상대방이 그런 사실을 알아차리지 못하더라도, 상대방의 행동은 대부분 상대방의 배경 이야기에 기인한 경우가 많다. 루에게 자신과는 전혀 상관없는 애나의 의도에 관해 물어봤을 때, 그는 애나가 자존감 문제로 힘들어한다는 말을 전해 들었다고는 했지만, 정확하게 대답을 하지 못했다. 애나의 자존감에 대한 루의 말이 옳은지 그른지는 부차적인 문제다. 상대방의 행동이 우리를 향한 의도에 의한 것이라고 볼 때, 우리의 시야는 좁아지고, 싸우거나fight, 도피하거나flight 또는 얼어버리는freeze 반응에 사로잡혀 당면한 상황에 창의적으로 대응할 수 있는 방법을 제대로 보지 못하게 된다. 대신 상대방의 의도를 상대방이 가진 배경 이야기를 통해 파악할 수 있다면, 문제는 더 이상 우리에 대한 문제가 아니라는 상상력을 열어준다. 이러한 배경 이야기는 당면한 상황에 우리가 어떻게 대응할지 창의적으로 생각할 수 있도록 도와준다.

어떤 의미에서 상대방의 불합리한 행동 뒤에는 항상 '합리적인 이유'가 존재한다. 적어도 그 행동이 자기 방어를 위한 것이든, 자신의 숨겨진 애착이나 배경 이야기와 관련된 고통을 달래기 위한 것이든, 사회관계를 잘못하는 성향에서 비롯된 것이든, 행위자에게는 '합리적'일 것이다. 우리는 인생의 첫 18년 동안 경험을 수집하고, 그 경험을 정리하거나 반복하면서 평생을 보낸다고 한다.그리고 고착시킨다고 한다 애나의 뒷이야기는 알지 못했지만, 나는 루의 발언과 고용주의 발언을 통해 애나의 배경 이야기에는 도전을 받으면 방어적으로 변하고, 부드러운 터치가 적절히 제공되지 못했을 때 화를 내는 경험이 담겨 있으리라고 추측했다. 배경 이야기가 까다로운 이유는 그것이 우리의 일상적인 경험에 얼마나 큰 영향을 미치는지 알지 못하기 때문이다. 배경 이야기는 일어난 일에 대해 해석할 때나 의도를 행동으로 옮길 때 새어 나온다. 내가 자문을 요청하는 사람들에게 "일부분을 제외하고 이것은 나에 관한 것이 아닙니다. 이것은 나에 관한 것이 아닙니다. 이것은 나에 관한 것이 아닙니다."라는 말을 만트라처럼 자주 기억하라고 말하는 이유다. 내가 방금 누군가를 때렸다면 그 사람의 반응은 적어도 부분적으로는 나에 관한 것이 될 것이다. 그러나 대부분의 경우, 갈등이 있을 때 사람들은 자신의 개인사와 눈앞에 펼쳐진 드라마를 뒤섞어, 양측의 의도의 '순수성'과 그 의도의 결과를 복잡하게 만든다.

배경 이야기의 복잡한 특성은 갈등을 해결하고자 하는 우리의 능력에 영향을 미친다. 그 행위가 무엇이든 누군가 X라는 행위를 했는데 받는 쪽에서 X + 5,000으로 대응한다면, 받는 쪽의 + 5,000 부분은 원래 행위자가 아니라 받는 쪽의 배경 이야기에 속한 것이다. X라는 행위를 저지른 사람은 해당 행동에 대한 책임을 져야 하지만, 받는 사람의 고통 중 + 5,000 부분에 대해서는 책임을 질 수 없다. 실제로 이것이 갈등 해결을 어렵게 만드는 이유다. 우리는 종종 자신의 숨겨진 고통에 대해 알아차리지 못하기 때문에, 혹은 자신이 고통에 집착하고 있다는 사실을 알아차리지 못하기 때문에, 상대방이 저지르지 않은 행동+5,000 부분에 대해 책임을 물을 수 있다. 행위를 저지른 사람은 책임을 지기 위해 "과도하게" 행동할 수 있지만, 영향을 받은 사람이 실제로 저지르지 않은 문제에 대해서까지도 무의식적으로 치유를 원하기 때문에, 영향을 받은 사람의 입장에서는 결코 충분하지 않을 수 있다.

우리의 추측 다루기

의사소통이 안 되거나 의도적으로 소통을 잘 하지 못할 때, 우리는 나름대로 추측하며 상대방과의 만남에 의미를 부여한다. 너무나 종종 우리는 의미 부여를 통해 자신에게는 피해자의 역할을, 상대방에게는 공격자의 역할을 부여한다. 아마도 모두가 이러한 구체적인 용어를 사용하지는 않겠지만, 그럼에도 우리는 누군가가 해를 끼치려는 의도에 의해 피해를 경험하거나, 그 누구도 의도하지 않는 장소에서 피해를 당하기도 한다.

일단 우리가 피해와 관련한 이야기를 몇 번 반복하면, 그 이야기는 부당한 성격을 띠게 되고, 고착되어 다른 현실을 보지 못하게 하며, 자신을 피해자로 인식하게 되어 문제를 해결하기 위한 창의적인 선택지를 찾는 능력을 제한한다.

의도-행동-결과 의사소통 모델은 갈등이 어떻게 전개되는지 이해하는 데 유용한 도구인 동시에, 어려운 대화를 헤쳐 나가는 데 매우 소중한 현장 지침이기도 하다. 추측에 대응하기 위해 의도와 결과를 공개적으로 드러내어, 추측의 내용들을 명확히 하고 오해를 바로잡는 것이 좋다. 실제로 이것은 루가 애나에게 "우리가 지난 1월 아침에 만났을 때, 당신이 큰 소리로 저를 폄하하는 듯한 말을 하는 것을 경험했습니다. 제가 동료들 앞에서 큰 부끄러움을 느꼈습니다. 당신이 저를 당황하게 하거나 폄하하려는 의도가 있었다거나 실제로 큰 소리로 말했다는 것은 아닙니다. 그 당시 대화에서 제가 경험한 것을 말씀드리는 중입니다. 앞으로는 제업무에 대해 할 말이 있으면 개인적으로 해 주실 것을 부탁드리고 싶습니다."라고 말했어야 했다.

현실에서는 이렇게 말하는 것은 어려운 일이지만, 위에서 언급한 루의 발언에는 몇 가지 중요한 원칙이 숨어 있다.

1. 의사소통의 결과를 공개적인 것으로 만든다는 것은 루가 개인적추측이라는 그림에서 벗어나고 있다는 것을 의미한다. 우리가 의도와 결과를 투명하게 공개할 때, 나와 상대방은 우리의 추측과 상대방이 언급한 경험을 대조할 수 있다. 우리의 추측은 도전을 받게 될 것이고, 다음 단계를 의미 있게 결정할 수 있는 더 많은 정보를 얻게 될 것이다.

2. 루는 애나가 한 말에 의해 영향을 받고 있다. 우리는 상대방이 우리가 경험한 영향을 의도적으로 만들었다거나, 상대방이 자신의 조금은 순수하지 못한 의도를 알아차릴 것이라고 가정할 수 없다. 설령 상대방의 행동으로 인해 받은 영향이 그의 의도와 일치한다고 하더라도, 그 영향을 자신의 것으로 여김으로써 역량 강화의 계기로 삼을 수 있다. **만약 받은 영향을 자신의 것으로 여긴다면, 우리는 우리가 경험한 것에 대해 무언가를 할 수 있게 된다.** 이 사례에서 루는 그 결과를 자신의 것으로 만들었다. 그는 "당신이 이렇게 했어요"라고 말하지 않았다. 대신 "나는 이것을 경험했다"라고 말하였다.

3. 루는 애나가 자신에게 끼친 영향에 대해 비난하지 않았다. 오히려 루는 애나의 발언이 자신에게 미친 영향과 애나의 의도가 달랐을 수 있다는 사실을 알려줌으로써 애나의 체면을 살릴 수 있는 방법을 제시하였다. 그렇게 함으로써 루는 애나에게 자신의 행동에 대한 질문의 여지를 주며, 애나가 스스로 회복하고 당면한 상황을 어떻게 해결해야 할지에 관한 루의 행동 계획에 동참할 수 있게 했다.

4. 루가 말하는 것이 안전하다고 느꼈다면, 그는 애나에게 더 많은 정보를 제공하여 왜 그녀의 말이 자신에게 영향을 미쳤는지 설명할 수 있었을 것이다. 정서적으로 안전한 상황에서는 이러한 추가 정보를 통해, 다른 사람들이 자신의 말이 왜 타인에게 그렇게 영향을 미쳤는지 이해하는 데 도움이 될 수 있다.

5. 루는 애나와 갈등을 일으킨 행동에 대해 구체적으로 설명했다. 갈등은 일반화 뒤에 숨어 있는데, 일반화는 전적으로 사실이 아니기 때문

에 사람들에게 해를 끼친다. 루가 "당신은 **항상** 다른 사람들 앞에서 나에게 큰 소리로 말합니다"라고 말했다면, 그것은 사실이 아닐 것이다. 일반화가 위험한 이유는 일단 일반화된 발언을 했을 때 무엇을 바꿔야 할지 알 수 없기 때문이다. "당신은 대하기 어려운 사람입니다"와 같은 표현에서 무엇을 바꾸어야 하는지 알아차리기는 쉽지 않다. 어떻게 "어려운 사람"을 바꿀 수 있을까? 그러기에 이렇게 표현하는 대신 루는 애나에게 무슨 일이 일어났는지 루의 관점에서 명확하게 설명하였다. 이것은 자연스럽게 루가 애나에게 줄 다음 선물로 이어진다.

6. 루는 애나에게 요구하는 변화를 위한 실행 가능한 출발점을 제시함으로써, 다음에 어떤 일이 일어나기를 바라는지 애나에게 알려주었다.

이상적인 세상이라면, 애나의 입장에 있는 사람들이 자신의 의도에 맞는 책임을 질 것이다. 애나는 "제가 불친절했습니다. 제 의도가 순수하지 않았어요. 죄송합니다."라고 말할 수 있다. 또는 애나는 "해를 끼치려는 의도는 아니었지만 제 발언이 상처를 주었다는 것을 알고 있습니다. 그 점 죄송합니다."라고 할 수도 있다. 결국, 해를 끼칠 의도가 없었더라도 자신의 행동으로 발생한 피해에 대해 사과하는 것은 적절하다.

안타깝게도 우리는 자신이 초래한 피해나 자신의 행동 뒤에 숨은 순수하지 않은 의도에 대해 사과할 의향이 없거나 사과할 수 없는 사람들을 만나곤 한다. 어떤 사람들은 아예 사과하는 법을 배우지 못했다. 어떤 사람들은 자신의 부정적인 의도를 인정하지 않는 것이 체면을 살릴 수 있다고 믿기도 한다. 어떤 사람들은 자신의 의도에 대해 거짓말을 하기도 한다. 그리고 어떤 경우에 어떤 사람들은 자신의 의도를 제대로 인식하지 못하거나, 자신의 의도가 어떻게 배경 이야기를 통해 새나가는지 알지 못한다. 자신의 의도에 대해 정직하게 고민하는 사람들을 변호하자면, 우리 자신의 의도를 정확하게 파악하기란 쉽지 않다.

때때로 일어난 피해로 인해 고통받는 사람을 책망하는 사람들을 만난다. 애나의 경우 "나는 당신에게 해를 끼치려는 의도가 없었으니, 당신이 느끼는 피해는 내가 아닌 당신의 문제야."라고 말할 수 있다. 또는 "당신이 너무 예민한 것이니까 그 점을 고치세요."라고 말할 수도 있다. 이럴 때, 상대방의 비난에 휘말리지 않는 것이 지혜로운 대응이다. 비난에 휘말리는 대신 루의 입장에 있는 사람들은 "제가 너무 예민한 것 같으니 앞으로는 제 업무에 대해 할 말이 있으면 개인적으로 해주시길 부탁드립니다."라고 제안할 수 있다.

애나가 자신의 의도를 알고 솔직하게 말할 수 있다면 좋을 것이다. 나는 사람들에게 상대방의 의도에 대한 동의를 구하려고 애쓰지 말라고 말한다. 상대방의 의도에 동의를 구하는 일은 심지어 어렵기까지 하다. 일어난 사건에 대해 일치된 의견을 찾는 것조차 어려울 수 있다. 결국 루와 애나는 동일한 사건에 대해 서로 다른 데이터를 도출할 것이고, 시간이 지나면서 두 사람 모두 사건을 완전히 다르게 기억하게 될 정도로 사건에 대한 기존 편견이나 새로운 편견을 확고히 해나갈 것이다. 법정이나 수사 대상이 아닌 이상, 정확하게 일어난 일이 무엇이었는지 사건의 진상을 파악하는 데 집착하지 말아야 한다. 그 대신 변화의 지렛대를 가장 쉽게 당길 수 있는 지점, 즉 영향에 초점을 맞추는 것이 지혜다.

의도-행동-결과 의사소통 모델은 갈등이 발생했을 때, 갈등에 빠지는 과정을 이해하고 이를 해결하는 데 훌륭한 도구이지만, 이는 우리 삶 속에서 빚어지는 갈등의 역점을 다루는 하나의 문일 뿐이다. 분쟁의 성격이나 갈등 당사자의 성격에 따라 달라지는 갈등은 매우 복잡하기 때문에, 특정 상황에 더 적합한 다른 전략을 이끌어낼 필요가 있다. 설령 그렇다 하더라도, 의도-행동-결과 모델은 매우 소중한데, 특히 다른 사람과의 힘든 경험을 한 후 스스로 일어난 일을 다시 살펴볼 때 유용하다.

무슨 일이 있었는가?

그 일이 나에게 어떤 영향을 미쳤는가?

나의 내면에서는 어떤 방어기제가 촉발되었는가?

나는 상대방의 어떤 의도를 추측하였는가?

나와는 상관없는 상대방의 의도는 무엇이었는가?

나의 배경 이야기는 무엇인가?

내 배경 이야기가 이번 갈등에서 나에게 끼친 영향에 어떻게 기여하였고, 내가 반응할 때의 의도에 어떻게 기여했는가?

이 갈등 상황에서 내가 찾고자 하는 의미는 무엇인가?

마지막으로, 어떻게 하면 이 갈등 상황을 잘 다룰 수 있을까?

의도-행동-결과 모델을 사용하여 어려운 대화를 해결하거나 자기 성찰을 할 때, 이 모델이 제시하는 지침은 우리 것은 우리의 것으로 하고, 상대방 것은 상대방의 것으로 하도록 모두의 입장을 확실히 하도록 도와준다. 무엇이 '우리 것'이고 무엇이 '그들의 것'인지를 구분하는 것은 타인을 분리시키라는 의미가 아니라, 오히려 그 반대의 의미다. 무엇이 우리에게 속한 것인지 명확하게 하고 다른 사람에게 속한 것은 다른 사람의 것이 되도록 허락함으로써, 우리 사이에 존재하는 공간을 분명하게 유지해야 한다는 의미다. 추측은 투석기와 화살이 난무하는 싸움터와 같다고 말할 수 있을 것같다. 추측은 서로를 향하게 만드는 것이 아니라, 서로를 멀어지게 한다. 추측의 내용을 명료화하고, 우리의 배경 이야기와 의도에 대해 책임을 지게 하고, 우리에게 끼친 영향을 자기 것으로 삼고, 상호작용에 대한 의미를 알아차리는 등, 이 모든 것은 우리 안에서 일어나는 일이 무엇인지 주목하고 관찰할 수 있는 우리의 능력에 달려있다. 이러한 일은 또한 상대방에게 일어나는 일에 대해 판단하거나 추측하지 않고 호기심 어린 열린 마음을 갖고, 상대방 역시 그 사람이 이 세상에 존재하는 방식으로써의 배경 이야기를 갖고 있다는 사실을 인식하려는 의지에 달려있다.

갈등의 필요성(?)

최근, 내가 랍비 조나선 색스를 인터뷰하는 라디오를 듣고 있던 중이었다. 홀로코스트와 수 세기에 걸친 반유대주의의 현실을 언급하면서, 대담자는 랍비에게 신앙의 위기를 겪은 적이 있는지 물었다. 색스는 "아네, 제 인생에서 매일 신앙의 위기를 겪고 있습니다. 하지만 이것은 하나님에 대한 믿음의 위기가 아닙니다. 제 신앙의 위기는 인간에 대한 위기입니다."[14] 물론 모든 문화와 역사를 통틀어 인간의 위대함이 드러났던

---

14) "종교는 종교적인 폭력을 일으키지 않는다: 랍비 색스와의 대화", 메리 헤인즈(Mary Hynes), Radio's Tapestry, April 6, 2016, modified August 6, 2020, 54:00, https://

순간이 존재한다. 하지만 홀로코스트나 기타 대량 학살과 같은 인류의 커다란 실패는 물론, 잘못된 판단에 따른 행동이나 잘못 선택한 끔찍한 말과 같은 인류의 작은 실패도 종종 있었다. 우리의 대인 간 분쟁 및 이를 뒷받침하는 내면 상황은 우리 지역사회 및 더 넓은 지정학적 세계 내에서 더 큰 제도적 위해의 축소판이다.

이러한 배경에서, 우리는 갈등이 전혀 발생하지 않거나, 모든 이견이 바람직한 의견불일치에 머물러 갈등이나 분쟁의 고착화로 비화되지 않기를 바랄 수 있다. 그러나 최고의 배움은 종종 투쟁과 실패라는 맥락에서 출현한다. 내가 갈등을 바라지는 않지만, 나에게는 몇 가지 질문이 있다. 즉 만약에 갈등이 우리 자신을 더 잘 이해하고, 타인을 공감하는 능력을 발견하게 하고, 관계를 더 깊고 따뜻하게 구축하도록 기회를 부여한다면, 갈등이 우리에게 선물이 되지는 않을까? 갈등이 우리 인생을 심리적, 사회적, 영적 수준에서 성숙하는 데 꼭 필요한 삶의 반격은 아닐까? 우리의 목표는 더 건강한 모습의 의견불일치 방법을 배우는 것이지만, 이를 가장 빠르고 가장 깊이 배울 수 있는 때는 갈등을 겪는 시기이다. 작가 마르셀 프루스트는 "의사들은 질병에 가장 큰 관심과 주의를 기울인다. 선과 지혜에 대해서는 약속만 하지만, 고통에 대해서는 순종한다."15)고 했다. 이 인용문을 우리 상황에 맞게 해석하면 갈등에 의한 고통이 우리

---

www.cbc.ca/radio/tapestry/religion-doesn-t-cause-religious-violence-a-conversation-with-rabbi-sacks-1.3511152/.

15) Marcel Proust, *Sodom and Gomorrah*, vol.4 I*n Search of Lost Time*, quoted in Jack Kornfield, *After the Ecstasy, the Laundry: How the Heart Grows Wise on The Spiritual Path* (New York: Bantam Books, 2000), 187.

의 의사라고 말할 수 있을 것이다. 평화의 시기에는 약속만 하지만, 갈등과 고통의 시기는 깊은 배움을 통해 지혜와 선의 원리를 알아차리게 한다.

만약 갈등이 우리의 스승이 될 수 있다면, 갈등이 기쁨으로 가는 관문도 될 수 있지 않을까? **갈등이 두려워 차이를 회피할 때, 일반적으로 우리의 삶의 경험은 더 무감각해져 심오한 기쁨을 누릴 수 있는 능력까지 잃게 되는 것은 아닐까?**[16] 나는 이 질문에 대해 "그렇다"라고 답한다. 갈등에는 뭔가가 있다. 갈등에는 적어도 차이에 대한 탐구해야 할 것들이 있으며, 이는 심오한 기쁨에 대한 우리의 수용력과 연결되어 있다. 바람직한 모습의 의견불일치와 갈등 참여 행위는 모두, 우리가 잘못될 수 있다는 것을 인정하고 위험을 감수하는 행위이다. 이는 취약성과 관련되어 있는데, 취약성이란 우리의 필요와 위험을 모두 인정하는 것을 말한다. 자신과 타인에 대해 호기심을 갖고, 우리의 배경 이야기에 귀를 기울이고, 피해를 입힌 것에 대한 상호책임을 묻는 과정에서도 상대방을 배려하는 법을 배우는 것을 말한다. … 이 모든 것이 지저분할 수 있지만, 오류 가능성 인정으로부터 자유와 심지어 기쁨도 얻을 수 있을 것이다. 우리가 잘못했거나 피해를 입었다는 사실을 인정하는 것은 자기 연민으로 우리 자신을 보듬도록 초대한다.[17] 우리 모두는 때때로 넘어지며, 다시 일어서

---

16) 브레네 브라운은 2010년 6월 텍사스 휴스턴에서 촬영한 TED 강연 "취약성의 힘"에서 무감각과 기쁨에 대한 아이디어를 탐구했다. TED Talk "The Power of Vulnerability," filmed June 2010 in Houston, TX, TED video, 20:23, https://www.ted.com/talks/brene_brown_the_power_of_vulnerability.

17) 자기연민에 대한 보다 더 많은 자료는 Kristin Neff, *Self-Compassion: The Proven Power of Being Kind to Yourself* (New York: Harper Collins, 2011)을 보라.

는 방법을 배우는 데, 거기에 은혜가 있다는 것을 인식하도록 초대한다. 작은 갈등에서는 이 모든 것이 가능해 보인다. 하지만 어떤 갈등은 너무 고통스러워 숨 쉬는 것조차 어려워지는데, 이러한 환경에서도 이것이 가능할까? 그 답은 아마도 사람이 된다는 것이 무엇을 의미하는지, 그리고 이러한 이해가 서로 그리고 우리 자신과의 관계에 어떤 의미를 갖는지에 대해 생각하는 새로운또는 아주 오래된 방법을 탐험하는 데서 찾을 수 있을 것 같다. 이 탐험이 책의 나머지 부분에서 말하고자 하는 내용이다.

2장 · 자아의 구조와 갈등 전환

1장에서 제시했듯이 자아가 위험에 처한 것이 바람직한 의견불일치에서 갈등으로 넘어가는 핵심 요소라는 것이 사실이라면, 사람이 된다는 것이 무엇을 의미하는지 질문하는 일은 매우 중요하다. 역사를 통틀어 사람들은 사람으로서 생각하고, 느끼고, 행동하는 것이 무엇을 의미하는지 이해하려고 노력해 왔다. 이야기꾼, 철학자, 과학자, 경제학자, 심리학자, 신학자, 신비주의자, 친구 그리고 이웃들 모두가 존재한다는 것이 무엇을 의미하는지, 그리고 그 대답을 통해 훌륭한 존재가 된다는 것이 무

그림4

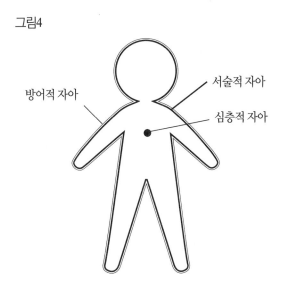

방어적 자아

서술적 자아

심층적 자아

엇을 의미하는지 설명하고자 했다. 나는 그림 4가 제시하는 것처럼 자아에 대해 3층적 이해라는 확장된 은유를 통해 사람이 된다는 것이 무엇을 의미하는지 살펴보고, 나아가 사람됨에 대한 이해가 서로의 관계에 어떤 영향을 미칠 수 있는지 생각해 볼 수 있도록 도움을 얻고자 한다. 내가 자아의 건축구조architecture of selfhood라고 부르는 이 은유를 이해하기 위해, 우리는 자아의 층위를 구성하는 서술적 자아, 방어적 자아, 심층적 자아를 개별적으로 살펴본 후 이를 다시 하나로 설명해 볼 예정이다.

자아의 건축 구조 1부
서술적 자아

몇 년 전, 나는 할머니의 장례식에서 사랑하는 할머니를 위한 추도사를 작성하는 특권을 누렸다. 추도사에서 나는 할머니의 출생 지역, 가족 구성원, 할머니와 우리 가족과의 관계, 난민으로서 유럽을 가로지른 긴 여정, 전후 남미에서의 시작과 캐나다 위니펙에서의 삶 등 할머니의 삶을 담고 있는 틀을 회고하였다. 이러한 인생이라는 틀 안에는 할머니의 성격 및 성품에 관한 정보와 기억의 조각이 들어있었다. 할머니를 애도하는 사람들을 위해 할머니에 대해 묘사함으로써 할머니를 높이고 할머니가 살아온 삶을 기리고자 노력했다. 나는 할머니가 인생에서 내린 결정, 할머니의 인물됨, 할머니만의 독특한 세상 참여 방식에 대해 어떤 판단도 내리지 않았다. 그저 할머니를 묘사하고 할머니를 기리고자 했다.

우리 할머니처럼 우리 각자는 자신의 특징, 강점, 한계 및 삶을 이야기로 설명할 수 있다. 우리의 정체성 중 어떤 부분은 평생에 걸쳐 드러나지만 우리 정체성의 또 다른 부분은 태어날 때 주어진다. 이것이 바로 우리 각자에게 주어진 고유한 '그릇'이 된다. 나는 때때로 이 그릇을 우리의 첫 번째 피부 또는 각자가 입도록 주어진 고유한 외투라고 생각하곤 한다. 내가 서술적 자아라고 부르는 이 외투에는 우리의 피부색과 곱슬머리, 스포츠 및 수학에 대한 성향과 능력, 사회적 경향, 출생 국가 등 자아를 설명하는 모든 것이 포함되어 있다. 우리의 그릇은 거울에 비친 우리의 모습이며, 우리가 다른 사람들에게 자신을 설명하는 솔직한 방식이다. 가장 결정적으로, **우리의 서술적 자아는 나쁘지도 좋지도 않은, 있는 그대로의 모습이다.**

그림 5가 나타내는 우리의 서술적 자아에는 우리의 특성, 강점, 한계, 출생 환경 등이 포함되어 있다. 그것은 또한 인간의 기본적인 욕구, 감정과 사고의 원재료 등 우리 존재의 기본 틀을 포함한다. 세부적으로는 다음과 같이 설명할 수 있다.

그림 5

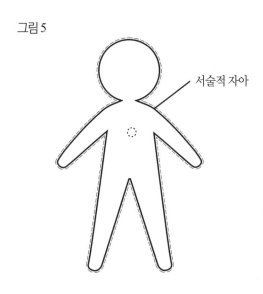

서술적 자아

a. 특성. 특성이란 인종, 성별, 피부색, 키, 머리카락 모양, 체형, 외향성 정도 등 스스로 쉽게 바꿀 수 없는 정체성을 나타내는 특징이 있다. 우리는 머리를 염색하고 더 많은 염색을 할 수 있지만, 우리의 핵심 체형과 근본적인 머리 색깔은 쉽게 변하지 않는다. 일부 특성은 나이가 들면서 변하거나 약물이나 수술로 바꿀 수 있지만, 실제 태어날 때 주어진 특성은 평생 동안 우리가 만족해야 하는 것이다.

쉽게 바꿀 수 없는 특성과 밀접한 관련이 있는 것에는 선천적으로 타고나거나, 평생을 살면서 받아들여야 하는 정체성 범주들도 있다. 이 중 어떤 것들은 노력으로 바꿀 수 있지만, 정체성 특성과 같이 태어날 때부터 주어진 것도 있다. 가족부모, 배우자, 자녀, 사촌, 손자, 직업적 정체성건설 노동자, 간호사, 의사, 교육자, 예술가 등, 태어날 때의 종교또는 무종교, 성인이 되어 선택하는 종교또는 무종교 등이 이러한 정체성 범주에 속한다.

b. 강점. 모든 사람은 다양한 기술과 강점을 가지고 세상에 태어난다. 어떤 기술은 전적으로 타고난 것처럼 보이고 그 기술을 가진 사람에게는 쉬워 보이는 반면, 어떤 기술은 숨겨진 형태로만 존재한다. 인간의 강점은 매우 다양하다. 우리 중에는 손재주가 뛰어난 사람들, 강한 사회적 관계를 구축하고, 식량을 재배하고, 복잡한 아이디어를 명료하게 표현하는 사람들이 있다. 어떤 사람들은 빛나는 미소를 지니고 있다. 공식적이든 비공식적이든 가르치는 사람도 있고, 도움이 필요한 친구에게 문자나 카드를 보내야 할 적절한 순간을 정확히 아는 사람도 있다. 어떤 사람은 특정 상황에서도 유머를 찾아내는 능력이 있고, 어떤 사람은 일생을 살아야 마주치는 다양한 경험에서 의미를 추출하기도 한다. 우리 모두 저마

다 이 세상에 강점을 가지고 태어났다.

c. 한계. 아무리 훈련한다고 하더라도 우리에게는 핵심 강점으로 발전시킬 수 없는 약점이라는 한계가 있다. 예를 들어, 내가 아무리 세계에서 최고의 훈련을 받는다고 할지라도 나는 결코 올림픽 선수가 될 수 없다는 것을 알고 있다. 우리에게 주어진 한계들은 세부 사항에 집중하지 못하는 능력, 아무리 노력해도 안 되는 음악이나 수학에 대한 무능력, 사회적 환경에 대한 자신감 부족, 논리나 감정으로 세상을 바라보는 지나친 성향, 잘못 말하는 경향 등과 관련되어 있다. 이러한 한계는 신체적, 학업적 또는 사교적일 수도 있다. 특히, 이러한 한계는 낮은 자존감에서 비롯된 것이 아니라 태어날 때부터 주어진 신체적 그릇에 기인하기도 한다.

d. 출생 환경. 이 범주에는 가족의 역사, 모국어, 어린 시절의 지역사회, 그리고 우리 가문의 사회적 계층이 포함된다. 지금까지 언급한 범주와 마찬가지로 우리의 출생 환경은 태어날 때 우리에게 주어지는 것들을 말한다. 우리는 문화, 사회 계층, 출신 가문을 떠날 수 있지만, 우리가 태어난 배경에 대한 기억은 항상 간직하게 되어 있다.

우리가 태어난 환경에 대한 사회적 분석에 따르면, 어떤 사람은 가난하게 태어나고 어떤 사람은 부유하게 태어나는 것이 잘못되었다고 주장할 수 있지만, 실제로 우리 중 그 누구도 태어난 환경을 선택한 사람은 없다. 여기서 내가 말하고자 하는 것은 우리가 더 큰 사회적 맥락에 도전할 수 없다는 것이 아니다. 대신, 우리가 한 인간으로 태어난 환경 때문에 우리가 선하거나 악하거나, 더 좋거나 나쁘거나 하지 않다는 것이다.

e. 우리 존재의 기본 틀. 우리 존재의 기본 틀에는 우리의 사고 능력과

인간의 기본적인 욕구뿐만 아니라, 우리의 감정을 숨 쉬게 하는 능력에 이르기까지 모든 것이 포함된다. 이것은 아주 당연해 보일 수도 있지만, 이 역시 우리 각자에게 주어진 그릇의 일부이다. 예를 들어, 인간의 기본적인 욕구는 사람마다 독특한 모습으로 경험되지만, 모든 사람에게 공통적으로 존재하며 우리 존재의 근간을 이룬다. 안전의식주와 같은 물리적 욕구 및 해를 입지 않으려는 정서적 욕구, 자기 결정권자기 주체성 또는 목소리 포함, 의미삶의 목적 욕구, 소속감혼자가 아니라는 것에 관한 인식, 돌봄과 사랑을 받고자 하는 욕구, 인정또는 인정받고자 함에 대한 우리의 매우 현실적인 욕구들이 존재한다.

마찬가지로, 우리 각자에게는 느낄 수 있는 능력이 주어져 있는데, 이것 역시 우리 자아를 설명하는 서술적 자아의 일부이다. 우리의 정서와 이성 즉 생각하는 능력은 우리 존재를 구성한다. 우리는 슬픔, 상처, 비통함 같은 감정을 부정적으로, 행복, 기쁨, 겸손과 같은 감정을 긍정적으로 생각하는 경향이 있지만, 실제로 감정은 그 자체로 선하거나 악한 것이 아니며, 그저 존재하는 것일 뿐이다.

서술적 자아의 다섯 가지 차원은 함께 모여 우리 각자에게 주어진 구체적인 그릇을 만들어낸다. 우리 각자의 그릇은 고유하며, 우리 각자가 진정한 자아, 즉 인격으로 간주하게 되는 독특한 자아를 창출해 낸다. 고대 중국 철학자 노자의 말을 인용한 도로시 죌레는 우리의 서술적 자아서술자는 "우주가 우리에게 빌려준 선물"이라는 점을 상기시켜준다.[18] 정리하자면 이 서술적 자아는 우리가 관리하고 사용해야 하지만 소유할 수

---

18) Dorothee Sölle, *Silent Cry: Mysticism and Resistance* (Minneapolis: Fortress Press, 2001), 213.

없는 외투, 즉 한 계절 동안 입는 일시적인 외투와 같다는 뜻이다. 우리의 서술적 자아는 독특하지만, 우리를 서로 연결해 준다. 결국 우리가 서로 만나 웃고, 놀고, 결정을 내리는 것은 바로 우리의 서술적 자아를 통해서이다.

안타깝게도 우리는 종종 우리의 서술적 자아가 세상과 우리를 분리시키는 것 같은 경험을 한다. 어떤 사회적 약속이 우리에게 어떤 특성, 환경, 강점, 한계를 다른 것보다 더 잘 받아들이고, 더 덕스럽고, 더 바람직하다고 여기게 하는 반면, 자아의 어떤 표현들은 받아들이기 어려워하고 비하한다. 이러한 사회적 약속의 기준은 한 세대에서 다음 세대로 또는 한 공동체에서 다음 공동체로 옮겨갈 때 바뀔 수 있지만, 그럼에도 거기에는 우리의 자아를 측정하고 분류하는 암묵적 규범이 자리하고 있다. 치유사들과 명상가들은 모두 이러한 사회적 계약들에 반하는 주장을 펼친다. 대신에 그들은 **우리의 서술적 자아를 담는 그릇들이 완전히 중립적이며 나쁘지도 좋지도 않다. 그냥 존재하는 것이다**라고 제안한다. 여기에서 마지막 두 문장을 반복 강조하는 이유는 내가 만나는 사람들 대부분이 이 말을 사실이라고 믿지 않기 때문이다. 그들은 자신은 충분히 키가 크지 않고, 충분히 날씬하지 않고, 충분히 똑똑하지 않다며, 출생 환경이나 학업 능력과 연결된 수치심이라는 짐을 짊어진다.

우리 각자의 그릇이 완벽하게 중립적이라고 말하는 것은 우리에게 주어진 성격을 축하하거나 감사할 수 없다는 뜻은 아니다. 사실은 오히려 정반대다. 우리 각자의 그릇이 중립적이라는 말은 한 사람이 갖고 있는 기술이 다른 사람이 갖고 있는 기술보다 더 가치 있거나 덜 가치 있다고 말하는 것이 아니다. 왜냐하면 한 사람의 피부색이 다른 사람의 피부색보다 더 좋거나 나쁘지 않다고 말할 수 없기 때문이다. 앞서 언급한 바와 같이, 우리의 그릇이 완벽하게 중립적이라고 말하는 것은 학대를 받아들일 수밖에 없는 환경에서 태어나는 누군가에게 사회적 불의를 용인할 수 있어야 한다고 제안하는 것이 아니다. 이와는 반대로 우리의 서술적 자아의 중립성이 의미하는 것은 어떤 사람의 출생 환경과 주어진 특성에 대해 우리 자신이나 다른 사람을 판단해서는 안 된다는 것을 의미한다. 불우한 환경에서 자랐거나 "잘못된 길"에 들어선 사람들이라고 해서 금수저를 입에 물고 태어난 사람들보다 못하지 않다.

안타깝게도, 서술적 자아의 자질에 따라 서로를 분리하고 나누는 사회 계약에 집단적으로 참여한다는 것은 우리가 이 내러티브에 연루되어 있다는 것을 의미한다. 우리 모두는 누구는 나보다 낫고 누구는 나보다 못하다고 판단하고 끊임없이 비교한다. 이러한 일이 일어나면 우리의 서술적 자아는 취약해진다. 우리는 '벌거벗은' 느낌을 받고 자신을 가리기 위해 가면을 찾는다. 자신의 특성을 다른 사람의 특성과 비교하면서 자아 집착에 빠지거나 수치심에 빠지기도 하고, 두 가지를 동시에 느끼기도 한다. 우리는 어떤 특성을 지나치게 강조하면서 그 만족스러운 특성과 자아를 밀착시키며 자신이 다른 특성의 소유자가 아님을 자축하는 반면, 다른 특성들은 숨기려 노력하면서 이것들에 부정적으로 애착을 보이며 자신이 제공한 수치심과 자기혐오를 아무도 보지 않기를 바란다.

우리의 특성, 강점, 한계, 출생 환경에 대한 수치심, 애착은 서술적 자아의 또 다른 부분, 즉 우리 존재의 기본틀에 대한 이차적인 애착을 유발한다. 이제 우리의 감정은 고도의 경계태세를 갖게 되고, 우리 두뇌는 무슨 일이 일어났는지 이해하기 시작하고, 곧 이어 우리는 마치 물에 빠졌을 때 구조대원을 찾듯이 인간의 기본 욕구 중 하나 이상을 붙잡으려 한다. 소속감이나 인정받고자 하는 욕구가 촉발될 수도 있고, 안전이나 자기 결정권이 위험에 처했다고 느낄 수도 있다. 우리의 충족되지 않은 욕구는 우리의 존재를 관통하며 우리의 주의를 요구한다. 우리의 욕구, 생각, 감정 등은 이제 우리를 방어적 자아에 빠져들게 하면서도, 우리 애착의 주요 원천이 된 서술적 자아 주변에 서서 파수꾼처럼 우리를 보호하고 우리를 똑바로 세우려고 노력한다.

방어적 자아

그림 6에서 볼 수 있듯이, 에고 애착과 수치심은 충족되지 않은 욕구와 관련된 감정과 생각과 함께 서술적 자아 주변에 "두 번째 외투"를 형

그림 6

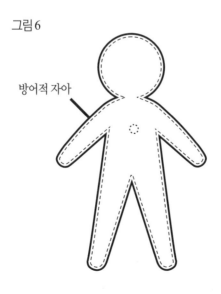

방어적 자아

성하게 한다. 내가 방어적 자아라고 부르는 이 새로운 자아의 층은 우리의 취약성을 숨기기 위해 개발하는 자아이다. 이 자아는 낮은 자존감과 자기도취적 허세가 공존하는 장소다. "내가 왜 또 이런 큰 실수를 저질렀을까?"라는 고통스러운 이야기와 "내가 없으면 이 가족/조직/그룹은 절대 제대로 작동하지 않을 거야"라는 지나친 자기 영예의 순간이 공존하는 곳이기도 하다. 사실, 플라톤을 포함한 다른 사람들이 우리보다 앞서 다양하게 표현했던 것처럼 서술적 자아는 우리가 태어나기 전에 주어진 우리가 망각한 얼굴이고, 방어적 자아는 우리가 맡은 역할에 따라 출생 후 발달하는 얼굴이라고 주장할 수 있다. 또한 우리가 세상을 더 훌륭한 것과 그렇지 못한 것들로 나누어 인식하는 사회적 약속과 세상을 만나게 될 때 우리가 발전시키는 것이 바로 그 얼굴이다.[19]

젊었던 중재자 시절, 나는 갈등이 심한 직장에서 일한 경험이 있다. 갈등 당사자 중 한 명인 돈은 특히나 어려운 사람으로 여겨졌다. 누군가는 그를 "무법자"라고 불렀다. 돈은 의지가 강하고 강렬하며 직설적이고 직접적이었고, 불친절한 것을 넘어 때로는 무자비하기까지 했다. 하지만 내가 돈과 상담을 위해 일대일로 만났을 때, 그는 훨씬 부드럽고 친절한 모습을 보여주었다. 실제로 그는 상당히 취약한 사람이었다. 이러한 모습에 호기심이 생겨서 나는 그에게 이 부조화를 어떻게 이해해야 할지 도와달라고 요청했다. 돈은 젊은 자신을 다른 사람들이 "밟고 지나갔다"고

---

19) 베아트리체 브루토가 "기도와 정체성"에서 언급했으며, 신시아 부르주(Cynthia Bourgeault)의 소개와 해설이 있다. Cynthia Bourgeault, chap. 4 in *Spirituality, Contemplation and Transformation: Writings on Centering Prayer*, Thomas Keating et al. (New York: Lantern Books, 2008), 85

말해 주었다. 그러던 어느 날, 그는 더 이상 이런 일이 자신에게 일어나지 않도록 해야겠다고 결심했다. "저는 스위치를 켜기로 했고, 그 이후로 지금까지 이런 식으로 살고 있어요. 지금 내가 공격적인 태도를 멈춘다면, 예전처럼 다시 밟히는 신세가 될 텐데. 그렇게 할 수는 없지요."라고 말해 주었다. 돈과 나는 함께 난감해했다. 우리가 어떤 방향으로 대화를 이어가든, 그는 공격성을 선택한 자신의 인생에서 진지하게 내린 결정을 되돌릴 수는 없었다. 공격성이 그를 하나의 고통에서 구해주기는 했지만, 또 다른 고통을 만들어냈기 때문이다. 돈은 이 상황을 잘 알고 있었지만, 동료들과 더 원만한 방식으로 소통하는 것은 상상할 수 없었다. 그는 싸우지 않으면 계속 열등한 존재가 될 것이라는 내면화된 두려움과 방어적인 자아에 갇혀 있었다고 할 수 있을 것이다.

우리가 발전시켜 온 방어적 자아라는 은유에 따라 설명하자면, 돈은 자신의 공격성과 '밟힌' 기억에 대한 자기ego 애착에 빠진 상태에 있는 것이다. 아마도 그는 젊은 시절 자신의 취약성에 대해 혐오감을 느꼈던 것 같다. 아마도 그의 친절함이 주변 사람들에게 잘 받아들여지지 않았을 수도 있다. 어떤 경우이든, 돈은 자신에 대해 말하는 사람들을 혐오하게 되면서, 인정, 자기 결정권, 소속감이라는 기본적인 자아에 대한 이차적 애착을 일깨웠을 것이다. 시간이 지남에 따라 이러한 다양한 애착이 합쳐져 일종의 내면화되고 숨겨진 의제가 되며, 이 애착이 고통에서 자유로운 상태를 발전시키고 유지하려는 목적으로 그의 모든 생각과 행동을 몰아갔을 것이다.[20] 결국 우리의 애착은 단순히 일회적이고 일시적인 사건이 아니다. 오히려 우리의 애착들은 잘 발달된 패턴이 되어 우리의 존재 방식에 너무 깊숙이 자리 잡아서, 그것들이 우리에게 잘못된 중심을 형성해 간다는 사실을 거의 인식하지 못하도록 한다. 그것들은 우리가 잘 살기 위해서는 세상이 이렇게 되**어야만 한다**고 주장한다.

대화에서 돈은 인정, 자기 결정권, 소속감에 대한 충족되지 않은 욕구가 얼마나 고통스럽고 결정적이었는지를 드러내는 이야기를 들려주었다. 물론 이러한 욕구는 우리 모두가 갖고 있는 정상적인 욕구다. 그러나 돈과 우리 모두에게 이러한 충족되지 않은 욕구와 맺는 우리의 관계 방식은 일종의 강박을 만들고, 어떻게든 욕구 충족을 보장받는 행동 패턴을 만들어 낸다. 돈에게 나타나는 그의 행동 패턴은 어떻게든 주변 사람들로부터 인정**받고 말거야**라는 의지로 선포되었다. 그렇지 않으면 그는 주변 사람에게 욕을 퍼부을 심산이었다. 그렇게 그는 소속감을 간절히 원했다. 그는 발언권을 간절히 원했다. 비록 돈은 고통으로부터 자신을 보호하기 위해 이러한 행동양식을 발전시켰지만, 당연히 이것은 행복이 아닌 고통을 가져왔을 뿐이다.

이 점에 있어 돈만 그렇지 않다. 우리 모두는 위험으로부터 자신을 보호하기 위해 기본적인 욕구를 포함하여 우리의 취약한 부분을 중심으로 애착 유형을 발전시킨다. 이러한 애착은 한동안 무의식 속에서 지속될

---

20) 이 부분은 토마스 키팅의 연구를 차용한 것으로, "행복을 위한 감정 프로그램"으로 설명되어 있다. 자세한 내용은 Cynthia Bourgeault, *Centering Prayer and Inner Awakening*를(Lanham, MD: Cowley Poublications, 2004), 136을 참조할 것.

수 있지만, 일단 방아쇠가 되는 사건을 만나면 문제들이 발생하게 된다. 돈에게는 직장에서의 의견불일치, 즉 일상적인 의견불일치가 있었는데, 그럼에도 불구하고 자신의 인격이 위험에 처한 것처럼 경험했다. 돈의 근본적인 애착 유형은 상당히 무의식적으로 깨어나, 자제력이 무너지고, 좌절감이 폭발하면서 돈을 갈등에 빠뜨렸고, 이러한 모습을 목격한 대부분의 관찰자들이 파괴적이었다고 묘사할 만큼 그의 동료들을 비난했다. 그 후 돈은 심각한 정서적 혼란을 겪었고, 자신이 초래한 고통에 대해서가 아니라, 열등감을 느꼈던 자신의 인생사와 자신이 동료들에게 말하는 방식에 대한 자기 정당화에 대해 격렬한 내면적 대화를 나누게 되었다. 안타깝게도 돈의 내면적 대화는 그의 애착 유형을 고착시켰을 뿐이었다. 결국, 우리의 방어적인 자아는 **확증 편향**에 취약한데, 애착 패턴 내러티브가 우리에게 도움이 되든 방해가 되든 상관없이 그 내러티브를 잽싸게 붙잡게 된다.

대부분의 경우, 사람들이 밖으로 드러내는 것이 바로 때로는 거짓 자아로 간주하기도 하는 방어적 자아다. 우리는 자신을 묘사하는 서술어에 집착하거나 혹은 부끄러워하면서 일부 특성을 지나치게 강조하고 종종 실패하기는 하지만, 다른 사람들이 보거나 알아차리지 않기를 바라는 어떤 특성들을 숨기려고 시도한다. 종종 우리는 다른 사람들이 우리의 자아에 대한 애착과 수치심을 알아차리지 못하길 바라기 때문에, 이미 존재하는 방어적 자아 위에 새로운 방어적 자아 층을 겹겹이 덮어씌운다. 우리는 여러 겹의 방어막이 우리의 서술적 자아를 덮을 때까지 가면 위에 가면을 덧씌운다.

물론 여기에서 판단, 끝없는 비교, 방어적인 자아로의 전환하려는 우리의 경향이 자연스럽게 시작된다. 아이가 태어났을 때 아이는 엄마와 자신이 하나가 아닌 둘이라는 사실을 인식하지 못하는 것과 같다. 하지만 아주 일찍부터 아이는 엄마와 분리된 자신의 정체성에 대한 감각을 발달시킨다. 아이는 자신에게 주어진 망토를 입고 성장하면서 자신의 특성을 고려하고 자신의 능력과 한계, 태어난 환경을 인식하기 시작한다. 안타깝게도 아이가 성장하고 세상을 만나면서, 세상에서 유일하다는 자기 인식은 다른 사람과 자신을 비교하려는 욕구와 쉽게 짝을 이룬다. 아이는 자신에게 없거나 자신은 가지고 있지만 보이지 않는 특성을 다른 사람들이 인정받는 모습을 보게 된다. 이때 아이의 인정에 대한 인간의 욕구가 촉발되어 아이는 자신과 타인에 대해 판단하는 걸림돌을 만나게 된다.

아이가 성인이 되는 동안, 희소성이라는 생각이 출현한다. 모든 아름다움이 아름답다고 여겨진다면 그 아름다움이 의미가 있을까?[21] 아름다움은 그 정의가 좁고 제한적일 때만 흥미롭다고 주장할 수 있기 때문이다. 마찬가지로 다재다능한 운동 능력이 좋은 것으로 여겨진다면, 과연 그 운동 능력이 여전히 축하받을 가치가 있을까? 서술적 자아의 건강한 표현은 희소성이라는 생각보다는 풍요로움에 머무르는 가운데, 아름다움과 운동성을 다양하게 표현할 수 있다. 그렇게 다양한 특성을 소중히 여기도록 장려한다. 즉 한 사람의 운동 능력이 다른 사람의 사회적 능력보다 "더 나은" 것은 아니라는 의미다. 어떤 사람의 마른 체형이 다른

---

21) Beatrice Bruteau, *Radical Optimism*: *Practical Spirituality in and Uncertain World* (Boulder, CO: Sentient Publications, 2002), 79.

사람의 통통한 체형보다 "더 좋은" 것은 아니다. 어떤 피부색이 다른 피부색보다 낮지 않다. 이것은 소화하기 어려운 메시지다. 우리의 자기 대화, 사회적 상호작용, 마케팅, 미디어, 혹은 역사적 이야기로서의 식민주의, 노예제, 인종청소 그리고 기타 세계적인 트라우마종종 우리의 자선 활동에 대한 이야기를 대충 살펴봐도, 우리의 비교와 판단적 사고가 얼마나 만연해 있는지 잘 알 수 있다. 아마도 모든 것이 평등하고 그 누구의 특성도 부담이나 수치심의 근원이 되거나 혹은 자화자찬의 이유가 되지 않는 세상을 상상하는 것은 불가능하다고 우리의 상상력을 제한하는 것은 아닐까?

　나는 일을 하면서 방어적 자아와 그로 인해 발생하는 갈등과 관련된 수많은 고통을 만나왔다. 어떤 사람에게 방어적 자아는 낮은 자존감으로 경험되고, 어떤 사람에게는 다른 사람에 대한 우월감으로 경험되는데, 이 둘은 모두 복잡한 사회적 역학을 창출해낸다. 또 어떤 사람들에게는 낮은 자존감과 우월감이 동시에 발현하기도 한다. 때때로, 방어적 자아는 우리의 기본적인 욕구를 부정하는 것으로 표현되어, 다른 사람과 관계를 맺으려는 의지를 제한하기도 한다. 또 다른 경우에는 어린 시절의 트라우마로 인해, 자아는 자신에게 위협이 될 수 있는 모든 사람에게 대처할 준비가 될 정도로 항상 높은 경계 태세를 유지하기도 한다. 방어적 자아는 탐욕으로 표현될 수 있다. 즉 "나는 이 관계, 이 직업, 이번 승진을 놓칠 수 없어"라는 식으로 표현될 수 있다. 또한 한 순간 도로 위에서 분노를 표출할 수도 있고, 저녁 식탁에서의 갈등으로 가득 찬 논쟁으로 표출될 수도 있다. 간단히 말해, 방어적 자아는 우리의 존재감이 위험에 처해 있다고 생각할 때 우리 안에 나타나는 그 인격을 말한다.

인종차별, 성차별 및 기타 모든 편견의 근원에 놓여있는 것이 바로 방어적 자아다. 사회적 수준에서 특성의 위계가 확립되면 제도적 편견이 나타나고, 이러한 편견은 시간이 지남에 따라 굳어지게 된다. 이제 "좋은 것"과 "좋지 않은 것"으로 여겨지는 특징들은 세심한 주의를 기울이는 사람 외에는 눈에 띄지 않을 정도로 무의식적이 된다. 결국 자아의 구조는 개인적인 현상이 아니게 된다. 개인으로서 나는 특정한 특성들을 지니고 있지만, 또한 여러 정체성 그룹에 속해 있으며, 각 그룹은 집합적으로 특정한 특성을 지니고 있다. 모든 집단에는 그 집단의 문화와 정체성을 정의하는 강점, 한계, 특성이 있다. 이러한 생각은 서술적 자아에 내재된 인간의 기본적인 욕구와 연결되어 가장 쉽게 이해할 수 있다. 개인에게 소속감, 인정, 자기 결정권, 안전, 의미에 대한 욕구가 있는 것처럼 그룹에게도 마찬가지다. 실제로 최소한의 소속감, 인정, 자기 결정권, 안전, 의미라는 기본적 욕구와 관련된 불공정이 "흑인 생명도 소중하다"는 운동을 추동시켰다고 주장할 수 있다. 또한 백인 사회에서 자신의 기본적 욕구를 우선시하고 타인의 욕구는 배제해 온 역사가 제도적인 인종 차별을 낳았다고 주장할 수도 있다.

심층적 자아

우리 자아의 가장 내밀한 층은 방어적인 자아도 아니고 서술적 자아도 아니다. 그림 7에서 볼 수 있듯이 가장 내밀한 곳에는 심층적 자아, 즉 단순히 마음의 장소라고 불리는 곳이 있다. 심층적 자아와 서술적 자아

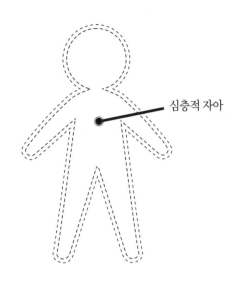

그림 7

심층적 자아

는 함께 그 사람의 본질을 형성한다. 서술적 자아가 우리의 형태라면, 심층적 자아는 우리의 정체성으로 형태는 없지만, 생명의 숨결로 자리한다. 이것은 각 사람 안에 살아있는 성스러운 집이다. 온갖 선함과 관대함과 은혜가 생겨나는 출생지다. 다양한 종교적 전통에서 심층적 자아는 신의 숨결 혹은 신의 존재, 의식 또는 각 사람의 몸을 관통하는 위대한 사랑의 에너지로 묘사된다. 심층적 자아의 자리에 서면, 우리는 우리의 과거나 미래도 아니고, 우리의 강점이나 한계도 아니며, 우리의 생각이나 감정도 아니게 된다. 여기서 우리는 우리의 특성도 아니고 우리가 태어난 환경도 아닌 존재가 된다. 심층적 자아의 자리에 서면, 우리는 우리의 성별도 아니게 된다.

우리가 말하고 있는 것에 대해 잠시 생각해 보자. 우리 안에는 우리가 자아라고 여기는 우리만의 독특한 특징을 제대로 드러내지 못하는 어떤 장소가 존재한다. 여기에서는 우리가 얼마나 많이 버는지, 우리 몸이 얼마나 큰지, 우리가 갖고 있는 사회적 기술이나 운동 능력이 어떤지에 의해 정의하지 않는다. 우리는 우리가 살아오면서 얼마나 서툴고, 생각이 없고, 유해한 일들을 했는지와 아무런 상관없고, 우리가 얼마나 엄청난 업적을 이루었는지 혹은 우리의 영예가 얼마나 높은지와 아무런 상관이 없다. 그냥 우리는 우리 자신일 뿐이다. 숨 쉬는 존재로서 우리 자신일 뿐이다. 좀 더 정확하게는 우리 안에 흐르는 신성한 숨결의 운반자이다.

우리의 심층적 자아는 우리 존재라는 직물을 직조하지만, 우리 모두가 그것을 잘 알고 있는 것은 아니다. 그러나 자신의 이러한 모습을 깊이 들여다본 사람은 종종 심층적 자아를 마주했던 첫 만남을 괴로운 경험으로 묘사하기도 한다. 우리는 에너지가 꿈틀대는 텅 빈 캔버스에 익숙하지 않다. 이 에너지를 우리의 '진정한 자아'라고 칭했던 토마스 머튼은 이 공간을 내면의 무無의 지점이라 부르며 모든 발견이 시작되는 지점이라 하였다.[22] 우리의 심층적 자아는 무無의 장소인데, 이는 우리가 자신에게 적용할 수 있는 모든 특징과 모든 묘사방어된 자아의 모든 형태를 포함가 비워지는 지점이기 때문이다. 이곳은 또한 우리 자신보다 더 큰 생명력을 가진 에너지와 일종의 합일을 이루는 장소이기도 하다. 이곳에서 자신을 찾는다는 것은 심오한 해방감을 경험하는 일이 된다. 모든 것이 새롭게 시작되는 곳이기 때문이다.

생명의 힘과의 관계가 점점 더 가까워지는 경험은 우리 존재를 관통하는 빛줄기를 느끼기 위해 사랑의 폭포 아래 서는 경험이다. 시인과 철

---

22) Thomas Merton, *Conjectures of a Guilty Bystander* (New York: Image Books, 1989), 158.

학자 모두 이를 언어화하기 위해 수많은 시간을 보냈지만, 이는 말로 표현할 수 없는 영원과의 만남이다. 이 개념이 많은 사람들에게 생소하여 다소 당황스러울 수 있다. 그러면 우리가 요구할 수 있는 것은 무엇인가? 명상가 제임스 핀리는 이를 다음과 같이 설명하였다. "무한한 사랑은 무한한 사랑과의 무한한 결합만이 할 수 있는 방식으로 우리의 마음을 창조한다."[23] 이 사랑을 한 번 맛보면, 우리는 이 사랑의 풍경 속에 있는 우리 자신을 한 번이라도 더 발견하길 원하고, 우리 자신에게 쏟아지는 사랑을 거듭 반복해서 받기를 갈망한다.

심층적 자아를 때로는 각 사람에 살아있는 신의 형상이라고 부르기도 하지만, 각 집단적 "자아" 안에 살아있는 신의 형상이라고도 말한다. 개인 중심의 문화권에서는 집단 정체성 안에 심층적 자아가 있다는 생각을 이해하기 어렵겠지만, 이 생각은 집단주의 문화권에서 나오는 증언과 상당히 일치한다. 집단에도 심층적 자아, 즉 그 집단만이 갖는 생명의 숨결이 존재한다.

어떤 사람들은 심층적 자아를 사람이 갖는 자아의 가장 진실한 형태라고 설명하지만, 아이러니하게도 이 자아는 어떤 사람에게만 있는 것이 아니다. 자아의 가장 중심적인 형태는 우리만의 것이 아니다. 그것은 각 사람 안에, 그리고 각 사람에게 숨을 통하게 하는 사랑으로 가득 찬 생명의 에너지이다. 가장 중심적인 자아의 형태, 즉 우리 각 사람은 사랑받는 존재라 부르고, 갈등을 겪고 있는 사람들을 포함하여 각 그룹과 각 사람

23) James Finley, *Christian Meditation: Experiencing the Presence of God* (New York: HarperCollins, 2004), 6.

의 마음속에서 박동하는 자아이기도 하다. 즉, 서술적 자아의 수준에서는 자신과 타자가 독특하면서도 다르지만, 마음의 수준에서는 자신과 타자가 하나가 된다. 심층적 자아의 수준에서는 모든 판단이 사라진다. 어떤 특성이나 어떤 사람은 특별히 선하고, 다른 것들은 부끄러운 것으로 정의하는 어떠한 사회 계약도 존재하지 않는다. 사람을 다른 사람으로부터 나누며 방어하지도 않는다. 자신과 타자는 그냥 하나다.

자아의 건축 구조 2부
하나님의 얼굴

내가 20대 초반이었을 때를 돌이켜보면 당시에 나에게 그런 언어가 없었지만 심층적 자아에 대해 생각해 볼 수 있는 경험을 했었다. 어느 여름, 나는 큰 도심에 있는 한 교회에서 목회 인턴으로 일하는 특권을 누린 적이 있다. 내가 그곳에서 일하는 동안, 한 여성이 내가 일하는 사무실로 전화를 걸어 다음 정부 보조금이 나올 때까지 버틸 수 있도록 돈을 달라고 요청했다. 그날 대부분의 스탭과 주요 자원봉사자들이 휴가로 자리를 비운 상태였기 때문에, 이 여성의 요청에 응하는 것은 온전히 나의 몫이었다. 대화 도중, 이 여성은 교회가 자신을 위해 더 많은 일을 하지 않는 것에 대해 분노를 표출했고, 내가 교회를 대표하는 사람이니 교회에 와서 나를 저격하겠다고 협박했다. 나는 그녀의 행동을 멈추게 했지만, 한편 그 여성을 찾아가야 한다는 생각도 했다. 사실 나는 상당히 긴장해 있었다.

그 여성을 방문하기 위해 지하철을 타면서 나는 어떻게든 이 여성과 만나는 동안 하나님의 얼굴을 볼 수 있기를 기도했다. 만나기로 한 장소에 도착해서 우리는 한동안 이야기를 나눴다. 나는 기도해야 한다는 생각을 거의 잊고 있었는데 갑자기 뭔가 일이 일어났다. 그녀가 빈 냉장고 문을 열고 나를 바라보는데, 거기 나를 향한 여성의 얼굴에서 하나님의 빛나는 얼굴을 보게 되었다. 나는 경외감에 휩싸였다. 세상의 기준으로는 어떤 면에서도 비교가 되지 않는 이 여인이 나에게 하나님의 빛나는 얼굴이었다.

집으로 돌아오기 위해 지하철을 탔을 때 나는 여전히 그 기억에 젖어 있었다. 그리고 거기서 다시 하나님의 얼굴을 보았다. 이번에는 가장 먼저 지하철에 오른 승객의 얼굴에서, 그리고 또 다른 승객의 얼굴에서, 그리고 그 다음 승객의 얼굴에서 하나님의 얼굴을 보았다. 그렇게 내가 고개를 돌리는 곳마다 하나님의 얼굴이 나를 향해 빛을 발했다. 그때쯤 나는 완전히 경외감에 휩싸였다. 그때 아주 천천히 나에게 어떤 한 깨달음이 일어났다. 만약 내가 만난 여성과 지하철 승객 한 명 한 명에게 하나님의 얼굴이 나타났다면, 내 안에도 하나님의 얼굴이 존재할 수 있지 않을까? 이전에 나는 생각을 한 번도 해본 적이 없었다. 그 순간 저는 마치 쓰나미에 휩쓸린 것 같은 느낌 즉 내가 감당하기 힘들만큼 큰 사랑과 통찰을 얻었다.

나는 지금까지 이 경험을 자주 떠올린다. 하나님의 얼굴을 지니고 있다는 것은 무엇을 의미할까? 순간의 웅대함에 다리가 풀릴 정도로 큰 사랑에 휩쓸린다는 것은 무엇을 의미할까? 이 두 질문에 대한 답을 찾을 수 있다면 자연스럽게 또 다른 질문이 뒤따를 것이다. 즉 우리에게 각인된 그 하나님 얼굴에 충실하다는 것은 무엇을 의미하는가?

우리는 우리가 하나님의 얼굴을 지닌 **존재임과 동시에** 우리 자신에게 각인되어 있는 하나님의 얼굴에 의해 사랑받는 존재가 된다는 신비를 마주하게 된다. 성경 누가복음 저자는 "너는 내 사랑하는 자녀다. 내가 너를 기뻐한다"누가복음 3:22라는 예수의 말씀을 기록하고 있다. 이 말씀이 우리에게도 해당하는 것이라면 어떤가? 여러분과 나, 그리고 우리 각자가 하나님이 기뻐하는 자녀이자 하나님의 사랑받는 자녀라면 어떤가?

최근에 치료사 교육을 받고 있는 친구와 함께 걸었는데, 그 친구는 "모든 사람의 내면에는 '나는 가치가 없어. 나는 충분하지 않아'라는 목소리가 있는 것 같아."라며 탄식을 쏟아 놓았다. 나는 이 친구의 말이 맞을까 봐 두려웠다. 깊고 실존적인 차원에서 볼 때, 우리 내면에는 우리가 가치롭지 않다는 두려움이 자라고 있다. 이것은 방어적 자아의 목소리이기도 하다. 우리가 충분하지 않다는 그 두려움은 여러 가지 다른 이름으로 불리며 다양한 방식으로 표현되고 있다. 아무런 감정의 영향을 받지 않는 것처럼 보이거나 자신감이 넘치는 사람들도 사실은 이 근본적인 두려움을 감추기 위해 논리나 자신감을 표출하고 있을지 모른다. 우리가 하나님의 얼굴이 우리에게 각인된 의미를 받아들이기 어려운 것은 그 각인이 실제로 일어났다는 것을 근본적으로 받아들이지 않았기 때문이 아닐까 싶다. 우리는 하나님의 형상대로 행동하지 않을 때조차 우리 각자가 하나님의 형상대로 만들어졌다는 사실을 잊어버렸다.24)

---

24) 리차드 로어는 하나님의 형상과 닮음 사이의 차이에 대해 설명하였다. Richard Rohr, "In the Beginning and the End," Center for Action and Contemplation "Daily Meditatioins," December 31, 2017, https://cac.org/in-the-beginning-and-the-end-2017-12-31/ 참조.

1991년 지하철을 타던 날, 나는 그 지하철 칸에 타고 있던 각 사람을 통해 살아 있는 사랑의 숨결이 전해지는 것을 알아차리고 몹시 놀랐었다. 나는 그날 사람들이 지하철을 타기 전에 무엇을 했는지 알지 못했다. 거기에 상처받은 사람들이 있었는지? 말로 표현하기 어려워 보이는 보이지 않는 깊은 상처를 입은 사람은 없었는지? 그날 아침 가족에게 너무 날카롭게 말했던 사람은 없었는지? 인생에서 가장 기쁜 순간을 맞이한 사람은 없었는지? 감정 기복이 심했던 사람은 없었는지? 알지 못했다. 하지만 어쨌든 하나님의 형상은 각자에게 이미 각인되어 있었다. 우리 각 사람에게는 하나님의 형상이 각인되어 있고, 우리 몸 전체에, 세포 구조에 이르기까지 사랑의 가능성이 각 사람에게 내재되어 있다. 마치 세례의 물처럼 각 사람에게 사랑과 함께 "너는 나의 사랑하는 자녀다. 너로 인해 내가 매우 기쁘다."라는 사랑의 말처럼 **너는 내 사랑하는 자녀다. 너로 인해 내가 매우 기쁘다.**

내 생각에 우리는 이러한 사랑으로 목욕하라는 요청을 받고 있다. 천천히 그리고 시간을 두고 우리 자신을 사랑받는 존재로 여기는 법을 배우라는 것을 말한다. 그리고 그 인식이 우리 안에 뿌리를 내릴 때, 우리는 이 사랑에 충실하고 하나님의 형상뿐만 아니라 하나님의 모습을 반영하도록 초대받는다. 이것은 어려운 일이다. 특히 이 사랑에 충실할 때 우리가 매우 비호감을 갖고 있는 사람과 심지어 잔인하다고 생각하는 사람에게도 하나님의 형상이 살아 있음을 보게 될 때 더욱 어렵다. 내가 말하고자 하는 것은 우리가 사랑받는 존재라는 것을 알고 상대방도 사랑받는 존재로 봐야 하는 이 두 가지 충격은 서로 깊이 얽혀 있다는 것이다. 사실 우리가 첫 번째 충격을 제대로 알아차리게 되면 두 번째 충격도 가능하게 된다.

서로에 연결되어 있는 자아의 층위들

"자기와 타자 모두가 사랑받는 존재다." 특히 우리가 다른 사람과 갈등하고 있을 때 이것이 사실일 수 있을까? 우리가 우리 자신에게서 발산하는 하나님의 얼굴을 받아들이려고 노력하는 것처럼, 사랑이 깃든 생명의 에너지인 하나님의 얼굴을 다른 사람의 얼굴에서 찾을 수 있을까? 이것이 바로 자아의 구조에 대한 명제다. 이것이 어떻게 가능한지 이해하려면 세 가지 형태의 자아를 다시 한 번 엮어보는 것이 중요하다. 서로 떨어져 있는 세 가지 자아를 다시 이어 붙이면 무엇이 드러날까? 러시아 마트료시카 인형 세트처럼, 우리의 심층적 자아, 즉 우리의 마음이 우리의 서술적 자아에 둥지를 틀고 있을 때, 그리고 거짓된 방어적 자아에 둥지를 틀고 있을 때, 우리가 무엇을 볼 수 있을까?

우리의 심층적 자아와 서술적 자아는 존재하기 위해 서로를 필요로 한다. 심층적 자아는 형태가 없다고 설명할 수 있지만, 서술적 자아는 형태가 있다. 우리의 서술적 자아형태가 숨을 쉬기 위해 형태가 없는 심층적 자아를 필요로 하는 것처럼, 심층적 자아무형상가 움직이기 위해 서술적 자아의 형태 또는 구조를 필요로 한다. 은유적으로 말하자면, 서술적 자아는 심층적 자아를 담는 그릇이라 할 수 있다. 실제로 이 두 자아는 서로 연결되고 서로를 감싸는 이중 나선의 가닥과 같으며, 동시에 하나지만 하나가 아니다. 우리의 심층적 자아와 서술적 자아가 함께 자아의 본질을 형성하기 때문이다.

우리가 어디서 시작하느냐에 따라 모든 것이 달라진다는 말이 있다. 이는 자아의 층위를 설명함에 있어서도 마찬가지다. 우리가 심층적 자아에 뿌리를 내릴 때, 우리의 관계라는 그릇은 함께 성장하고 안정적이며 심지어 즐거운 관계가 가능해진다. 우리의 특성이 아니라 마음이 우리의 중심이기 때문에, 우리는 특성에 집착하거나 부끄러워하지 않고 우리의 특성을 인정할 수 있다. 우리는 우리에게 주어진 능력과 한계를 판단 없이 받아들일 수 있으며, 동일하게 다른 사람에게 주어진 능력과 한계도 판단 없이 받아들일 수 있다. 이것은 우리의 특성을 '간직'할 수 있도록 우리를 자유롭게 해준다. 이것은 또한 선함, 관대함, 은혜의 변화시키는 힘, 즉 우리가 마음 중심에 뿌리를 내릴 때 더 쉽게 가용할 수 있는 이러한 자질들을 우리에게 개방한다. 우리는 선함, 관대함, 은혜로 자신을 바라볼 수 있을 뿐만 아니라, 이러한 은사를 다른 사람과의 관계에도 적용할 수 있다. 이것은 실제로 모든 것을 변화시킨다.

문제는 우리의 심층적 자아와 서술적 자아가 서로 분리할 때 발생하는 것 같다. 이때 우리의 서술적 자아와의 관계가 불안정해진다. 우리는 마음에서 벗어나 서술적 자아 즉 우리 스스로 내리는 규정을 우리의 중심에 놓는다. 이때 우리를 정의하는 것은 아마도 음악적 실력이나 운동 능력일 수도 있다. 아마도 논리적인 추론에 대한 재능이나 정원을 가꾸는 능력일 수도 있다. 어쩌면 우리가 애착을 갖고 있는 어머니 또는 아버지로서의 정체성일 수도 있다. 신체적 특징 중 하나에 대한 강한 동일시 또는 혐오감일 수도 있다. 안타깝게도 우리의 중심에 우리의 특성, 강점, 한계,

필요 또는 출생 환경 중 어떤 한 가지를 두는 것은 우리를 기능적으로 분산시켜 방어적 자아에 빠지기 쉽도록 만든다.

그 서술적 자아 혹은 우리의 방어적 자아가 우리의 출발점이 될 때, 서술적 자아를 중립적으로 바라보기란 정말 어렵다. 마음속의 심층적 자아에 닻이 내려져 있지 않다면, 방어적 자아에 대한 이끌림과 서술적 자아에 대한 판단이 너무 과대해진다. 우리 자아의 중심을 하나 이상의 특성에 둘 때, 우리는 우리의 특성을 완전한 정체성과 연관시킬 위험이 있다. 자아 애착이라고도 언급되는 이러한 특성이 이제 우리를 정의하게 된다. 어떤 식으로든 우리의 특성 중 하나가 도전을 받거나 위협을 받으면 우리의 욕구, 감정, 느낌들에 대한 이차적 애착이 촉발되어 이내 방어적 자아에 빠지게 된다. 그러면 이제 "살아남기 위해" 자신을 방어**해야만** 한다는 생각은 우리의 성격이 결국 우리 자아의 중심이라고 여기게 된다. 특히, 우리는 자신을 서술하는 사람들에 대한 방어적 자아의 반응에 집착할 수도 있다. 이제 우리의 자아는 우리의 서술적 자아에 의해서가 아니라, 이러한 서술적 자아들을 방어하기 위해 설정해 놓은 자기 방어의 패턴에 의해 정의된다.

불교 전통은 우리의 집착이 고통의 근원이라고 가르친다. 우리의 특성, 강점, 한계 - 이 중 어느 것도 문제가 되지 않는다. 우리의 특성을 인정하는 것 역시 문제가 되지 않는다. 문제는 이러한 현실에 대한 우리의 집착에 있다. 우리가 집착하는 것을 우리가 방어해야만 하기 때문에, 우리와 갈등을 겪는 사람이나 집단에게 고통이 뒤따른다. 기독교 전통은 동일한 개념에 대해 전통적으로 죄라는 언어를 사용해 왔다.

어떤 특성에 집착하게 되면 우리는 쉽게 방어적인 태도를 취하게 된다. 너무 날카롭게 말하거나, 상대를 무시하거나, 상대를 비난하거나 위협하거나, 자기혐오에 빠지거나, 상대를 함정에 빠뜨리기 위해 논리적 주장을 펼 수 있다. 고통을 주는 방법과 고통을 유발하는 방법은 다양하다. 서문에서 소개한 알렉과 로이의 이야기를 잠시 떠올려 보라. 우리 모두와 마찬가지로 두 사람 모두 서로를 중립적으로 인정하고 여기는 특성을 가지고 있었다. 두 사람 모두 부끄러워하는 특성을 가지고 있었고, 그 특성으로 인해 자신이 다른 사람보다 낫다고 여길 정도로 좋아하는 특성을 가지고 있었다. 알렉은 차분하고 박식하며 다소 고립된 사람이라는 자신의 정체성에 애착을 가졌다. 반면 로이는 감정적이고 충동적이며 학구적이지 않은 사람이라는 자신의 정체성을 혐오 즉, 부정적으로 애착했다. 로이가 기대했던 승진을 알렉이 받자, 로이는 자신의 비학구적인 페르소나에 대한 혐오감으로 자신을 방어적 자아로 몰고 갔다. 그는 알렉에게 화를 내고, 점심시간에 알렉을 조롱하고, 동료들에게 알렉에 대한 험담을 늘어놓았다. 이런 일이 발생하자 알렉의 평온함은 사라지기 시작했다. 내적으로는 방어적이 되었다. 외부적으로는 자신의 정체성에 대한 집착이 더욱 심해져, 자신이 승진하여 이끌어야 할 사람들의 신뢰를 잃을 정도로 더욱 학구적이고 냉담해졌다.

개인과 마찬가지로 그룹도 하나 이상의 서술적 특성에 집착할 위험이 있으며, 이로 인해 그룹도 방어적 자아에 빠질 수 있다. 우리의 집단적 방어본능은 전쟁, 성차별, 불평등 등으로 세계사를 주도해 왔다. 놀랍게도 우리의 많은 애착은 무의식 속에 잠재되어 있어 어떤 애착은 쉽게 접근할 수 있는 반면, 어떤 애착—조직적 인종 차별 같은—은 잘 보이지 않는다. 의식적이든 무의식적이든, 우리는 특정 집단을 억압하는 정책을 지지하면서 다른 집단의 주머니를 채우는 정책을 지지할 수 있다. 자신과 다르거나 열등하다고 생각하는 사람들을 무시할 수 있다. 우리는 "타자"로 간주되는 누군가에게 피해가 발생했을 때 이를 외면할 수 있다. 우리가 특별히 가치 있고 좋다고 여겼던 특성에 집착하는 것은 당연한 것처럼 보일 수 있다. 하지만 로이처럼 우리도 우리 자신이 싫어하는 성격에 집착하게 되는 것은 아닐까? 안타깝게도 그렇다. 내가 더 좋을 때나 더 나쁠 때 모두 나 자신에게 충성을 맹세할 수 있다. 어떤 의미에서 우리의 애착은 중독과 같은 기능을 한다. 우리가 중독될 수 있는 것들은 너무나 많다. 낮은 자존감, 사랑받고 싶은 욕구, 옳고 싶은 욕구, 논리적으로 보이고 싶은 욕구, 자랑하고픈 특성, 부끄러워하는 경험 등에 중독될 수 있다. 우리는 자선 행위에 집착하거나 똑똑하거나 날씬하거나 나와 닮은 사람들에게 특혜를 주는 것에 집착할 수 있다. 우리는 또한 자신을 "우리"라는 틀 안에 넣는 데 중독될 수 있는 것처럼, 갈등을 겪고 있는 사람들을 "그들"이라는 틀을 통해 바라보는 데 중독될 수 있다.

우리의 고통이 서술적 자아에 대한 집착에 의해 일깨워진다면, 우리가 서술적 자아를 완전히 없앨 수 있을까? 우리가 이러한 완벽한 사랑의 풍경인 심층적 자아로 단순히 도피하지 않을 수는 없는 걸까? 불행히도 이것은 새로운 고통의 원인을 만들어낸다. 서술적 자아 없는 심층적 자아는 비실체적 영성을 창조하여, 우리를 고통스러운 현실과 우리 뒤에 남겨놓은 고통의 자각에서 단절된 세상을 날아다니도록 만든다. 『나와 너』의 저자인 유명한 유대인 철학자 마르틴 부버는 세상으로부터 도피하는 신비주의 형태에 반대하면서 정확하게 이 점을 지적했다. 젊은 시절, 부버는 영적 체험의 몽상에 깊이 빠져 있을 때 문 두드리는 소리가 그를 방해하는 경험을 했다. 부버와 대화를 나누고 싶은 한 청년이 문 앞에 서 있었다. 영적 수행으로 돌아가고 싶었던 부버는 다음에 다시 오라며 그 남자를 돌려보냈다. 얼마 지나지 않아 그 청년은 자살로 세상을 마감했다.[25] 이 사건은 부버에게 깊게 영향을 미쳤다. 그 후 그는 현실의 타자와 연결되지 않는 영성은 어떤 형태든 거부했다. 도로시 죌레도 세상을 포함하지 않고 세상의 고통에 관심을 기울이지 않는 신비주의나 마음챙김/관상 수련은 최선의 경우 자기애적이고 최악의 경우 위험하다고 주장하며 같은 결론을 내렸다.[26] 심층적 자아의 위치는 자신과 타자 간의 하나됨oneness에 자리하지만, 하나됨을 이루기 위해 서술적 자아를 부정하면, 우리는 타자를 포함하여 유형적이고 형태를 가진 모든 것을 우리 자신에게서 제거하게 된다. 그러면 우리는 세상의 필요를 보지 못하게 된다. 은유적으로 말해서, 우리가 명상하는 동안 세상은 불타 없어지고 말 것이다. 실제로 이것은 우리의 인품만 아니라 다른 사람의 인품을 우리 안에 품지 못함으로써 심층적 자아에 대한 거짓된 표현을 받아들이게 된다는 뜻이다. 우리의 형태인 서술적 자아가 문제가 아니라는 것을 우리는 기억하는 것이 좋다. 우리의 형태를 평가하는 것 또한 문제가 아니다. 형태에 대한 집착이 문제인 이유는 우리의 중심을 잘못된 위치에 두어, 결국 거짓

---

25) Sölle, *Silent Cry*, 161-65.
26) Sölle.

되고 방어적 자아에 빠지도록 우리를 취약하게 만들기 때문이다.

이 주제를 끝내기 전에, 개성에 제한되지 않는 심층적 자아 개념에 대한 경고와 도전을 남기는 것이 중요하다. 서술적 자아보다 심층적 자아의 형태가 있다고 상상하는 것은 어려운 일이다. 종종 우리의 개성과 관계를 설정하는 것은 어려운 일이다. 결국 우리의 개성을 사랑하는 것은 억압적이고 판단적인 모든 것에 대항하여 자기 권리를 주장하기 위함이다. 심층적 자아가 이것을 뽑아낼 수 있을까? 우리가 개성을 사랑하는 것을 포기해야 한다는 뜻일까? 더 나아가, 문화적으로 우리의 개성을 축하하라는 말을 들을 때, 심층적 자아의 수준에서 발견하는 하나됨을 어떻게 주장할까?

몇 년 전, 이 자료를 발표할 때, 나는 심층적 자아의 본질을 설명하면서도 정작 서술적 자아와 심층적 자아가 함께 기능하는 방식을 아직 명확하게 설명해 내지 못했었다. 발표장에 있던 남아프리카의 한 흑인 여성이 나에게 "나의 흑인여성됨을 빼앗지 마세요."라고 말했다. 나는 그런 의도가 전혀 없었기 때문에 깜짝 놀랐다. 그러나 그녀는 사람들이 실제적이고 고통스러운 사회적 차이들을 덮기 위해 하나됨의 영성을 어떻게 사용했는지 관찰한 경험에서 한 말이었다. 만약 우리가 모두 하나라면 우리의 차이가 중요할까? 차이가 중요하지 않다고 믿는다면, 우리는 차이들을 보지 못할 위험이 있으며, 차이를 보지 못함으로써 인종차별 및 또 다른 "~이즘"이 번성하도록 허용할 위험을 떠안게 된다. 나는 이 여성의 발언을 오랫동안 생각하며 자아의 구조에 대해 다시 생각하게 되었다. 내가 놓치고 있었던 것은 무엇일까? 그제야 그 이미지가 내가 생각했던 것보다 더 많은 것을 말하고 있다는 것을 깨달았다. 자아의 여러 층위를 설명하기 위해 나는 자아들을 분리해 놓았던 것이다. 하지만 남아프리카 여성에게 나는 우리의 단결력을 높이고 서로의 차이를 최소화하기 위해 위험을 무릅쓰고 있었던 것이다. 이것이 내가 의도한 바는 아니었지만, 나는 이 모델을 다시 살펴보면서, 우리가 다른 사람과 다른 서술적 자아의 아름다움과 동시에, 우리가 존재의 근원으로 서로 존재하는 모든 것과 하나라는 심층적 자아의 진실 모두를 이 모델이 요구한다는 것을 더 명확히 알 수 있게 되었다. 지혜는 우리의 심층적 자아나 서술적 자아를 부정하는 데 놓여있지 않고, 우리로 하여금 둘이면서 동시에 하나가 될 수 있다는 것을 알려주는 데 놓여있다. 서술적 자아와 심층적 자아는 함께 억압적이고 부당한 모든 것에 저항한다. 이들은 자신과 타인 모두의 공통된 인간성을 존중하면서 각각의 고유한 그릇을 축하해준다.

대화

다양한 자아의 형태가 한 사람 안에서 어떻게 상호작용하는지를 고려하는 것도 중요하지만, 자아의 형태가 다른 사람과의 상호작용함에 있어 어떤 영향을 미치는지 고려하는 것도 그에 못지 않게 중요하다. 서로 다른 사람이 마음과 마음을 연결한다는 것은 무슨 의미일까? 두 사람 혹은 그 이상의 사람들의 서술적 자아 또는 방어적 자아는 어떻게 상호작용할까?

이러한 질문을 심사숙고하기 위해 나는 마틴 부버의 연구에서 몇 가지 통찰을 빌려올 것을 제안한다. 부버는 우리가 전형적으로 세 가지 형태의 대화, 즉 진정한 대화, 기술적 대화, 대화로 가장한 독백의 형태로 관계한다고 제안했다. 부버는 심층적 자아, 서술적 자아, 방어적 자아에 대해 말하지는 않았지만, 그의 세 가지 대화 형태는 우리가 숙고해 온 자아의 세 가지 층위와 밀접하게 일치한다.[27]

부버는 우리의 일상적인 대화는 기본적으로 기술적이라고 상정한다. 여러분이 사교 행사에 참석하여 여러 명의 새로운 사람들을 만난다고 가정해 보라. 당신 생각에 이 사람은 키가 크다, 이 사람은 큰 소리로 말한다, 이 사람은 말을 할 때 제스처를 사용한다, 이 사람은 피곤해 보인다라는 식으로 만나는 사람들의 다양하고 독특한 특징에 대해 머릿속으로 주석을 달고 있을 것이다. 기술적 대화는 또한 자연에 대한 우리의 이해, 우리가 저녁식사를 위해 무엇을 만들지, 과학 실험에서 얻은 데이터를 어떻게 받아들일지 등에도 적용할 수 있다. 이를 자아의 은유에 적용하면, 대인관계 영역에 있어 기술적 대화는 서술적 자아의 수준에만 머무는 상호작용으로 정의된다. 우리는 서로 또는 우리가 함께 해결하고 있는 문제를 재보고, 평가하고, 이러한 평가의 렌즈를 통해 서로에게 관여한다. 이 **기술적**이라는 용어는 차갑거나 기계적으로 들리지만, 부버가 염두에 둔 것은 그런 것이 아니다. 오히려 부버는 기술적 대화를 필요한 것으로 정의한다. 기술적 대화를 통해 우리는 다른 사람의 특성을 고려하고, 과제를 고민하고, 저녁식사로 무엇을 만들지 결정할 수 있다. 우리는 기능하고, 의사 결정을 내리고, 어려운 문제를 구분하고, 삶의 필요에

---

27) Martin Buber, *Between Man and Man*, trans. Ronald Gregor-Smith (London: Routledge Classics, 2002), 22.

관심을 기울이기 위해 기술적 대화가 필요하다.

기술적인 대화가 대화로 위장한 독백으로 바뀔 때 문제가 발생한다. 이러한 형태의 대화에는 화자가 실제로 "서로에게 인격체로서 존재하지 않는" 상태에서 "가장 날카로운 방식으로 핵심을 찌르려고" 하는 논쟁이 포함된다.[28] 부버에 따르면, 대화를 가장한 독백에는 서로에게 깊은 인상을 주기 위해 대화하는 사람들이 포함된다. 심지어 대화의 초점이 상대방보다 자신에 맞춰져 있는 연인 간의 대화도 여기에 포함할 수 있다. 이를 자아의 은유에 적용하면, 대화로 위장한 독백은 방어적 자아의 수준에서 이루어지는 대화를 말한다. 우리는 상대방과 대화하고 있다고 생각하겠지만, 실제로는 주로 우리 자신, 자아에 대한 애착, 수치심, 그리고 우리 자신에게 씌워진 가면과 대화하는 것이다. 우리는 상대방이 한 말 때문에 방어적이어야 한다고 느낄 수 있고, 자신의 주장을 관철하기 위해 상대방에게 날카롭게 말해야 한다고 느낄 수도 있지만, 상호작용의 층위를 벗겨보면 우리가 한 말의 대부분은 사실 상처받은 내면의 상태에서 대화하는 것임을 알 수 있다. 우리는 상대방과 공통의 이해를 찾기보다는 자아를 보호하기 위해 더 많은 말을 한다.

부버는 진정한 대화란, "대화에 임하는 각 참가자가 구체적으로 존재하는 상대 또는 상대방들을 실제로 염두에 두고 [자신과 다른 사람 사이의] 살아있는 상호관계를 구축하려는 의도를 가지고 그들에게로 향하는 것"이라고 말했다.[29] 이때 타자는 객관화되지도 않고 분류되지도 않는

---

28) Buber, 23.
29) Buber, 22.

다. 자신과 타인이 전인으로 만나는 진정한 대화에는 깊이와 내려놓음이 있다. 자아의 은유라는 맥락에서 말하자면, 진정한 대화는 자신의 심층적 자아와 타인 사이에서 발생하는 대화이지만, 그 이상이기도 하다. 진정한 대화는 자신과 타인의 진심과 진심이 마주치는 은혜로운 만남이자 동시에 서로의 온전한 자아를 위한 공간을 만든다.

부버는 많은 대화가 기술적 대화 수준에서 시작되지만, 기술적 대화와 대화를 가장한 독백 모두 진정한 대화로 전환될 수 있다는 점을 지적하였다. 그는 우리에게 진정한 대화가 이루어질 기회를 향해 자신을 개방하라고 권유한다. 실제로 그는 관계, 그리고 관계에서 일어날 수 있는 진정한 상호작용을 벗어나면 우리는 제대로 존재하지 않는다고 주장한다. 우리가 뭔가 되어져가는 끊임없는 과정에 참여하는 것은 서로를 향한 진정한 만남 속에서 이루어진다. 어떤 의미에서 부버의 주장은 은구니 Nguni족 언어 즉 "당신이 있기 때문에 내가 있다"라는 우분투 개념을 반영하고 있다. 우리는 서로의 관계를 떠나서는 존재할 수 없지만, 내가 다른 곳에서 쓴 것처럼 "우리 만남의 본질이 우리가 실제로 서로 함께 만남의 결과로 살아가고 번영할지, 아니면 우리의 만남이 서로의 관계를 끊어버린 이미지를 영속화할지를 결정한다. 모든 삶이 만남인 것은 맞지만, 모든 만남이 진짜 삶인 것은 아니다."[30] 우리는 기술적 대화 없이는 살 수 없지만, 만약 우리가 기술적 대화만 하고 진정한 대화의 기회들을 포착

---

30) Betty Pries, "Bridging the Self-Other Divide: Conflict Transformation and Contemplative Spirituality in Dialogue" (PhD diss., Vrije Universiteit Amsterdam, 2019), 7. http://hdl.handle.net/1871/56123.

하지 못한다면, 사실 우리는 사는 게 아니다.

우리가 개발해 온 자아의 은유는 단순히 우리 자신을 더 잘 이해하도록 돕기 위해 고안된 것이 아니다. 오히려, 은유의 목적은 훨씬 더 웅대하다. 우리가 자신을 이해하는 방식은 다른 사람과의 상호작용과 우리가 경험하는 갈등에 영향을 미친다. 부버의 세 가지 형태의 대화와 우리의 세 가지 형태의 자아 사이의 연관성을 받아들인다면, 우리가 말하는 내면의 위치가 우리가 의미 있게 사는지 여부를 결정한다. 또한 우리 삶의 갈등을 얼마나 잘 치유할 수 있는지도 결정한다.

1장에서 나는 바람직한 의견불일치에는 문제를 문제 자체로 다루는 것이 포함된다고 제안했었다. 대화 당사자 중 한 명 혹은 그 이상이 대화 중에 자아가 위험에 처하는 것을 경험하지 않는 한, 우리는 바람직한 의견불일치 수준을 유지할 수 있다. 비록 그것이 당사자 중 한 사람의 내면 상태에서만 일어난 것일지라도, 자아가 위험에 처하는 상황이 발생하면, 의견불일치는 곧바로 갈등으로 넘어가게 된다. 바람직한 의견불일치에서 갈등으로 전환하는 과정에서 부버의 세 가지 대화 형태와 우리의 세 가지 자아 형태는 어떻게 서로 연관될까?

부버의 정의와 자아의 은유에 따르면, 바람직한 의견불일치에는 기술적인 대화가 포함되며, 문제를 함께 풀어나갈 때만 서술적 자아가 관여한다고 주장할 수 있다. 갈등과 고착화의 다양한 단계에는 기술적 대화가 포함될 수 있지만, 방어적 자아와 우리의 갈등 경험 사이의 밀접한 연관성을 고려할 때, 정의상 대화로서의 독백도 포함되어야 한다. 심층적 자아와 진정한 대화는 갈등 증폭의 연속체 어디에 해당할 것인가? 우리가 잘 모르는 사람과의 짧은 의견불일치는 기술적 대화의 수준에 머물러 있을 수 있지만, 만약 우리의 대화가 본질적으로 대부분 기술적인 것에 머무른다면 우리의 지속적인 관계는 흔들리고 갈등에 빠지게 될 것이다. 부버에 따르면, 우리는 존재하기 위해 진정한 대화가 필요하고, 우리의 관계가 꽃피려면 진정한 대화가 필요하다. 그렇지 않다면, 서술적 자아와의 만남만으로 한동안은 생존할 수 있지만, 만약 관계에서 더 깊은 진심에서 우러난 공간이 열리지 않는다면 우리는 사람답지 않게 느껴지기 시작할 것이다. 자아가 위험에 처해 있다는 것을 어떻게든 알고 있다는 것 외에는 달리 이 경험을 설명할 수 있는 단어가 없다. 이런 일이 발생하면 우리는 갈등에 빠지고 방어적 자아를 갖게 된다.

바람직한 의견불일치가 있을 때 우리 자신을 진정한 대화에 열어놓도록 격려하면서, 갈등 관련 대화를 하는 중에도 우리 자신을 진정한 대화에 개방할 수 있다. 중재자 로이스 골드는 우리가 갈등 관련 대화를 통해 심층적 자아나 그녀의 표현에 따르면 더 높은 자아에 접근하도록 허용하고 있는지 여부를 드러내는 것이 우리의 언어라고 지적한다. 예를 들어, 그녀는 중재자들이 갈등을 겪고 있는 사람들에게 다음과 같은 질문을 던져보도록 제한한다. "만약 당신이 누군가에게 당신이 옳다는 것을 증명할 필요 없이 당신의 이야기를 한다면 뭐라고 말하겠습니까?" 의미상, 진정한 만남의 가능성을 위한 공간을 만들어 주는 이 질문은 갈등의 에너지를 방어적 자아에서 벗어나게 바꿔준다. 골드는 또한 "이 상황을 어떻게 해결할 수 있을까요?"라는 일반적인 질문 대신 "이 상황을 어떻게 고칠거나 치유할 수 있을까요?"라고 묻는 등 말 한마디를 바꾸는 것만으로도 대화의 에너지가 바뀔 수 있다고 제안한다.[31) "고친다" 또는 "치유한다"라는 말이 모든 사람에게 공감을 불러일으키는 것은 아니므로 항상 권장되는 것은 아니지만, 골드의 제안에 담긴 원칙 즉 우리의 언어가 우리 대화의 수준에 영향을 미친다는 말은 의미가 있다. 본질적으로 기술적인 단어는 대화를 서술적 자아나 방어적 자아 수준으로 제한하지만, 보다 생성적인 단어는 대화에 참여하는 사람들이 진정한 대화에 참여할 수 있는 가능성을 열어주고 선함, 관대함, 은혜에 접근할 수 있도록 심층적 자아를 끌어들일 수 있게 해준다.

자아와 갈등의 전환

이 책은 자아의 구조가 갈등의 전환에 대해 우리에게 뭔가 할 말이 있다는 것과, 우리의 사람됨이 얼마나 자주 갈등을 경험하는지 그리고 불가피하게 갈등이 발생할 때 무엇을 해야 하는지 결정하는 방식을 생각해 보도록 제안한다. 자아의 여러 층위와의 관계를 얼마나 잘 탐색하느냐가 갈등 경험에 깊은 영향을 미치는 것으로 보인다.

선재(先在)하는 하나됨

갈등을 겪고 있는 사람들과 우리 자신이 하나라는 것을 상상하기란 쉽지 않다. 그러나 이것이 바로 우리의 자아 이미지가 제안하는 주장이

---

31) Lois Gold, "Mediation and the Culture of Healing," in *Bringing Peace in the Room: How the Personal Qualities of the Mediator Impact the Process of Conflict Resolution*, ed. Daniel Bowling and David Hoffman(San Francisco: Jossy-Bass, 2003), 183-201.

다. 심층적 자아 수준에서 우리는 상대방과 공통의 정체성을 공유한다. 타자의 중심은 곧 우리의 중심이기도 하다. 이 말은 잠시나마 곰곰이 생각해 볼 가치가 있다. 우리는 정말 다른 사람, 특히 우리에게 해를 끼친 사람과 하나가 될 수 있을까? 이 질문은 우리 삶의 작은 갈등이 있을 때 쉽게 상상할 수 있다. 큰 갈등이 있을 경우, 이것은 대담하고 어려운 주장이지만, 여전히 우리가 발전시켜 온 인격 은유의 핵심 원칙이다. 이러한 주장으로 우리가 하려는 것은 무엇일까? 우리의 갈등은 일반적으로 방어적이고 거짓된 자아의 수준, 즉 우리가 서로 분열되어 있는 위치에서 발생한다는 점을 기억할 필요가 있다. 이와는 대조적으로, 우리의 하나됨은 우리의 마음, 즉 심층적 자아의 수준에 존재한다. 함축적으로 이 수준에서 우리의 하나됨은 **우리의 차이가 선재하는 하나됨의 배경에서 발생한다는 것을 의미한다.**

이야기를 더 진행하기 전에 주의할 점 하나를 더 언급할 필요가 있다. 우리가 하나됨의 맥락에서 서로 다름을 인정한다고 해서 서로의 경계를 없애야 한다는 의미는 아니라는 점이다. 또한 화해가 항상 가능할 것이라는 의미도 아니다. 이러한 주제들에 대해서는 나중에 더 자세히 이야기하겠지만, 지금 여기에서 말하려는 중요한 것은 심층적 자아 수준에서는 하나가 될 수 있다고 할지라도 우리가 다른 사람과의 관계를 지속할지는 또 다른 분별의 문제라는 점이다.

우리의 차이가 선재하는 하나됨의 풍경에서 생겨난다고 주장하는 것은 먼저 우리 몸을 통과하는 호흡이 상대방의 몸을 통과하는 호흡과 동일하다는 것을 기억하는 것이다. 다른 사람도 또한 심층적 자아의 흔적, 즉, 그 사람을 존재하게 하는 성스러운 흔적을 지니고 있다. 이러한 알아차림이 있을 때, 우리는 잠시나마 타자의 눈으로 세상을 볼 수 있게 된다. 우리 안에 여명이 터오는 순간이다. 아마도 처음으로 상대방이 살아온 그 사람의 그릇에 대해 감사하는 순간이다. 우리는 서로의 연약함, 신체의 한계, 필요, 그리고 각 사람을 구성하는 독특한 성격을 인식하게 된다. 이때 은혜의 씨앗이 우리 마음에 떨어져 뿌리를 내리게 된다. 이제 상대방의 서술적 자아에 대한 우리의 판단이 사라지게 된다.

상대방의 그릇에 대해 판단이 사라지면, 우리는 우리의 비전을 상대방의 방어적 자아를 향해 펼친다. 우리 안에 새로운 연민의 능력이 출현한다. 우리 자신이 집착과 자신의 방어적 자아에 자주 빠지는 것을 인식하는 것처럼, 우리는 상대방의 집착이 어떻게 상대방의 방어적 자아에 빠지게 했는지 알게 된다. 우리 모두는 우리의 서술적 자아에 집착하는 함정에 빠져왔다. 그리고 우리 모두는 방어적 자아의 칼 위로 종종 고통스러우리만큼 넘어져 왔다. 결국, 이점에 있어 우리는 그렇게 특별하지 않다.

우리의 공통된 인간성, 즉 고통을 경험하는 것에 대한 공동의 투쟁과 고통을 만들어내는 공모라는 점에서 우리의 거짓된 방어적 자아 안에도 일종의 하나됨이 존재한다. 우리 각자는 순진무구하지만 동시에 죄가 있다. 불교의 명상가 틱낫한의 시 하나가 이러한 현실을 가장 설득력 있게 보여준다. 시의 제목은 "진정한 이름으로 나를 불러주세요"이다. 다음은 시의 일부이다.

나는 강물 표면에서 허물을 벗고 있는

하루살이입니다.

그리고 나는 하늘에서 날아 내려와

그 하루살이를 잡아먹는 새입니다.

…

나는 대나무 줄기처럼 얇은 다리를 가진

뼈와 피부만 남은 우간다의 아기입니다.

그리고 나는 우간다에 살상 무기를 파는

무기 상인입니다

…

진정한 이름으로 나를 불러주세요.

그래야 내 모든 울음과 웃음을 함께 들을 수 있으니,

그래야 내 기쁨과 고통이 하나임을 볼 수 있으니.

진정한 이름으로 나를 불러주세요.

그래야 내가 깨어날 수 있고

그래야 내 마음의 문이 열린 채 남아있을 수 있으니,

연민의 문이.32)

---

32) Thich Nhat Han, "Call me by My True Names," in *Peace is Every Step: The Path of Mindfulness in Everyday Life* (Bantam Books, 1991), 121-22.

우리는 우리 자신의 상황을 반영하기 위해 일부만 가져온 틱낫한의 시 전체를 다 들여다볼 수도 있다. 그의 시는 갈등을 겪고 있는 사람들, 아마도 세상에서 자신들의 존재와 인생 이야기를 드러내는데 어려움을 겪고 있는 사람들이며, 이러한 갈등으로부터 자유로워지기를 갈망하는 존재가 바로 우리 자신임을 드러낸다. 틱낫한은 그의 시에서 우리의 "진정한 이름들", 즉 해를 끼치는 존재와 해를 당하는 존재로서의 정체성을 깨우치는 것이 우리 마음속에 있는 "연민의 문"을 열어준다고 말한다.[33]

틱낫한의 시는 도발적이다. 정말로 우리는 이러한 현실을 포용할 수 있을까? 우리 사회 구조의 대부분은 무죄라고 부르는 사람과 유죄라고 부르는 사람 사이의 경계를 엄격하게 유지하도록 전제한다. 우리는 누가 선이고 누가 악인지에 대한 구분이 명확해지기를 얼마나 바라는지 잘 모른다. 틱낫한은 아주 고통스럽지만 동시에 희망적인 것이 더 깊고 신비로운 현실이라고 제안한다. 해를 끼친 사람과 우리가 하나라고 주장하는 것은 우리 자신의 기분 전환이나 결백을 확신하기 위해 상대방에 대한 거부를 전략으로 사용할 수 없다는 뜻이다. 이는 우리 각 사람에게 해를 끼친 죄가 있으며, 우리가 받은 해에 대해 항의하는 의미로 주먹을 치켜들 수 있다는 뜻이다. 상대방을 차단하고, 우리와 상대방 사이에 울타리를 치고, 우리가 유죄라고 부르는 사람들을 불구로 만드는 것, 그 어떤 것도 해를 가하려는 자신의 성향으로부터 우리를 보호해 줄 수 없다. 그러나 이 시는 그 반대도 사실이라고 말한다. 우리가 실시간으로 이러한 것을

---

33) 틱 낫 한 의 시 전문을 보려면 https://plumvillage.org/articles/please-call-me-by-my-true-names-song-poem/ 을 방문해 보라.

알든 모르든 상관없이 상대방을 포함한 각 사람의 내면에는 선함과 순진무구함의 집이 생생히 살아있다는 뜻이다.

만약 우리가 실제로 틱낫한의 시와 함께 앉아 시의 의미와 함의에 깊이 침잠한다면, 우리는 타자를 거절할 수 없을 뿐만 아니라, 자신과 타자 안에 선함이 있다는 것을 알게 될 것이다. 살아서 숨을 쉬고 존재한다는 것이 무엇을 의미하는지에 대한 위대한 신비 속에서 근본적이고 신비로운 일치가 우리를 함께 묶어줌을 느낄 것이다. 진실로 우리는 하나다. 하나됨의 힘과 에너지는 가장 작은 풀잎부터 우주의 가장 먼 곳까지 모든 피조물을 하나로 묶어준다. 마치 우리가 모든 생명체 속에서 살아가는 것처럼, 모든 생명체도 우리 안에서 살아간다. 어떤 한 차원에서 보면, 이것은 우리를 위대함과 하나가 되게 하는 장엄한 일이다. 또 다른 차원에서 우리를 고통과 해로움으로 겸손히 하나가 되도록 낮추는 일이다. 전자가 환희를 가져다준다면, 후자는 우리를 연민으로 이끈다.

둘 다를 품는 사고방식(Both-and thinking 양자 통합적 사고)

우리가 심층적 자아와 거기서 발견되는 하나됨을 중심에 둔다면, 우리는 점점 더 유능해지고, 심지어는 둘 다를 품는 사고방식을 이끌어 낼 수 있다. 결국 우리의 인격이 서술적 자아와 심층적 자아 **둘 다** 일치하는 것을 보게 될 것이다. 또한, 우리는 타자와 하나이면서, 타자와 하나가 아니기도 하다. 명상적 전통에서 우리 인간은 하나님과 하나이면서, 동시에 하나님과 하나가 아니다. 이론적이고 기괴하게 들릴 수 있지만, 실제로는 우리가 둘 다를 품는 사고방식에 능숙해지면, 즉 두 가지 정신이 우리 영혼에 자리 잡으면 우리 안에 무언가 변화가 일어난다. 우리의 세계관이 바뀐다. 우리는 삶의 갈등만 아니라 세상의 갈등에서 우리가 순진무구하기도 하고 공범이기도 하다는 것을 알게 된다. 우리 자신이 선하고 상처받은 존재인 것처럼, 상대방도 선하고 상처받은 존재라는 것을 알게 된다. 우리는 경계를 지키기도 하고 동시에 용서하기도 한다. 우리는 상대방을 무조건적으로 긍정하기도 하고, 상대방과의 관계에 한계를 설정하기도 한다. 우리는 자기 연민에 참여하기도 하고 우리가 고통에 기여했다는 것에 대한 책임을 지기도 한다. 상대방이 옳을 수도 있고 틀릴 수도 있는 것처럼 우리도 옳을 수도 있고 틀릴 수도 있다.

이러한 둘 다를 품는 우리의 능력과 사고방식의 원동력 중 하나는, 우리의 마음 공간에 있는 우리의 인격이 결코 위험에 처하지 않는다는 알아차림이다. 이러한 유형의 안전함을 경험할 때, 우리는 수용과 겸손으로 인격의 충만함을 바라볼 수 있으며, 그 위대하면서도 실수하는 양면, 날아갈 듯한 영광과 모래 섞인 흙과 같은 존재의 양면을 모두 인정하는 자유를 얻게 된다.

둘 다를 모두 품는 사고방식은 마음속에 상대방을 위한 공간을 열어 준다. 당신과 어려운 갈등을 겪었던 사람, 심지어는 엄청나게 싫어하게 된 사람을 잠시 떠올려 보라. 그리고, 당신이 당신에게 생명을 부여하는 숨결에 의해 사랑받고 있다는 것을 생각하며, 당신에게도 사랑을 부어주는 숨결에서 나오는 상대방에 대한 사랑에 다가가도록 노력해 보라. **사실 이렇게 하는 것은 쉽지 않다.** 그러나 만약 우리가 공통의 인간성, 하나됨의 가능성을 상상할 수 있다면, 우리가 상대방에게 일어났으면 하는 피해가 근본적으로 우리 자신에게 일어나는 피해라는 것을 인식할 수밖에 없을 것이다. 거꾸로 우리가 상대방에게 주는 사랑이 곧 우리 자신에게 주는 사랑이기도 하다는 말이다.

갈등이 깊어지면 상대방도 사랑받는 존재라는 생각을 품기 힘들다. 만약 우리가 잠시 동안 이러한 알아차림 속에서 살도록, 정말로 우리 자신을 허용한다면, 변화가 일어나기 시작한다. 우리 인격과 상대방의 인격의 가장 깊은 중심은 상대방과 우리 모두를 관통하는 생명의 위대한 숨결이 흐르는 곳이기도 하다. 우리와 마찬가지로 타인도 깊은 사랑을 받고 있으며, 우리와 마찬가지로 타인도 사랑받을 가치가 있다. 이것이 아주 당연해 보이지만 갈등의 시기에는 이러한 현실을 파악하기가 쉽지 않다. 힘든 경험 중에 그러한 하나됨을 주장하는 것은 우리를 불안하게 만든다. 그래서 우리는 "하지만 상처를 입은 것은 나입니다. 내 안에 거하시는 하나님의 집에서 내 집의 거룩함이 보장되어야 하지 않습니까?"라고 항변할 수 있다. 진실은 우리 가정의 거룩함도 보장된다는 것이며, 마찬가지로 우리를 사랑하는 사랑으로 상대방도 사랑받는다는 것도 사실이다. 거기에는 모두를 위한 공간이 있는 것 같다.

정체성의 중심과 갈등의 "위치"

앞서 살펴본 바와 같이, 위험에 처한 자아는 갈등의 발생 및 지속과 높은 상관관계가 있다. 갈등을 전환하기 위해서는 정체성의 중심이 중요하다는 사실을 다시금 기억해야 한다. 특히, 자신을 심층적 자아에 뿌리를 내리게 하여, 자아를 위험에 빠뜨리는 타인에 대한 판단을 더 쉽게 헤쳐 나가도록 하는 것이 좋다.

잠시 제인과 샘의 갈등을 생각해 보자. 많은 여성과 마찬가지로 제인은 신체와 관련된 수치심에 시달리고 있다. 그녀의 친구 샘은 제인의 체형에 대해 언급하는 것을 재미있어한다. 그러던 어느 날, 어떤 특정 상황이 너무 심해져 둘의 우정이 끝내 깨지고 말았다. 샘의 발언으로 인해 제인이 겪은 고통의 책임은 누구에게 있을까? 발언을 하지 말았어야 했던 샘에게 있을까 아니면, 자신의 체형에 대한 혐오를 가졌던 제인에게 있을까? 어떤 의미에서 제인과 샘 모두에게 이 갈등에 대한 책임이 있다. 우선 자신의 발언이 불친절했고 제인을 열등하게 판단한 샘에게 책임이 있다. 그리고 자신의 정체성의 중심을 자신의 체형에 대한 혐오에 두었기 때문에 제인에게도 책임이 있다. 더 나아가 제인의 신체에 대해 언급하는 샘의 성향은 제인과 관련이 있다기보다는 샘의 낮은 자존감자아 애착의 또 다른 형태과 더 관련이 있을 가능성이 높다. 이 점에 있어서도 샘이 잘못하였다.

이제 여러분이 제인이라고 상상해 보자. 샘이 신체에 대해 발언할 때 당신이 경험하는 고통 뒤에 있는 역학은 무엇일까? **만약 고통의 지점과 자아의 중심이 같은 위치에 있다면, 우리는 고통에 반응하려고 할 때 내면에서 이해관계의 충돌을 경험하게 된다.** 이 생각은 단순하지만 매우 중요하다. 다르게 말하자면, 만약 고통의 지점이 어떤 서술적 특징에 관한 것이고 그 서술적 자아가 또한 우리 정체성이 자리하는 중심에 위치해 있다면, 그 상황에서 어떻게 반응해야 할지 명확하게 생각하는 것이 불가능해질 수 있다. 우리는 현명하고 분별력 있는 사람이 되고 싶지만, 우리의 고통과 자아는 너무 단단히 묶여 있어서 이러한 지혜에 쉽게 접근하지 못한다. 이럴 때 우리는 먼저 스스로를 방어해야만 한다. 갈등에 처한 사람들은 때때로 "나는 생각할 시간이 필요해"라고 현명하게 말한다. 우리가 발전시켜 온 은유에 따르면, 생각할 공간을 갖는 것은 우리의 정체성을 마음속의 집으로 돌려보내는 것과 유사하며, 이를 통해 우리의 마음과 상처 사이에 공간을 만들어 우리가 경험한 피해에 어떻게 대응할 것인지, 그리고 피해 사건에 대한 우리 자신의 공모를 어떻게 다룰 것인지에 대해 좀 더 신중하게 고려할 수 있도록 해준다. 심층적 자아에 집중하면 회피가 아니라 분별할 수 있는 공간이 생긴다.

　제인이 심층적 자아에 뿌리를 둔다고 해서 샘의 발언에 대해 꼭 면죄부를 주어야 한다는 의미는 아니다. 그것은 아마도 제인이 샘의 발언을 샘 자신과 연결시켜 이해해야 한다는 것을 분별해야 한다는 의미일 수도 있다. 그것은 또한 제인이 샘과의 관계를 유지하는 것이 더 이상 안전하지 않거나 적절하지 않음을 분별해야 한다는 의미일 수도 있다. 제인은 샘에게 화가 났을 수 있으며, 분노의 윤곽을 파악하고 이 분노를 어떻게 잘 사용할지 마음속으로 정리할 시간이 필요함을 의미할 수 있다. 또한 제인은 그녀의 마음 중심으로부터 위로가 필요하고, 자신에게 주어진 자신의 특성을 혐오하지 않고 있는 그대로 인정할 수 있는 가운데 자신이 소중하고 사랑받고 있다는 것을 알 필요가 있다.

　제인의 결정이 무엇이든, **샘에게 어떻게 반응해야 할 것인가에 대한 제인의 분별은 그녀의 중심이 고통의 장소가 아닌 심층적 자아에 있을 때 더 쉬울 것이다.** 샘에 대한 자신의 반응을 고려할 때조차도, 그녀의 마음 중심으로부터 샘을 긍정적으로 바라볼 수 있는 선함, 관대함, 은혜의 원칙이 있을 때 더 쉽게 접근할 수 있을 것이다. 마음 중심에서 제인은 자신의 사회적 큰 실수들을 포함하여 샘과의 공통된 인간성을 기억한다. 제인은 또한 자신의 가치도 기억한다. 동시에 이러한 충동은 자신의 욕구를 존중하면서도 샘의 인격을 무시하지 않는 가운데 제인에게 명료함과 연민을 갖고 샘을 대하도록 도와준다.

사람들이 만들어내는 피해에 대응을 잘하는 것도 중요하지만, 우리가 심층적 자아에 시간을 할애할 때, 온갖 종류의 아무렇게나 날아오는 돌과 화살들이 더 쉽게 튕겨져 나간다는 사실을 발견하게 해준다. 타인들의 가해 행위는 우리보다 그들이 자신의 **방어적 자아에 대해 더 충실하다는 것**을 말해준다. 우리 자신이 심층적 자아에 기반을 둘 때, 우리의 시야는 더 넓어지고 무엇이 중요한지 아닌지를 분별하는 능력을 증가시켜, 적어도 타인의 행동들에 의해 방해받지 않게 된다. 특히, 타인의 가해 행위에 대해 우리가 방어적 자아로 반응하지 않을 때, 그들이 자신의 **방어적 자아**를 달래기 위해 행하는 가해 행위를 중단하는 경우는 매우 흔하다.

우리가 마음의 중심을 잡는다고 해서 모든 상처가 멈추는 것은 아니다. 살아가면서 어떤 상처는 너무 깊어서 마치 우리를 심층적 자아의 중심에서 강제로 찢어내는 것처럼 느껴질 수 있다. 마음 중심을 되찾으려 노력한다고 할지라도, 반복적으로 우리는 고통과 방어적 자아 속으로 빠져들기도 한다. 이런 일이 발생하면, 우리를 우리 자신과 자아 중심의 생명과 호흡을 회복하기 위해 깊이 사랑하는 영혼을 보살필 필요가 있다.

무의식적 편견, 고통 이야기, 숨겨진 애착

갈등을 전환하는 일은 특히 우리가 씨름하고 있는 문제에 무의식적이든 그렇지 않든 편견, 숨겨진 애착, 트라우마를 포함한 근본적인 아픔의 이야기가 들어 있을 때 더 어렵다. 결국, 위험에 처한 자아 경험은 의식적인 영역보다는 무의식적인 영역에 의해 추동되고 있을 가능성이 높다. 갈등의 원인이 무엇인지 알 수 없거나 부분적으로만 알고 있을 때, 또는 고통이 우리의 이야기에 너무 깊이 내재되어 있어 고통의 이야기 없이 산다는 것이 무엇을 의미하는지 알기 어려울 때, 어떻게 자아에 대한 은유가 우리에게 도움이 될까?

마음 중심으로 돌아가는 여정을 통해 우리의 편견, 고통 이야기, 숨겨진 애착의 많은 부분이 드러날 것이다. 이 치유 작업은 쉽지 않다. 그래서 어떤 사람들은 이 마음의 여정을 거부하기도 한다. 우리의 고통, 우리의 편견, 우리 안에 숨겨진 애착을 풀어내는 일은 어렵다. 또한 이러한 어려운 애착을 정리하는 데 도움이 되는 우리의 감정과 생각 패턴을 놓아주기도 어렵다. 마음 중심은 관대함, 선함, 그리고 은혜의 장소이기 때문에, 우리가 이 중심으로 돌아가면 우리와 주변 사람들 사이에 쐐기를 박아놓은 우리 안의 의식적, 무의식적 편견을 직면하게 될 가능성이 높아진다. 치유를 위해서, 우리는 편견으로 인해 우리가 가담한 피해 공모 행위에 주의를 기울여야 한다. 마찬가지로, 우리는 우리를 방어적 자아에 갇혀 있게 하는 과거 및 새로운 고통의 이야기를 직면하게 될 것이다. 집으로 돌아가기 위해서는 기억 속에 축적된 고통의 이야기보다는 우리 내면에 요동치는 사랑의 원천에서 숨을 쉬는 법을 배워야 한다. 시간이 지남에 따라 우리는 고통의 이야기가 더 이상 우리를 규정하지 못한다는 것을 배우게 된다. 대신 사랑이 우리를 정의한다. 우리가 숨을 들이마실 때 사랑이 우리 몸으로 들어온다. 우리가 숨을 내쉬면 기적처럼 사랑이 우리의 숨을 통해 세상으로 퍼져 들어간다. 집으로 돌아가는 여정이 가져다줄 열매는 언제나 깊은 내면의 안식으로 은혜 충만한 겸손이다. 우리의 치유는 갈등을 변화시키는 작업에 있어 매우 중요하다. 이제 우리는 서로의 차이를 더 가볍게 받아들이고, 우리 안에서 일어나는 일에는 더 주의를 기울이되, 자아에 대한 집착에는 덜 쉽게 낚이고, 우리 자신의 공모에 대해서는 더 많이 책임질 준비를 한다. 이제 우리는 상대방에게 더 많이 집중할 수 있고, 연민에 더 가까이 다가갈 수 있다. 어떤 의미에서 우리는 길을 **벗어나기** 위해 길 **안에** 머물러 있어야 한다. 다르게 말하면, 나와 다른 사람들과 공감하고 잘 소통하기 위해, 그리고 우리 삶의 다양한 사람들에게 진정으로 존재하기 위해, 우리는 우리의 편견과 판단을 알아차리고 주의를 기울여야만 한다.

생각과 감정

마음 중심에 머물러 시간을 보낼 때, 우리는 감정과 사고 패턴을 보다 중립적인 관계로 발전시키는 법을 배우게 된다. 우리는 우리의 감정도 아니고 우리의 생각도 아니다. 여전히, 우리의 마음 중심은 우리의 충만한 감정을 느끼고, 생각이나 감정의 노예가 되지 않으면서 생각의 먼 곳까지 탐험할 수 있게 해줄 만큼 크다. 기쁨, 슬픔, 비통함은 우리의 삶의 기억 저장소를 정리할 때 마주하는 감정들이다. 일어난 일이나 혹은 일어낳어야 할 일에 대한 생각들 역시 우리의 경험을 되돌아볼 때 그 힘을 발휘할 것이다. 마음 중심에 뿌리를 내리는 가운데, 우리는 생각과 감정에 집중해야 하지만, 여전히 그것들은 단지 생각과 감정에 불과하다는 것을 기억해야 한다. 도구나 물건처럼 우리는 생각과 감정을 집어 들었다가 다시 내려놓을 수 있다. 우리는 자신의 감정을 알아차리고, 그 감정이 제공하는 정보를 우리가 관여하는 치유의 작업을 이해하는 지점으로써 도움을 받을 수 있다. 가장 중요하게 기억해야 할 것은 우리의 감정과 생각이 우리 자아의 중심이 아니라는 사실이다. 우리의 마음이 자아의 중심이다.

우리의 생각과 감정이 우리 삶의 갈등, 방어적 자아, 자아 애착, 수치심을 드러내고 표현하는 수단이라는 점을 고려할 때, 우리의 생각과 감정을 보다 중립적이고 근거 있는 관계로 발전시키는 것은 지속적인 갈등 전환 작업에 있어 매우 중요하다. 우리의 감정과 우리의 생각은 그 자체로 문제가 되지 않는다. 반대로, 우리 마음 중심에 깊이 현존하는 것이 모든 감정과 생각을 환영하며, 감정과 생각에 얽매이지 않고 이들을 소화하여 내려놓는 것을 가능하게 한다.

심층적 자아에 대한 충실과 서술적이고 신체적인 세계

앞서 언급했듯이, 우리가 마음 공간에 집중할 때 우리는 우리 삶의 더 큰 원천과 하나가 되는 우리 자신을 발견하게 된다. 이는 우리가 자신의 눈이 아닌 다른 눈으로 세상을 보기 시작한다는 의미다. 이제 우리는 자신과 타인 모두의 삶에 숨을 불어넣어주는 신적인 에너지라는 눈을 통해 세상과 타인을 보게 된다. 정의에 따르면, 심층적 에너지에 대한 충실성

fidelity은 자신과 타인을 모두 포함하는 서술적이며, 신체적인 세계에 대한 충실성이 되어 간다. 함축해서 말하자면, 이러한 방식으로 세상을 경험한다는 것은 우리가 심층적 자아에 가깝게 다가갈수록, 갈등 관계에 있는 사람을 포함한 타자의 고통을 느낄 가능성이 점점 높아진다는 것을 의미한다. 이는 우리 자신의 고통을 경험할 때에도 마찬가지다.

작은 갈등에 있어서, 상대방의 고통을 느끼는 것은 특별히 어렵지 않다. 특히 우리 인격에 해가 된다고 느껴지는 갈등에 대해서는, 거의 불공평하다고 느낄 수 있다. 상대방에 대한 부정적 감정을 갖는데서 자기 정당성을 느끼고, 상대방의 고통보다는 자신의 고통에 집중하는 것이 훨씬 쉽다. 실제로 우리의 치유 여정에는 상대방보다는 자신에게 집중하는 중요한 시기가 포함되어 있다. 그럼에도 불구하고, 시간이 지남에 따라, 심층적 자아에 대한 충실성은 항상 자신의 신성한 평화의 장소로 우리를 불러들일 것인데, 비록 우리와 갈등을 겪은 상대라 할지라도 할 수 없이 그 사람의 고통을 듣고 바라보도록 안내한다. 이것이 바로 우리가 말하는 연민의 시작이다.

선함, 관대함, 은혜에 접근하기

갈등 전환을 위한 자아 은유의 또 다른 함의는 선함, 관대함, 은혜의 수혜 가능성에 있다. 우리가 갈등을 해결하기 위해 회복적 대화를 서술적 자아라는 곳에 적용하려면, 우리는 차이가 있는 장소에 머물러 있어야 한다. 결국 우리의 서술적 자아는 고유한 존재이기 때문에, 서술적 자아들이 서로 경쟁 관계에 놓여 있을 수 있고, 공통점을 찾는 데 한계가 있을 수 있다. 이는 우리의 기본적인 욕구들을 규명할 때 특히 그렇다. 예를 들어, 어떤 사람의 소속감에 대한 욕구는 다른 사람의 인정 욕구와 상충될 수 있다. 또는 어떤 당사자의 안전에 대한 욕구가 다른 당사자의 자기 결정에 대한 욕구와 충돌할 수도 있다. 심층적 자아를 향한 대화를 시작하면, 우리는 선함과 관대함, 은혜를 우리의 대화에 초대할 수 있다. 이를 통해 우리는 타고난 차이를 보다 중립적으로 바라보고 상대방과 우리 자신을 연민으로 바라볼 수 있게 된다. 그것은 상황에 우리가 지금까지 알고 있던 것보다 더 많은 것이 있을 수 있다는 호기심과 가능성에 우리의 마음을 열어 준다. 또한 우리의 창의성, 가능한 것에 대한 상상력, 이전에는 불가능했던 희망을 볼 수 있는 능력에 대해 우리의 정신을 열어준다. 요컨대, 우리의 마음 중심에 접근하는 것은 전환을 더 쉽게 일어나게 한다.

수년 동안 수많은 내담자가 자신에게 어려움으로 다가오는 동료, 친구 또는 가족에 대해 부정적으로 말하는 성향을 어떻게 하면 멈출 수 있을지 나에게 질문해 왔다. 이는 그냥 대화를 하지 않음으로써 해결하기 쉬운 문제처럼 보이지만, 자신의 가치관에 따라 살기 원하는 착한 사람들이 실천하기는 훨씬 더 어려운 문제다. 언니와의 관계를 개선하고 싶다는 이슈를 가진 한 여성이 코치를 받으러 나를 찾아 왔다. 우리가 대화를 나누던 중, 이 내담자는 자신이 친구들에게 언니에 대한 험담을 자주 나눈다는 사실을 털어놓았다. 또한 더 이상 이런 대화에 참여하지 않으면 친구들과의 우정에 치명적인 영향을 미칠 것 같다고 말했다. 그녀의 우정은 언니에 관한 대화에서 허용한 다툼과 악성 유머가 전제되어 있었다. 이에 대해 나는 "지금까지 해왔던 것처럼 언니에 대한 대화를 계속하세요. 하지만 다음에는 언니에 대해 이야기할 때 자신을 객관화 시킨 후 자신을 지켜보세요. 그런 다음 판단하지 말고 자신의 내면에 어떤 일이 일어나는지 지켜보세요."라고 제안했다. 며칠 후 그 내담자와 전화로 대화를 나누었다. 그녀는 더 이상 언니를 비하하는 대화를 계속할 수 없었다. 자신의 바깥에 서서 언니에 대해 부정적으로 말하는 자신을 지켜보는 행위가 그녀를 일깨워주었기 때문이다.

그날 그 내담자에게 무슨 일이 있었을까? 앞서 언급한 원칙 중 하나는 우리 모두는 누군가로부터 깊이 사랑받는 존재라는 것이다. 상처받은 상황에서도 이것은 사실이다. 내가 만난 내담자는 판단하지 않고 자기 밖에서 자신을 바라볼 때, 자기 안에 친절한 본성이 있다는 사실을 기억할 수 있었다. 어떤 의미에서 그녀는 한순간 자신을 붙들고 있는 연민을 통해 방어적 자아를 내려놓고 심층적 자아로 중심을 되돌릴 수 있었던 것이다. 자기 연민의 실천은 그 내담자를 심층적 자아로 인도하는 은혜의 기반을 만들었고, 거기에부터 더 많은 은혜를 경험할 수 있게 되었다. 나의 내담자에게는 언니와 해결해야 할 실제 사안들이 여전히 남아있다. 하지만 한번 연민으로 자신을 바라볼 수 있게 되자, 그녀는 자신의 핵심 가치에 다시 집중할 수 있었고, 선함, 관대함, 은혜로 언니를 대하는 방법을 더 쉽게 알 수 있게 되었다.

요약

모든 사람이 선함, 관대함, 그리고 은혜에 접근하기 위해 이 자아의 은유를 이해해야 할 필요가 있을까? 간단히 말해 대답은 "아니요"이다.

자아의 구조는 이미지를 사용하여 한 사람이 된다는 것과 서로 관계를 맺는다는 것이 무엇을 의미하는지를 설명하지만, 사람이 된다는 것이 무엇을 의미하는지에 대한 원칙은 이상하지도 않고 접근하기 어렵지도 않다. 실제로 이 모델의 핵심 원칙은 다음과 같이 요약할 수 있다. ⒜ 우리에게는 보이지 않지만 각 사람의 내면 깊숙한 곳에 선함이 자리하고 있다. ⒝ 우리에게 주어진 그릇은 완벽하게 중립적이다. ⒞ 우리모두는 가면, 즉 거짓 자아에 따라 사는 경향이 있으며, 이것이 우리를 곤경에 빠뜨린다. ⒟ 우리 각 사람은 깊이 사랑받는 존재들이다. ⒠ 우리를 사랑하는 힘은 우리 각자에게 깃들어 있는 선함을 낳는 원천이기도 하다. ⒡ 우리는 서로 독특하여 다르지만, 우리는 하나다.

여기에 언급된 원칙이 참이라는 믿음을 갖고 우리가 갈등을 대할 때, 우리는 자신과 상대방의 복잡하지만 충만한 인간성을 이해할 수 있게 된다. 또한 선함, 관대함, 은혜에 대한 우리 자신의 수용 능력을 발견하여, 이러한 자질을 사용할 수 있게 되고 연민에 근거하여 갈등 대화를 진행할 수 있게 된다. 심지어 우리는 모든 면에서 불가능할 것 같은 때에도, 상대방에 대한 무조건적인 긍정적 배려, 즉 사랑을 하는 우리 자신을 발견할 수도 있다. 진실로, 상대방을 향한 이러한 배려는 결코 "논리적"이지 않으며, 그렇기 때문에 그것은 항상 신비로 모습을 드러낸다. 사랑의 제공은 항상 은혜의 경험인데 이는 다른 사람을 향한 사랑은 마치 거울처럼 우리를 비춰주기 때문이다. 배려와 연민의 렌즈를 통해 타자를 바라볼 때, 우리는 자신에 대한 배려와 연민도 발견하게 된다.

3장·자아에 대한 성찰

만약 마음으로 돌아가는 것이 우리에게 새로운 삶을 보장해 준다는 말이 사실이라면, 왜 우리는 집으로 돌아가는 여정에 저항하는 걸까? 수년 동안 나는 수많은 사람들, 친구들, 내담자들과 이야기를 나눴는데, 그들은 자신의 서술적 자아 주변에 쌓아 올린 방어막에서 벗어나고자 할 때, 큰 고통을 느끼고 저항하게 된다고 했다. 결국, 우리는 자기 존재 가치에 문제가 생기는 것을 좋아하지 않지만, 우리의 낮은 자존감 없이는 정체성을 상상할 수 없을 것이다. 다른 한편, 우리는 자화자찬하는 삶의 방식이 관계에 방해가 되는 중독이라는 사실을 인식하지 못할 정도로 긍정적인 자아상을 즐기고 있을지도 모른다.

방어적이고 거짓된 자아의 층을 벗겨내는 방법을 이해하기 위해, 먼저 스웨덴의 전통 이야기를 살펴보자.

사고로 부모를 잃어 무서운 용과 약혼을 해야만하는 아리스라는 어린 공주가 있었습니다. 아리스는 왕과 왕비의 말을 듣고 두려움에 떨게 되었습니다. 하지만 재치를 되찾은 그녀는 시장 밖에서 열

두 명의 자녀와 스물아홉 명의 손자를 키우고, 용과 인간의 길을 알고 있는 지혜로운 여인을 찾아 나섭니다.

이 지혜로운 여인은 아리스에게 용과 결혼해야만 용에게 접근하기 위한 적절한 방법을 찾을 수 있다고 말해 주었습니다. 그런 다음 그녀는 결혼식 밤을 어떻게 보내야 하는지 지침을 알려주었습니다. 특히 공주는 열 개의 아름다운 옷을 하나씩 겹쳐 입으라는 요청을 받았습니다.

결혼식이 열렸습니다. 궁전에서는 잔치가 열렸고, 용이 공주를 자신의 침실로 데려갔습니다. 용이 신부를 향해 다가오자 공주는 그를 막아서며 용에게 마음을 바치기 전에 혼례복을 조심스럽게 벗어야 한다고 알려주었습니다. 그리고 그 역시 지혜로운 여인의 지시에 따라 옷을 제대로 벗어야 한다고 말해주었습니다. 그러자 용은 공주의 말에 기꺼이 동의했습니다.

"내가 옷을 한 겹씩 벗을 때마다 당신도 옷을 한 겹씩 벗어야 해요."

첫 번째 옷을 벗은 공주는 용이 비늘 갑옷의 겉옷을 벗는 모습을 지켜보았습니다. 비록 허물을 벗는 일이 고통스럽지만, 용은 전에도 주기적으로 이런 일을 해왔습니다. 하지만 공주에게는 벗어야 할 또 다른 옷이 있었습니다. 그래서 옷을 벗고 또 다른 옷을 벗어야 했습니다. 옷을 벗을 때마다, 용은 더 깊은 층의 비늘을 깎아내야 했습니다. 다섯 번째 옷을 벗을 때, 용은 고통의 눈물을 흘리기 시작했습니다. 하지만 공주는 계속했습니다.

한 겹 한 겹 옷을 벗을 때마다 용의 피부는 더 부드러워지고 그의 모습도 유연해졌습니다. 그는 점점 더 가벼워져 보였습니다. 공주가 열 번째 옷을 벗자, 용은 용의 마지막 모습에서 벗어나 어린아이처럼 반짝이는 눈을 가진 멋진 왕자의 모습을 드러냈습니다. 오래전 마법에 걸려 용의 모습을 하고 있던 한 남자의 모습이 드러났습니다. 아리스 공주와 새 남편은 열두 자녀와 스물아홉 손자를 둔 지혜로운 여인의 마지막 조언을 이행하기 위해 즐거운 신혼 방으로 들어갔습니다.[34]

이 이야기는 우리가 발전시켜 온 자아에 대한 은유와 매우 잘 어울린다. 벌거벗은 왕자는 우리가 묘사해 온 서술적 자아의 모습과 다르지 않다. 그리고 용이 제거해야 하는 여러 겹의 옷은 우리가 인생을 살아가면서 입어온 방어적 자아의 여러 층과 닮아있다. 하지만 여기에 여전히 두 가지 의문이 남아있다. 왜 방어적 자아라는 옷을 제거하는 것이 그렇게 고통스러운가? 그리고 실제 우리는 어떻게 이러한 옷들을 제거할 수 있을까?

방어적 자아의 층위에 대한 우리의 애착

몇 년 전, 한 내담자가 나에게 자신은 진정으로 가치 있는 내면의 모습을 추구할 수도 없고, 자신의 특성을 중립적으로 바라볼 수도 없다고 했다. 그가 마음으로 가는 길은 너무 많은 비늘을 제거해야만 했기 때문이다. 60년이 넘는 세월 동안 자신의 비늘을 바라보는 것조차도 견디기

---

34) As retold by Jack Kornfield, After the Ecstasy, the Laundry: How the Heart Grow Wise on the Spiritual Path (New York: Bantam Books, 2000), 26-27.

어려운 고통이었기에 그는 무슨 수를 써서라도 이를 적극적으로 회피해왔다. 내담자는 자신의 비늘들이 누려야 할 기쁨을 심각하게 가로막고 있다는 사실을 알고 있었지만, 비늘을 제거하는 것은 그에게 너무 큰 고통이었다. 우리의 방어적 자아와 우리의 에고에 대한 애착이라는 비늘을 제거하는 것은 우리가 죽어야 비로소 죽는다고 표현할 수 있다.35) 결국 우리의 비늘이 우리를 정의해왔다.

제임스 핀리는 "결혼을 앞둔 신랑과 신부가 있다고 상상해 봅시다. 결혼식 일주일 전에 신랑이 신부에게 '당신에게 진작에 말했어야 했는데 미처 하지 못한 말이 있어요. 당신과 결혼하고 싶지만, 사실 나에게는 결혼하면서 데려오고 싶은 여자 친구가 열 명이나 있어요'라고 말합니다. 당연히 신부가 기뻐할 리가 없지요. 그녀는 항의합니다. 그런데 신랑은 상냥하게 이렇게 제안합니다. '좋아요, 그렇다면 일곱 명은 포기할 수 있지만 세 명은 꼭 데려와야 합니다.'"36) 핀리에 따르면, 우리도 이렇게 말하는 신랑과 다르지 않다. 어떤 비늘들은 우리가 포기할 수 있다. 그러나 어떤 비늘들은 우리 삶의 일부가 되어 포기한다는 생각조차 할 수 없다. 그리고 내가 만난 내담자의 경우처럼 아예 보고 싶지 않거나 볼 수 없는 비늘들도 있다. 핀리에 따르면, 우리가 집에 도착하는 것은 좁은 문을 통과하는 것과 같다. 우리가 지고 가는 거짓 자아라는 짐은 좁은 문을 통과하지 못하게 한다. 그래서 우리는 짐을 내려놓을지, 아니면 들고 있는 가

---

35) 이 아이디어에 대해 더 알기 원하면 Cynthia Bourgeault, *Mystical Hope*: *Trusting in the Mercy of God* (Lenham, MD: Cowley Publications: 2001)을 볼 것.

36) James Finley, *Following the Mystics through the Narrow Gate*: *Seeing God in All Things* (Albuquerque: Conference at the Center for Action and Contemplation, 2010).

방의 손잡이를 더욱 꽉 잡을지 어떻게 해야 할지 몰라 문 앞에 서있게 된다.

우리가 들은 이야기 속 왕자는 하루 저녁에 자신의 옷들을 벗을 수 있었지만, 실제로 우리가 옷을 벗는 데는 평생이 걸릴 수 있다. 만약 아리스와 왕자의 이야기가 계속된다면, 왕자가 비늘을 벗은 밤 이후에도 며칠, 몇 달 동안 다시 벗었던 비늘을 입어보고 싶은 유혹을 받게 될 것이다. 결국 우리는 비늘에 집착할 수 있다. 비늘은 그냥 단순히 왕자의 몸 위에 입혀지지 않는다. 비늘은 우리가 벌거벗은 모습을 세상에 드러냈을 때 우리 스스로가 부과하거나 경험하는 비판으로부터 우리를 보호하면서 생겨난다. 하지만 여전히 아리스와 왕자의 이야기는 옷을 벗는 여정의 끝에 가야 비로소 기쁨을 보장받는다. 그렇다면 우리는 어떻게 거기에 도달할 수 있을까?

방어적 자아의 층위 제거하기

몇 년 전, 나는 지금까지도 내가 생생하게 기억하는 어떤 꿈을 꾸었다. 내가 그 꿈을 여기에 공유하는 이유는 그 꿈이 우리의 방어적 자아에 대해 그리고 애착을 어떻게 다루어야 하는지에 대해 뭔가 이야기하는 바가 있기 때문이다. 그 꿈은 특이했다.

꿈속의 축구장에서 나는 두 팀이 맞붙는 것을 보았다. 한 팀은 신비주의자들과 성인들로 구성되어 있었다. 그들은 빛을 발하고 있었다. 두 번째 팀은 틀림없는 악마들로 구성되어 있었다. 그들은 흡사 박쥐처럼 보이는 운동복을 입고 있었다. 나는 그 경기에 참여하고 싶었고, 꿈속에서

지만 나는 선택의 지혜를 발휘해서 신비주의자들과 성인들 편에 들어갔다. 내가 막상 경기장에 들어서려고 할 때, 팀원들이 휴식을 위해 막 경기장에서 나오는 모습에 나는 실망스러웠다. 사실 모두가 간식을 먹으러 덕아웃으로 들어가는 중이었다. 반면 악마 팀 쪽의 선수들은 경기장을 가득 메운 채, 경기장을 지키고 있었다. 나는 혼자서 신비주의자들과 성인들이 없는 경기장 한 쪽을 맡게 되었다. 이내 경기가 시작되었다. 나는 악마 팀의 주장을 향해 공을 찼다. 그러나 악마 팀의 주장은 전형적인 모습으로 경기를 시작하기보다 나의 심장 높이로 아주 세게 공을 되돌려 찼다. 이 악마는 분명히 나를 다치게 할 요량이었다. 축구에서는 허용되지 않았지만, 나는 공을 손으로 잡은 채 어떻게 해야 할 지 몰라 망설이고 있었다. 악마 팀의 주장이 나에게 해를 끼치려고 했던 것처럼 공을 차야 할까, 정식으로 공을 차야 할까? 달리 표현하자면 그를 심판해야 할까, 아니면 은혜를 베풀어야 할까? 나는 공을 차지 않기로 했다. 대신 나는 악마 팀 주장에게로 걸어가서 친절하게 공을 그의 손에 넘겨주었다. 평화의 순간이었다. 그리고 나는 잠에서 깨어났다.

　나는 며칠 동안 그 꿈을 곰곰이 생각하며 은혜를 선택하길 잘했다는 생각에 기뻤다. 하지만, 축구를 했던 상대편 악마들의 정체가 무엇인지 깊이 생각해야 했다. 악마들은 누구일까? 대략 3일 정도 고민하고 나서야 '아하'하는 깨달음의 순간이 찾아왔다. 돌이켜보면 아주 분명했다. 그 악마들은 **나의** 악마였다. 그것은 내 성격의 엉뚱한 모습이자, 나에게 도움이 되지 않는 오래된 이야기에 대한 중독이었다.

　모든 사람이 이 용어를 사용하는 것은 아니지만, 우리 각 사람에게는 악마가 있다. 우리의 악마는 우리가 갖고 있는 비늘 층들, 우리의 자아 애착 또는 자아 혐오, 행복에 대한 감정적 프로그램, 또는 단순히 상황이 꼭 그렇게 **되었어야만 한다**는 기대감 등으로 설명할 수 있다. 이는 우리가 붙들고 있는 우리의 오래된 상처와 행동 패턴으로, 우리와 관계를 맺고 있는 사람들에게 해를 끼친다. 그것들은 우리를 판단, 부정적인 혼잣말, 위압적인 행동, 통제 욕구에 빠지게 하는 생각과 정신적인 습관이다. 또한 우리의 악마는 우리의 고통을 반영한다. 우리의 악마는 단순히 우리를 조롱하는 모습으로 구체화되지는 않는다. 대신, 우리의 악마는 실제적인 혹은 상상 속의 고통 때문에 나타나는데, 이 고통은 우리 영혼에 너무 깊이 박혀 있어 우리의 삶을 규정하는 그 뿌리는 알 수 없을지도 모른다. 우리의 악마는 시끄럽고 요란할 수도 있고, 우리의 삶이라는 직물에 날줄과 씨줄로 너무 잘 짜여 있어서 그 영향력을 의식하지 못할 수도 있다. 우리의 악마는 평생 축적된 경험의 집합으로서 우리의 배경 이야기로 나타나며, 새로운 경험을 해석하며 우리 인생의 갈등을 규정하는 데 기여하는 패턴과 이야기가 된다. 우리의 악마는 또한 우리가 겪은 고통의 이야기들이거나 고통의 주제들로 우리 인생 전반에 걸쳐 반복적으로 나타난다.

내가 나의 악마들과 함께 치렀던 축구 경기 이야기를 나누는 이유는 방어적 자아를 치유하는 방법과 방어적 자아의 층위들을 제거하는 방법에 관하여 우리에게 해줄 말이 있다고 믿기 때문이다.

1. 축구 경기든 레슬링 경기든 상관없이, 우리 대부분은 악마와 함께 밤을 보낸 경험이 있을 것이다. 사실 악마와 벌이는 씨름은 악마에 대

한 집착에서 벗어나기 위해 반드시 거쳐야만 하는 단계를 나타낸다. 만약 우리가 방어적 자아를 제대로 다루지 않으면 의식적으로든 무의식적으로든 악마가 우리를 지배하게 된다. 여기서 주의할 점이 있다. 즉 악마와 씨름하는 것은 마음이 약한 사람만 그런 것이 아니라는 점이다. 방어적 자아에 자신을 열어 보이는 사람들에게는 "조심하라!"는 조언을 남기고 싶다. 일단 균열이 생기면, 여러 가지 거짓 자아와 관련된 이야기들이 쏟아져 들어올 수 있기 때문이다. 우리는 삶의 갈등에서 자신이 공모한 것들을 발견하고, 자신의 부끄럽거나 수치스러운 패턴을 관찰하게 되며, 우리가 갖고 있는 편견을 보게 되고, 깬 채로 잠을 자지 못하고 일어나지도 못하는 상태를 경험하게 될 것이다. 우리는 다음과 같이 고백하게 된다. 나는 악마들의 떼를 보았고 그들은 결국 나의 모습이었다.

2. 수치심보다는 은혜로, 폭력보다는 연민으로, 거절보다는 포용력으로 악마에 대응하는 것이 지혜다. 당연히 이것은 우리가 마음 중심에 우리 자신을 두고 있을 때 쉬워진다. 우리는 **방어적 자아의 이야기를 판단 없이, 집착 없이 받아들임으로써** 우리의 악마를 받아들일 수 있다. 그것은 단순히 우리가 판단하지 않고 "아, 악마/방어적 자아야 안녕. 네가 여기에 또 있었구나."라는 식으로 말하는 것이다. 우리의 악마를 받아들인다는 것은 악마를 우리의 것으로 인식하고, 악마가 이유가 있어서 나타났다는 것을 인정하면서, 그들을 정상적으로 대하는 것이다. 아마도 악마는 우리가 세상을 이해하는 데 도움을 주기 위해, 혹은 위험으로부터 우리를 보호하기 위해 발전했을 것이다. 어쩌면 우리는 속임을 당하지 않으려는 욕구에서 신뢰의 부족이라는 느낌을 발전시켰는지도 모른다.

아마도 복잡한 상황에서 살아남기 위해 발전시킨 패턴이 이제는 더 이상 의미가 없을 수도 있다. 어떤 경우이든 우리가 악마를 받아들인다면 그들은 우리를 지배할 힘을 잃게 된다.

3. 우리가 악마들을 받아들이고, 심지어 그들이 우리를 보호하려 했던 방식에 대해 감사를 표현할 때, 우리는 그들에 대한 집착을 내려놓을 수 있다. 우리가 분명히 확신할 수 있는 것은 우리 안에 해방해야 할 악마는 항상 많다는 것이다! 때로는 같은 유형이 다시 나타나기도 하고, 때로는 새로운 형태의 오래된 유형이 나타나기도 한다. 또는 우리가 아직 알지 못했던 새로운 방어적 자아 유형이 나타날 수도 있다. 한 친구가 자신의 영적 지도자인 그레이스 마이어잭 수녀로부터 받은 조언, "성령은 우리가 더 이상 우리들의 패턴들이 필요로 하지 않다는 사실을 깨달을 때까지, 그것들을 반복해서 되돌려 보낸다"는 말을 나에게 여러 번 상기시켜주었다.37)

4. 우리가 악마로부터 해방되었을 때, 자기 연민이 얼마나 소중한지 알게 된다. 이야기 속의 용 왕자처럼, 방어적 자아의 비늘을 벗은 후에야 우리가 경험하게 되는 것은 쾌감보다 취약성일 때가 더 많다. 우리 자신을 온화하게 대하고, 우리의 있는 모습과 민낯을 부드럽게 대하는 것은 아주 중요하다. 우리 안의 방어적 자아 층위들은 종종 갈등에서 우리의 공모를 드러내기 때문에, 이제 수치심과 자기혐오라는 새로운 용의 비늘들을 내세우고 싶은 유혹이 일어난다. 지혜는 우리 모두가 넘어진다는 사실과 저

---

37) 2020년 12월 15일, 폴 게라그티(Paul Geraghty)가 보낸 이메일에서 공유한 내용임.

마다 벗기 위해 노력해야할 용의 비늘을 갖고 있다는 사실을 기억하는 데서 나온다. 용기는 우리가 다시 일어서기를 배우는 동안, 은혜와 연민으로 자신을 붙드는 법을 배우는 것이다.

원형 이야기들과 자아

자아와의 씨름이나 갈등 경험과의 씨름은 현재 우리의 상황에서 새로운 일이 아니다. 실제로 다양한 종교 전통에 내재된 많은 이야기는 한 가지 또는 다른 방식으로 이러한 역학 관계를 탐구한다. 어떤 의미에서 이러한 이야기들과 이야기들이 묘사하는 인물들은 원형들이다. 우리는 이러한 이야기 속에 우리 자신을 위치시키고 이러한 인물들과 동일시함으로써, 그들이 힘들게 얻은 지혜를 우리도 들을 수 있게 된다. 다음의 이야기는 유대-기독교 전통에 속한 야곱과 예수라는 두 인물을 통해 자아의 모델이 어떻게 종파를 가로질러 교차하는지 성찰하고자 한다.38)

---

38) 나는 때때로 자아의 은유 구조의 종교적 뿌리에 대해 질문을 받곤 한다. 이것은 단지 기독교인에게만 효과가 있는 것일까? 불교, 수피교 혹은 다른 종교 전통에서 유래한 것인가? 나는 기독교 전통 안에서 그리고 기독교 전통에 의해 자라났고, 자아의 은유 구조가 그 전통에서 비롯된 것이라고 하지만, 다른 전통의 대화 파트너들은 자아의 은유 구조가 기독교를 넘어선다고 말한다. 의심할 여지 없이 나도 이러한 대화 파트너들로부터 영향을 받았다.
우리의 자아가 우리 안에 하나님의 현존을 포함한다는 생각은 기독교 내의 관상 전통에 머무는 경향이 있다. 기독교 밖의 힌두교, 불교, 무슬림, 유대인 등 모두가 우리의 자아의 여러 층위에 대한 언어를 가지고 있다. 기독교 전통 내에서 많은 기독교 관상 영성가들은 참 자아와 거짓 자아라는 두 가지 자아에 대해 이야기한다. 이와 관련하여 가장 잘 알려진 두 사람은 토마스 머튼과 리처드 로어이며, 베아트리체 브루토, 제임스 핀리, 신시아 부르주 등도 이 모델에 대해 이야기한다. 나는 이러한 저자들의 연구를 긍정하고 그들의 영향을 받았지만, 우리의 자아는 세 가지 층위를 가지고 있다고 생각하는 편이다. 머튼과 로어의 모델을 여기에 제시한 모델과 비교해 보면, 두 모델이 참 자아라고 부르는 것이 심층적 자아에 가장 가깝게 자리한다는 것을 알 수 있다. 거짓 자아에 대한 개념은 서술적 자아와 방어적 자아 모두에 해당한다. 머튼과 로어는 모두 거짓 자아를 발달에 필요한

야곱의 한밤중 씨름

특별히 자아 및 갈등에 대한 우리의 연구에 적합한 인물의 원형은 고대 히브리인 야곱의 이야기에서 찾을 수 있다. 이 이야기의 배경에는 쌍둥이 형제 야곱과 에서의 갈등이 등장한다. 에서가 먼저 태어나고 전통에 따라 장남에게만 주어지는 축복을 받도록 되어 있었다. 차남이라는 지위에 만족하지 못한 동생 야곱은 형 에서의 장자의 권리를 한 번도 아니고 두 번이나 속여 가로챈다. 화가 난 에서가 야곱을 죽이겠다고 협박하자, 야곱은 목숨이 두려워 도망친다. 결국 야곱은 머나먼 곳에 있는 외삼촌 라반과 함께 살게 된다. 그곳에서 오랜 세월을 보내며 야곱과 라반은 서로 속이며 살지만, 야곱은 대가족을 이루며 가축 떼를 기르게 된다. 오랜 세월 끝에 이제 야곱은 다시 고향으로 돌아가고 싶어 한다.

우리는 형 에서를 만나기 직전의 야곱의 이야기를 짧게나마 살펴보고자 한다. 야곱은 긴장한 기색이 역력했다. 그는 선물을 후하게 준비하여 그의 형에게 미리 보냈다. "내가 형을 많이 보고 싶어 했어요."라는 의미를 전하기 위한 선물은 아니었다. 이 선물은 "제발 나를 죽이지 마세

것으로(아이들이 자신의 존재를 서술적 자아로 확장하기 때문에), 그리고 결국에는 거짓된 것으로(심층적 자아가 없는 상태에서 서술적 자아에 충성하면 방어적 자아에 빠지기 때문에) 이야기한다. 자아의 구조는 서술적 자아의 절대적인 수용 가능성을 유지하면서 서술적 자아와 관련된 '거짓 자아'의 언어를 피한다. 이를 통해 서술적 자아를 거짓과 연결시키지 않고 있는 그대로의 자아를 축하할 수 있다. 이를 통해 서술적 자아는 방어적 자아와 연관되어 나쁘고 진정한 자아는 선하다는 잘못된 이분법이나 이원론에 빠지는 것을 피할 수 있다. 또한 자아를 세 가지 층위로 나누면 서술적 자아와 심층적 자아 사이의 일치가 드러나며, 이는 예수님 안에서 계시된 인성과 신성의 일치를 반영한다. 예수님처럼 심층적 자아에 충실하고, 예수님도 그랬던 것처럼 심층적 자아와 서술적 자아 사이의 일치를 존중하는 데 지혜가 있다. 이것이 바로 성육신의 의미, 즉 하나님의 숨결을 몸으로 구체화하고 세상과 더불어 이 숨결을 나누는 것이다.

요."라는 의미를 담고 있었다. 마침내 에서와 만나기 전날 밤, 야곱과 그의 가족에게는 건너야 할 강이 하나 더 남아있었다. 마치 야곱은 아직 준비가 되지 않은 것 같아 보였다. 그는 가족과 전 재산을 강 건너편으로 먼저 떠나보냈다. 하지만 그는 홀로 머물러 있었다. 그날 밤의 일은 다음과 같이 기록되어 있다.

야곱이 뒤에 홀로 남았는데, 어떤 이가 나타나 야곱을 붙잡고 동이 틀 때까지 씨름을 하였다. 그는 도저히 야곱을 이길 수 없다는 것을 알고서, 야곱의 엉덩이뼈를 쳤다. 야곱은 그와 씨름을 하다가 엉덩이뼈를 다쳤다. 그가, "날이 새려고 하니 놓아 달라."고 하였다. 그러나 야곱은 "나에게 축복해 주지 않으면 보내지 않겠다."고 떼를 썼다. 그가 야곱에게 물었다. "너의 이름이 무엇이냐?" 야곱이 대답하였다. "야곱입니다." 그 사람이 말하였다. "네가 하나님과도 겨루어 이겼고, 사람과도 겨루어 이겼으니, 이제 네 이름은 야곱이 아니라 이스라엘이다." 야곱이 말하였다. "당신의 이름이 무엇인지 가르쳐 주십시오." 그러나 그는 "어찌하여 나의 이름을 묻느냐?" 하면서, 그 자리에서 야곱에게 축복하여 주었다. 야곱은 "내가 하나님의 얼굴을 직접 뵙고도, 목숨이 이렇게 붙어 있구나!" 하면서, 그 곳 이름을 브니엘이라고 하였다. 그가 브니엘을 지날 때에, 해가 솟아올라서 그를 비추었다. 그는, 엉덩이뼈가 어긋났으므로, 절뚝거리며 걸었다. 창세기 32:24~31, 새번역

나는 이 이야기 속의 야곱이 죄책감에 사로잡혀 지치고, 두렵고, 파멸 직전에 있었을 것이라 확신한다. 그는 자신이 어떤 사람인지, 형에게 어떤 해를 끼쳤는지 깨닫기 전에는 에서와 마주할 수 없기 때문에 씨름하는 중이었다.

야곱이 밤새 씨름하는 동안 무슨 일이 일어났을까? 고대 문서의 본문을 이해하는 것은 마치 수수께끼를 푸는 것과 같다. 수수께끼를 푸는 열쇠가 있다면, 우리가 볼 수 없었던 의미가 텍스트에서 튀어나올 것이다. 이 이야기의 본문을 이해하는 열쇠는 본문의 시적 구조를 펼쳐봄으로써 기능한다. 이 본문은 A-B-C-D-C-B-A 라는 구조로 되어 있다. 본문의 가장 중요한 부분인 주제 진술은 가운데 D에 위치해 있다.

A1: 사람/상처와 씨름하기

　B1: 나를 축복해 주세요

　　C1: 나에게 당신의 이름을 알려 주세요

　　　D: 내 이름은 야곱입니다

　　C2: 당신은 이스라엘이라 불릴 것이오

　B2: 축복

A2: 하나님/상처 인식

야곱이 요청한 축복이 들어있는 B1부분에서 시작해보자. 야곱이 축복을 요청한 것은 놀랄 일이 아니다. 왜냐하면 그는 이미 두 번이나 형의 축복을 훔쳤고, 그 형을 만나려고 하기 때문이다. 사실 야곱이 지금까지 받았던 모든 축복은 그가 훔친 축복처럼 보인다. 그러나 이제 야곱은 인생에서 처음으로 정직한 축복을 간구하고 있는 것 같아 보인다. 그러나 씨름을 하는 상대는 야곱의 요청에 선뜻 응하지 않았다. 대신 씨름하는 상대는 야곱에게 이름이 무엇인지 묻는다.C1 이 지점에서 우리는 야곱이 움찔하는 모습을 본다.

야곱의 이야기 전체 중에서 야곱이 자신의 이름이 무엇인지 질문을 받았던 장면은 야곱이 에서의 축복을 가로채기 위해 앞이 보이지 않는 아버지 이삭을 찾아가 에서의 축복을 구할 때 한 번 기록되어 있다. 이삭은 혼란스러운 가운데 야곱의 이름을 물었고, 야곱은 "나는 당신의 장자인 에서입니다."라고 대답했다.창세기 27:19 이제 긴 밤 씨름하는 중에 "너의 이름이 무엇이냐?"라는 동일한 질문이 야곱에게 주어졌다. 이에 야곱은 "내 이름은 야곱입니다"D라고 대답했다. 그것은 진실한 고백이었다.

비록 야곱이 이전에 누군가 한 번도 자신의 이름을 물어본 적이 없었다 할지라도, 지금 이 순간에 자신의 이름을 말하는 것은 어려운 일이었다. 왜냐하면 야곱의 이름은 "속이는 자" 또는 "마음이 비뚤어진 자"라는 뜻이었기 때문이다. 실제로 D 구절에서 야곱의 대답은 "나는 야곱입니다, 나는 사기꾼입니다"라고 읽을 수 있다. 야곱의 고백은 이 이야기의 정점이자 이야기를 기술한 작가의 핵심 진술이기도 하다. 야곱이 자신의 이름을 밝히는 것이 이 이야기의 핵심이다. 또한 그것은 우리 이야기와 야곱의 인생에 전환점이기도 하다.

축복 대신 야곱은 기대하지 않았던 훨씬 더 중요한 것을 받게 된다. 그와 씨름했던 사람이 야곱에게 이스라엘이라는 새 이름을 지어준다.C2

이스라엘이라는 이름은 "위대한 민족의 아버지"라는 뜻이며, 야곱이라는 이름의 의미인 마음이 비뚤어진 것과는 반대로 "곧은"이라는 뜻이기도 하다.[39] 이제 야곱은 새로운 정체성을 갖게 되었다. 마치 씨름한 사람이 야곱에게 "그래, 너는 사기꾼이었지만 이제 더 이상 그런 정체성으로 살 필요가 없다. 내가 새로운 이름, 새로운 정체성을 너에게 줄 것이다."라고 말하는 것 같았다. 결과적으로 씨름하던 사람은 야곱을 축복해 주었다.[D2]

우리 중에 얼마나 많은 사람이 자신을 규정해 온 애착과 방어적 자아에서 벗어날 수 있는 기회로서 새로운 이름을 환영할까? 용의 비늘을 제거하는 일은 길고 힘겨운 씨름으로써 야곱에게도 쉽지 않았을 것이다. 그 일은 우리에게도 쉽지 않다. 야곱은 자신에게 필요한 것이 무엇인지 알았다. 진짜 그에게 필요한 것은 무엇이었을까? 우리가 건너기 두려운 강을 만났을 때, 우리에게 필요한 것은 무엇일까? 강 건너 저편이 의미하는 것은 공포와 희망을 동시에 뜻한다. 공포란 우리의 비늘이 다른 사람과 우리 자신에게 해를 끼친 방식을 의미하며, 희망이란 아마도 우리를 기다리고 있을지 모르는 은혜를 의미한다. 그것은 우리에게 필요한 축복이며, 우리의 인격을 정당화하는 그 무엇이다. 그러나 고백 없는 축복은 또 다른 집착이 될 위험, 즉 가해진 피해의 두려움과 자신의 공모 사실을 직면하지 않으면서, 그 두려움 위에 올라타려는 또 다른 방어적 자아의 성취가 될 위험이 있다. 대신, 씨름하던 사람은 우리에게 더 중요한 것, 즉

---

39) 이 이야기에 관해서는 Shmuel Klitzner, *Wrestling Jacob: Deception, Identity, and Freudian Slips in Genesis* (Ben Yehuda Press, 2006)을 보라.

우리의 진정한 자아를 제공해 준다. 이것이 바로 우리가 추구하는 은총의 선물이다. 이제 새벽이 밝아오면 우리는 두려움 없이 공포의 강을 건너갈 수 있다. 우리의 자아는 위험에 처하지 않게 된다.

그렇다면 야곱은 실제로 누구와 씨름하고 있었던 걸까? 역사를 통해 종교 예술은 씨름하는 사람을 천사로 묘사해 왔다. 하지만 본문이 그렇게 설명하고 있지는 않다. 글A1의 시작 부분에서 본문은 단순히 야곱이 어떤 남자와 씨름하고 있다고 묘사하였다. 그리고 본문 마지막에 가서야 야곱은 자신이 씨름하고 있는 상대가 하나님이라는 것을 알게 된다.A2 나는 야곱이 그날 밤 **자기 자신**과 씨름을 **시작**했다고 믿어왔다.[40] 우리 중 얼마나 많은 사람들이 자신과, 그리고 다른 사람에게 해를 끼친 자신의 공모 사실과 씨름하며 밤을 지새우고 있을까? 나는 여기에 우리가 이 본문에서 발견해야할 위대한 신비가 있다고 믿는다. 씨름하는 가운데 우리는 혼자가 아니라는 것을 발견한다. 형태가 없던 것이 형태를 갖는다. 우리의 씨름과 고군분투를 보신 하나님께서 큰 자비의 행동으로 "내가 너를 혼자 씨름하게 두지 않겠다. 내가 너의 씨름 상대가 될 것이다. 내가 너와 함께 씨름하겠다."라고 말씀하신다.

우리가 A1과 A2에서 보듯이 이제 상처는 본문에 호기심을 더해준다. 야곱이 왜 상처를 입었을까? 내 경험에 따르면, 우리는 밤새 힘거운 씨름을 하면서 아무런 상처를 입지 않을 수는 없다. 상처와 흉터는 흔적을 남기며 우리를 변화시킨다. 모진 싸움과 회한 섞인 고된 노동의 밤을 보내

---

40) Klitzner, 122-42.

고 나면 우리의 걸음걸이는 달라진다. 나는 우리에게 남겨진 상처가 아름다움의 표식이자 지혜로 가는 관문이 될 수 있다고 확신한다. 상처들은 우리가 경험한 힘든 밤의 씨름을 떠올리게 한다. 또한 어둠 속에서 우리에게 주어진 새로운 이름에서 너무 멀리 도망가려 할 때, 일종의 고통과 함께 울리는 경종으로 작용하기도 한다. 이전의 이름에 대한 고백과 새로운 이름을 통해 다시는 옛날의 행동 패턴에 빠지지 않게 함으로써 너무 멀리서 헤매지 말아야 할 것을 상기시켜 준다.

야곱의 이야기를 자아의 구조에 맞추어 봄으로써, 우리는 야곱의 방어적 자아, 거짓 자아의 표현인 "속이는 자"라는 정체성을 관찰할 수 있다. 아마도 그는 동생이라는 자신의 정체성에 애착혹은 반감을 가졌을 수도 있고, 속임수라는 개념 자체를 삶의 패턴으로 받아들였을 수도 있다. 어떤 경우든 야곱은 형을 만나기 위해서만이 아니라 거짓된 자아에 대한 애착을 버려야 한다는 것을 알고 있었다. 그는 **자기 자신에 대한** 애착을 버려야만 진정한 자신에게로 돌아올 수 있었다. 우리의 애착, 특히 잘 훈련된 애착을 놓아버리려면, 우리 자신에게 그리고 때로는 다른 사람들에게 지금 자신이 누구인지를 명확하게 드러내는 작업을 해야 하며, 밤새도록 씨름하고 고백하는 일이 필요하다. 이것은 또한 지금 우리의 존재인 우리 자신을 용서하는 것을 포함한다. 만약 우리가 오랫동안 방어적자아 패턴을 따라 살아왔다면, 그 패턴이 마치 우리 자신인 것처럼 보이는 수치심이 모습을 드러낸다. 죄책감은 야곱에게 **속여 온** 행동을 지적하는 반면, 수치심은 야곱을 사기꾼이라고 규정한다. 야곱은 이러한 결론에 거의 이의를 제기할 수 없다. 그의 이름과 행동 모두가 사실이기 때문이다. 여기서 우리는 방어적 자아의 위대한 거짓말을 발견한다. 모든 증거가 그렇지 않다고 하겠지만, **우리의 방어적 자아는 우리의 정체성이 아니다.** 수치심은 안타깝게도 우리를 방어적 자아에 속박시키는 환상이다. 야곱처럼 우리는 방어적 자아 패턴들의 집합체가 아니다. 야곱의 미래가 정의되지 않았던 것처럼 우리의 "이전 이름"이 우리의 미래를 규정하게 할 필요가 없다.

밤새 씨름을 벌인 다음 날 아침, 야곱은 그 강을 건넌다. 야곱과 에서는 서로 만나, 멋지게 해후한 후, 화해를 경험하고 다시 헤어져 각자의 길을 간다. 두 사람은 다시 만날 것을 약속하지만, 본문에서는 또 다른 만남이 이루어졌는지 여부를 알 수 없다. 실제 본문을 보면 야곱은 곧 형을 다시 만나기로 약속하지만, 형 에서와 멀어지는 길을 택한 것으로 보인다. 야곱이 씨름으로 밤을 보낸 다음에 또다시 속임수에 빠진 것일까? 만약 그렇다면 야곱의 선택을 그리 유별나게 다룰 필요가 없다. 때로는 과거의 고통은 의미 있는 화해 후에도 극복이 안 될 때가 있다. 화해는 여전히 유효하지만, 모든 것을 "되돌릴 수 없는" 상황이 되어, 당사자 간의 관계를 다시 세우는 것이 너무 어려울 수 있다.

히브리어 성경 전체에 걸쳐 어떤 사람의 삶이 변화하는 것을 상징하기 위해 사람들에게 새로운 이름이 부여되는 경우가 반복적으로 나온다. 아브람은 아브라함이 되고, 사래는 사라가 된다. 이러한 모든 상황에서 실제로 한 사람이 새로운 이름을 받으면 그 뒤에 나오는 모든 구절에서는 새로운 이름을 유지한다. 야곱의 경우는 그렇지 않다. 창세기 본문은 야곱과 이스라엘을 다소 번갈아 가며 사용한다. 이는 야곱의 후손들을 부를 때 야곱의 새 이름으로 불리기 때문에, 서로를 명확하게 구분하기 위해서일 수 있다. 그러나 야곱의 이름을 번갈아 가며 사용하는 것은 아마도 야곱이 평생 동안 자신을 방어적 자아에 대한 집착에서 벗어나고자 고군분투했음을 증언하는 것일 수도 있다. 이점에 있어서 야곱은 혼자가 아니다. 결국 이것은 우리의 투쟁이기도 하다.

성육신

기독교 전통에서 자아 및 갈등과 관련하여 우리가 살펴보고자 하는 두 번째 원형적 인물은 특히 기독교의 삼위일체 신학과 관련된 예수라는 사람이다. 이 특별한 주제는 내용이 방대하여 아주 많은 담론을 필요로 하지만, 여기서 우리가 목적하는 바는 예수의 인격이 자아와 갈등에 대해 우리에게 무엇을 말하는지 이해하기 위한 구조만 간략하게 살펴보고자 한다.

먼저 기독교인들이 하나님이라고 부르는 생명을 추동하는 에너지를 정의하는 것으로 시작하고자 한다. 기독교인들은 종종 하나님을 인격적인 존재로 생각하지만, 하나님은 호흡과 영으로도 묘사되기도 한다는 사실을 잊을 때가 있다. 하나님은 형태가 없는 무형의 존재다. 이는 모든 사람에게 숨을 불어넣어 각자에게 주어진 형태에 생기를 불어넣는 무형의 존재다. 몇 년 전 어떤 컨퍼런스에 참석했을 때 연사였던 리처드 로어Richard Rohr가 다른 주제를 언급하는 도중 지나가는 말로 다음과 같이 말한 적이 있다. "하나님은 무형formlessness이고, 예수는 유형form이며, 성령은 변형

transform이다.”[41] 나는 그의 말에 멈춰있느라, 그 후로 로어가 말한 대부분의 내용을 놓쳤다. 기독교 문화의 대부분은 하나님을 유형으로 보지만, 성경의 이야기들은 종종 하나님을 유형이 아닌 무형으로 묘사한다. 히브리 성경은 "하나님을 당신이 통제하고자 하는 형태로 만들지 못하도록 하나님께 이름을 붙이지 말라"고 제안한다. 대신 하나님은 숨, 사랑, 생명을 주시는 분으로 묘사한다. 어떤 경우에 하나님은 아버지라고도 불리며 또 경우에는 어머니라고도 불린다. 실제로 하나님의 에너지에는 인격적인 본성이 있다. 그러나 가장 중요한 증언은 하나님은 명사보다는 동사라는 것이다.[42] 가장 간단히 말하자면, 하나님은 세상 안팎으로 흐르는 생명력이다.

여기에 우리는 삼위일체의 두 번째 위격인 예수를 삽입해 보자. 예수는 육신인 "형태"로 묘사된다. 그는 태어나고, 살고, 죽었다. 예수는 또한 신적인 존재무형이자 인간유형으로 묘사되기도 한다. 어떤 사람들은 예수가 동정녀에게서 태어났다고 묘사하는 마태복음과 누가복음의 탄생 이야기를 기초로 예수가 인간이자 동시에 신적인 존재로 본다. 역사상 동정녀에게서 태어난 것으로 묘사된 인물은 예수만은 아니지만, 기독교 영성에서는 예수와 하나님 사이에 독특하면서도 깊은 관계는 심오하면서도 흥미로운 지점이 있다는 점을 주목해 왔다. 예수는 다른 사람들을 자신에게로 끌어당기는 더 큰 생명의 어떤 힘이 있음을 이해하고 있었다.

---

41) 2017년 2월, 행동과 묵상 센터에서 열린 리빙스쿨 컨퍼런스의 미공개 노트. *Living School Conference, Center for Action and Contemplation*, February 2017.

42) Richard Rohr, "Aliveness," Center for Action and Contemplation, "Dalily Meditations," May 10, 2019, http://cac.org/aliveness-2019-05-10/.

앞서 자아의 구조를 확장된 은유로 설명했지만, 만약 우리가 자아의 은유를 하나님과 예수 사이의 관계에 적용하면 중요한 뭔가가 우리를 위해 드러날 것이다. 우리는 이미 심층적 자아가 각 사람 안에 살아 계신 하나님의 임재, 즉 몸 안으로 들어오는 하나님의 숨결이라는 것을 언급하였다. 또한 우리는 서술적 자아가 각자가 입는 옷과 같으며, 각 사람이 거주하도록 주어진 매우 실제적이고 중립적인 인간 특성과 같다는 점을 언급하였다. 결국 우리는 서술적 자아와 심층적 자아가 서로를 필요로 한다는 것을 관찰해왔다. 심층적 자아인 숨breath은 움직이기 위해 서술적 자아를 필요로 한다. 각 사람이 살고 있는 구체적 그릇으로써 서술적 자아는 생명을 갖기 위해 심층적 자아를 필요로 한다.

만약 우리가 예수 이야기 위에 자아 은유를 얹으면, 피조물형태 안에 살아 있는 하나님의 신비형태 없음의 선구자로서 예수의 이미지가 떠오르게 된다. 심층적 자아가 우리 안에 있는 하나님의 숨결이라는 것이 사실이라면, 그리고 서술적 자아가 우리의 인간적 형태라는 것이 사실이라면, 인간이자 동시에 신으로 묘사되는 예수는 우리의 심층적 자아와 서술적 자아를 하나로 묶는 것이 무엇을 의미하는지 설명하는 안내자가 될 것이다. 예수의 성육신, 즉 예수를 통해 하나님이 세상으로 들어오신 것은 예수의 몸예수의 인성을 통해 흐르는 하나님의 생명 호흡예수의 신성을 충실하게 실천하는 예수에게서 절정을 이룬다.

이는 또한 우리 역시 숨을 들이마시고, 우리를 통해 동일하게 호흡하기를 충실하게 실천하라는 초대이며, 우리 각자가 세상을 향해 이 사랑의 에너지를 구체화하기 위한 초대이기도 하다. 여기서 우리는 삼위일체의 세 번째 위격이신 성령과 변혁의 에너지를 만나게 된다. 성령은 위대한 연금술사로서 무형과 유형이 만나는 곳이면 언제 어디서나 무형과 유형을 역동적인 생명과 숨결로 전환시키는 불꽃의 역할을 한다.

몇 년 전, 당시 11살이었던 나의 아들 토마스를 재우면서 12월 25일에 하나님이 어떻게 예수님으로 이 땅에 오셨는지에 대해 이야기를 들려주었다. 그때 나는 아들에게 하나님이 3월 2일에도 이 땅에 오셨다고 말해주었다. 토마스는 "말도 안 돼요, 그날은 앤야[토마스의 여동생]의 생일이잖아요."라며 응수했다. 그때 나는 토마스에게 하나님은 8월 31일에도 오셨다고 말해주었다. 그는 또 한 번 믿을 수 없다는 듯이 "농담하지 마세요. 그날은 스테판[동생]의 생일이잖아요."라고 반응하였다. 내가 토마스에게 그의 생일인 8월 1일에도 하나님이 오셨다고 말하자, 그는 나를 보며 불만의 신음 소리를 내뱉었다. 나는 아들의 신음에 놀라지 않았다. 하지만 내가 이렇게 이야기한 것은 멋지게 보이려고 한 말이 아니었다. 나는 아들이 내가 생각하는 깊은 신학적 명제에 가까이 다가서기를 바랐다. 아들 또한 내면에 신성한 생명의 숨결을 품고 있기 때문이다.

창세기에는 하나님께서 각 사람에게 숨을 불어넣으셨고, 우리 각 사람을 하나님의 형상대로 만들었으며, 하나님의 호흡이 우리에게 생명을 부여한다고 말한다. 이것이 사실이라면 우리 각자가 태어난 날은 하나님이 이 세상에 오신 것을 축하하는 날이기도 하다. 다르게 말하면, 크리스마스는 매년 예수님 안에서 하나님이 성육신하신 것을 기념하는 날이지만, 어떤 의미에서는 하나님이 우리 각 사람으로 태어난 것을 함께 기념하는 날이기도 하다. 그런 의미에서 우리 또한 하나님의 성육신이라 할 수 있다.

자아의 구조는 각 사람이 부름 받은 온전함을 향한 길, 그리고 서로를 돌보는 길을 예수께서 보여주신다고 제안한다. 그러므로 성경의 이야기는 우리에 관한 이야기이다. 베아트리체 브루토Beatrice Bruteau는 그 의미를 다음과 같이 설명한다.

수태고지 천사가 성령의 능력으로 우리의 공허함에서 신성한 생명을 이끌어낼 것이라고 선포한다는 것이 우리에게 전해졌습니다. … "너는 내가 기뻐하는 자요, 내 사랑하는 자녀다."라는 세례의 음성이 우리에게 들려옵니다. 그리고 만약 우리가 정말로 그 소리를 **듣는다면**, 우리는 그것이 무엇을 의미하는지, 그리고 그 의미가 무엇인지 질문하고 씨름하는 광야로 내몰리게 될 것입니다. 그리고 결국 우리는 태어날 때 예고된 대로 세상의 양식으로 구유에 누워 있다는 것을 알게 될 것입니다.[43]

구유에 누워 세상을 위한 양식이 되신 예수님은 결국 네 이웃을 네 몸과 같이 사랑하라는 두 번째 큰 계명이 반영된 것이다. 누가복음에 나오는 이 구절의 문법적 구조를 보면, 본문은 우리 자신을 **사랑하는 만큼**, 혹은 심지어 우리 자신을 사랑하는 것과 **같은 방식으로** 이웃을 사랑해야 한다고 말하지 않는다. 대신, 우리가 갈등을 겪고 있는 사람이나 집갈등 집단

---

43) Beatrice Bruteau, *Radical Optimism*: *Practical Spirituality in and Uncertain World* (Boulder, CO: Sentient Publications, 2002), 59. 원문 강조임.

을 포함한 이웃들이 **실제** 우리 자신인 것처럼 우리 이웃을 사랑하라고 본문은 가정한다. 이웃을 나 자신처럼 사랑하는 것은 심층적 자아의 수준에서 자신과 타자의 하나됨 때문에 가능하다. 또한, 바로 이 지점에서 하나님과의 일치가 우리를 하나님의 눈으로 세상과 그 고통을 보도록 초대, 어쩌면 강요하기 때문에 그것이 가능해진다. 결국, 이것은 우리가 심층적 자아에 뿌리 내릴 때 가능하며 그러기에 우리는 서술적 자아의 특성에 중독되거나 집학하려는 성향을 버릴 수 있다. 사람을 판단하려는 성향과 우리 자신을 다른 사람과 분리시키는 성향을 잃어버리는 만큼, 우리는 우리가 살도록 주어진 그릇 안에서 인정되고 우리의 첫 표피[서술적 자아]를 포용하는 법, 심지어 기쁘게 포용하는 법을 배워야 한다.[44]

---

44) Beatrice Bruteau, *The Grand Option: Personal Transformation and a New Creation* (Notre Dame, IN: University Notre Dame Press 2001), 140-41.

4장 • 갈등 전환

2020년 초에 나는 『소금, 지방, 산, 열』이라는 요리책을 구입했다.[45] 나는 요리를 좋아하는데 이 책을 정말로 재밌게 읽었다. 이 책은 "내면으로부터의 염장"이라는 한 가지 원칙을 강조했다. 요리 과정 초기에 소금을 넣을 때, 소금은 요리의 재료 깊숙이 스며든다. 이렇게 염장할 때, 음식의 풍미가 더 좋아지고, "겉에서만 소금"을 넣을 때보다 필요한 소금의 양이 줄어든다.

"내면으로부터의 염장"은 갈등을 관리하고 전환하는 그리고 갈등이 있을 때 심층적 자아에 접근하는 아주 훌륭한 이미지다. 만약 외부에서만 소금을 뿌린다면, 즉 내면의 상태를 변화시키지 않은 채 갈등을 변화시키는 기술만 배운다면, 갈등의 순간에 실제로 이러한 기술을 적용하기 어렵고 금방 지쳐버릴 수 있다. 우리가 배운 기술들은 우리의 내면 상태와 일치하지 않으며, 그 결과 기술들은 지속 가능하지 않게 된다. 그것은 마치 뿌리 없는 나무를 키우려고 하는 것과 같다. 물론 우리 모두는 때때

---

45) Samin Nosrat, *Salt, Fat, Acid, Heat: Mastering the Elements of Good Cooking* (New York: Simon and Schuster, 2017).

로 무수히 많은 "잘못된" 방식에 빠져들기도 한다. 그리고 갈등을 올바르게 관리하는 것이 어떤 것인지 알기 어려울 정도로 도전적인 상황도 있으며, 비록 완벽할 정도로 올바르게 한다고 해도 고통의 발생을 피할 수는 없다. 그럼에도 불구하고 실수가 잘못된 방향으로 나아가지 않도록 줄이는 것은 가능하다. 이번 장에서는 갈등 상황을 전환시킬 수 있는 몇 가지 방법을 그려보고자 한다. 몇 가지 실천적 기술이 포함되어 있지만, 각각의 기술은 내면으로부터의 염장을 하는 원리에 기반을 두는 방법, 즉 상대적으로 갈등에 잘 개입할 수 있는 기회를 갖는다는 희망 안에서 내부 조건의 전한을 도모할 것이다.

우리의 내면 상태와 조건 없는 긍정적 배려

2012년에 나는 『U 이론』라는 책을 읽던 중 CEO 윌리엄 오브라이언이 말한 "개입의 성공 여부는 개입자의 내면 상태에 달려있다"[46]라는 인용문을 만났다. 오브라이언의 인용문은 나를 책읽기에서 벗어나 잠시 멈춰 서도록 만들었고, 더 정확하게는 책 읽기를 멈추게 만들었다. 나는 이 인용문을 다시 읽어보았다. 직감적으로 오브라이언의 말이 맞다는 것을 알았지만, 솔직히 나는 이 문장의 진의를 의심하고 있었다. 하지만 이 아이디이를 이치럼 명료하게 표현한 문장은 처음이었다. 물론 개입의 성공이 자신의 내적 조건 그 이상에 관한 것이라 하더라도, 누군가가 프로젝트의 성공을 위해 너무 많은 책임을 지게 되면 이 또한 자신의 내적 조건을 반영하

---

46) C. Otto Scharmer, *Theory U: The Social Technology of Presencing* (San Francisco: Berret-Koehler, 2009), 7.

겠지만, 아이러니하게도 프로젝트의 성공이 제한될 수 있다. 여전히 우리가 갈등을 다룰 때마다 우리 각자는 중재자가 되기도 한다. 그리고 우리 각자에게는 자신의 내면 상태가 중요하다.

몇 년 전, 나는 한 스타트업 회사의 대표와 두 명의 주요 투자자 사이의 분쟁을 중재한 적이 있다. 이 스타트업 회사는 유망하게 시작했지만 9개월 만에 프로젝트가 어려움을 겪고 있는 신호들이 보이기 시작했다. 주요 투자자들은 안내와 지원을 제공하려 했지만, 그럴수록 그들의 지원은 거절당했다. 그 대신 스타트업 대표는 투자자들에게 화를 내고 욕설을 퍼부었다. 결국 프로젝트는 완전히 실패로 돌아갔다. 약 6개월 후, 세 당사자가 나에게 중재를 요청했다. 그들의 목표는 무엇이었을까? 우연히 길에서 만나더라도 다른 편으로 건너갈 필요 없이 서로를 보며 지나칠 수 있게 하는 것이었다. 세 사람 중 누구도 사업을 소생시키길 원하지도 않았고, 그들의 손실을 되찾아 볼 생각도 하지 않았다. 대신에 세 사람은 자신들의 고향인 작은 마을에서 마음 편히 살기를 원했다.

각 당사자와의 면담과 코칭 세션을 가진 후, 우리는 중재를 진행했다. 두 투자자는 매우 훌륭하게 행동했다. 그들의 태도는 정직하고 상냥했다. 그들은 스타트업 리더에게 의심스럽지만 믿음을 주었고, 체면을 살릴 수 있는 여러 가지 방법을 제시했으며, 친절하게 진실을 이야기했다. 그리고 그들이 길에서 만났을 때 굳이 서로를 피하기 위해 다른 편으로 건널 필요 없이 서로를 지나칠 수 있기를 바란다는 희망을 공유했다. 모든 문제는 투자자들이 아니라 스타트업의 대표에게 있었다. 그는 눈을 굴리고, 펜을 내던지고, 발을 구르고, 비꼬는 말을 하고, 일어난 일을 왜

곡했다. 투자자들이 친절하게 대하는 곳에서도 그는 적대적으로 대했고, 투자자들이 친절하게 진실을 이야기한 반면 그는 매몰차게 자신의 진실됨을 주장했다. 세션을 진행하는 동안, 나 또한 스타트업 리더를 판단하는 일에 쉽게 빠질 뻔했다. 하지만 **"개입의 성공 여부는 개입자의 내면 상태에 달려있다"**라는 오브라이언의 말이 내 귓가에 맴돌았다. 만약 내가 스타트업 대표를 판단하는 자리에 앉으면, 투자자들에게도 똑같은 권한을 주어야 한다는 것을 나는 알고 있었다. 마치 나의 질문들이 완벽하게 표현되었다고 하더라도, 판단과 무시라는 내면의 상태가 숨구멍을 통해서라도 새어나오면 스타트업 대표가 자신의 관대함과 은혜의 목소리를 찾기는 더욱 어려워졌을 것이다.

그래서 나는 내면으로부터 소금을 치는, 즉 갈등을 내면으로부터 변화시키는 근본적인 핵심 원칙 중 하나인 **조건 없는 긍정적 배려**에 의지했다. 당신이 괜찮다면, 이를 조건 없는 사랑의 원칙이라고 해도 좋다. 미국의 저명한 심리학자 칼 로저스는 사람들을 판단의 잣대로 바라보면 그들은 돌봄에 저항하고, 그들 사이에 어떤 치료도 이루어질 수 없다고 지적했다. 조건 없는 긍정적인 배려로 사람들을 대하면, 그들은 수용되고 있다고 느끼고, 치유가 시작될 수 있다고 느낀다. 불편함, 불일치, 갈등이 있을 때 다른 사람과의 만남도 마찬가지다. 갈등을 겪고 있는 상대를 조건 없는 긍정적 배려의 눈으로 바라볼 때, 우리는 상대방의 인간성을 볼 수 있는 마음을 열게 되고, 상대방과 변혁적 만남이 일어날 수 있다. 이것이 다른 사람에게 상호책임을 묻거나 진실을 공유할 수 없다는 의미는 **아니지만**, 조건 없는 긍정적 관점의 렌즈를 통해 상호책임으로 초대하거나 진실을 공유할 때 변혁적인 만남의 가능성이 크게 높아진다.

　　스타트업 대표와 두 투자자의 경우, 나는 중재 프로세스를 시작할 때 각 사람이 상호책임을 지겠다고 약속하는 안내지침을 세 사람에게 굳게 주지시킬 필요가 있었다. 투자자들에게 이러한 안내지침은 지키기 쉬운 것이었지만 스타트업 대표에게는 어려운 일이었다. 이야기를 나누는 동안 내 머릿속에서 **나는 이 사람을 무조건 사랑한다. 나는 이 사람을 무조건 배려한다**는 목소리를 흘려보냈다. 그리고 때로는 절망적으로 **하나님! 내가 이 사람을 조건 없이 사랑하게 도와주세요!** 라고 기도했다. 내 머릿속의 목소리가 나의 내면의 상태를 돌보게 하면서, 나는 스타트업 대표와 친절하지만 단호한 태도로 이야기했다. 나는 당사자들이 서로를 최대한 이해할 수 있도록 핵심 사항을 요약했다. 나는 스타트업 대표에게 안내지침을 상기시켜 주었다. 그리고 스타트업 대표와 각 투자자와 개별적으로 이야기할 수 있도록 잠시 휴식을 요청했다. 결국 나는 세션이 끝나기 전에 양측을 모두 집으로 돌려보냈다. 그 모임이 끝난 후 나는 양측 당사자를 개별적으로 코칭하는 시간을 가졌다. 몇 주 후, 두 번째 중재 대화를 위해 다시 만났다. 이제 스타트업 대표는 준비가 되어 있었다. 그는 두 번째 중재 모임에 잘 참여했고 우리가 처음에 각자가 말했던 목표, 즉 길에서 만나면 다른 편으로 건너갈 필요 없이 서로를 보며 지나칠 수 있게 하는 목표를 달성할 수 있었다.

　　내면으로부터 염장을 한다는 것은 조건 없는 긍정적 배려를 훈련하는 것이다. 사실, 리더들에게 내가 던지기 가장 힘든 질문들 중 하나는 "당신은 당신이 이끌고 있는 사람들을 사랑하나요?"라는 질문이다. 나는 교회와 기업 리더 모두에게 문맥에 맞게 언어를 수정해 가며 이 질문을 던진다. 만약 리더가 깊이 성찰하지 않은 채 '예'라고 말하면, '예'라는 말의 깊이를 알기 위해 더 많은 대화를 한다. 만약 리더가 '아니오'라고 하면, 나는 우리가 이끄는 사람들 즉, 우리가 섬기는 사람들에 대한 긍정적인 배려의 부족은 밖으로 새어 나올 것이므로 대화가 필요하다고 말한다. 우리가 만나는 사람들이나 내담자들이 우리가 그들을 판단하고 있다는 사실을 알아채면, "성공적인 개입"을 위한 우리의 능력은 제한될 것이다. 조건 없는 긍정적 배려의 실천이 우리가 사람들에게 상호책임을 물을 수 없다는 뜻은 아니다. 오히려 그것은 우리가 만나는 모든 사람에 대하여 다른 사람이나 자신에게 끼칠 수 있는 피해에 상관없이 인격의 가치에 대한 헌신을 반영한다. 그러나 실제로 이를 실천하는 일은 쉽지 않다. 조건 없는 긍정적 배려는 상대방의 인격을 상대방의 행동과 분리하는 능력에 달려있다. 상대방의 인간성과 우리 자신의 인간성은 우리가 취한 행동과 같지 않다. 우리가 선행을 했다고 해서 좋은 사람이 아니며, 우리가 악행을 했다고 해서 나쁜 사람인 것이 아니다. 우리의 행동이 우리의 고유한 가치나 인간으로서의 고유한 선함을 결정하지 않기 때문이다.

내가 진행하는 어떤 워크숍에서, 둘째 날을 시작할 때 나는 참가자들에게 비록 가장 힘든 경험을 한 사람일 필요는 없더라도 심각한 긴장 관계를 가졌던 사람을 떠올려 보도록 초대한다. 이때 주의할 점은 떠올리는 사람을 "까다로운 사람"이라고 부르지 않는다는 점이다. 그렇게 하면 상대방의 인격을 "까다로운 사람"으로 낙인찍는 것이기 때문에 판단과 방어적 자아에 빠지게 되고, 상대방에게는 수치심의 반응을 불러일으킬 수 있기 때문이다. 대신에 과제의 문구는 상대방을 "당신이 어려움이나 긴장감을 경험한 사람"으로 묘사하도록 초점을 둔다. 일단 대화 참가자들이 상대방을 파악한 후에는 조건 없는 긍정적 배려라는 렌즈를 통해 상대방을 바라보도록 초대한다. 원리적으로 이 과제는 자기 자신을 조건 없는 긍정적 배려의 대상으로 시각화하도록 수정될 수 있을 것이다. 이러한 연습은 대화를 시각화하는 것도, 자신의 불만 목록을 되뇌는 것도, 상대방과의 평화가 어떤 모습일지 상상하는 것도 아니다. 우리는 단지 은혜의 정신으로 상대방을 의식 속에 품고자 할 뿐이다. 몇 분간의 침묵이 지나면 이러한 시각화에서 벗어나, 약간의 이야기를 나눈 뒤, 워크숍 의제로 다시 돌아오게 한다. 나는 이 소소한 시각화 훈련이 세상을 변화시킨다는 것을 제안하고자 함이 아니라, 이 훈련이 조건 없는 긍정적 배려에 대한 우리의 역량을 강화시키고 나아가 서로의 관계를 변화시킨다는 것을 제안하고자 함이다.

각 사람의 내재적 가치와 선함이라는 원칙에는 아주 중요한 함의가 들어있다. 예를 들어, 우리가 상대방이 취한 가해 행동에 대해 상호책임을 질 것을 요청할 때조차도, 우리는 다른 사람의 인격을 조건 없는 긍정적 배려의 시각으로 바라볼 수 있다는 의미다. 이것은 어려운 일이지만, 보다 더 어려운 일은 우리가 취한 해로운 행동에 대한 상호책임을 받아들일 때 우리 자신을 조건 없는 긍정적인 시각으로 바라보는 것이다. 내면으로부터 염장을 하는 식으로 상대방의 인격을 긍정적으로 바라보는 법을 배우는 것은 평생의 여정이다. 결코 한번에 "이뤄낼 수"는 없다. 그러나 우리가 적절히 소금에 절여진다면 그 여정은 훨씬 더 기쁨으로 가득

차게 될 것이다.

갈등 관리를 위한 원칙

열아홉 살 때, 내가 자라났고 살고 있던 도시 위니펙의 중심가로 친구와 함께 영화를 보러갔다. 영화가 끝나고 친구와 나는 집으로 돌아가기 위해 버스를 기다리고 있었다. 버스 정류장에는 열 명 정도의 사람들이 줄을 서 있었다. 나는 줄의 맨 끝에 서 있었다. 그때, 갑자기 반대 길 건너편 골목에서 한 남자가 우리 쪽으로 달려왔다. 그 남자는 원주민이었고, 길을 건너면서 "너희 백인들, 우리 땅을 훔쳐간 놈들"하며 고함을 치기 시작했다. 그 남자는 버스 정류장 줄에 서 있는 맨 앞 사람부터 시작해서 나에게로 향하면서 줄을 서 있는 모든 사람에게 소리를 질렀다. 어떤 사람들은 그 남자에게 등을 돌렸고 어떤 사람들은 맞고함을 질렀다. 열 번째 줄에 서 있던 나에게는 잠시나마 생각할 시간이 있었다. 그 남자가 나게 다가왔을 때 나는 "당신 말이 맞아요. 그리고 죄송합니다."라고 말했다. 그 남자는 모퉁이를 돌아서서 어디론가 사라졌다. 적어도 나는 그렇게 생각했다. 그런데, 약 2분 후 그 남자가 다시 돌아왔다. 이번에 그가 나타난 것은 단지 나를 만나러 온 것이었다. 그는 내 앞에 발을 딛고 서서 내 눈을 바라보았다. 나는 긴장했다. 그때, 그는 내게 아주 부드럽게 "고맙습니다."라는 말을 남기고, 다시 어디론가 가버렸다.

이 짧은 경험은 나를 깜짝 놀라게 했고 나를 깊은 겸손으로 이끌었다. 내가 이 이야기를 여기서 공유하는 이유는 불과 60초 정도밖에 되지 않는 이 짧은 만남 속에 갈등의 본질에 대한 많은 것이 드러나 있기 때문이다.

1. 시간이 약이다. 갈등이 우리를 놀라게 할 때, 우리는 일반적으로 최선을 다하기 힘들다. 나는 서 있던 줄의 가장 마지막 사람이었기 때문에, 몇 초 나마 생각할 시간이 있었다. 이것은 내가 반응하는 데 생각할 충분한 공간을 가져다주었다. 이러한 상황에서 어떻게 대응할지 깊이 생각할 시간을 갖는다는 것은 갈등에 더 잘 대처할 수 있도록 도와준다.

2. 준비가 중요하다. 이 뜻밖의 만남이 발생할 당시 내가 이 남자의 의견에 쉽게 동의할 수 있었던 것은 이미 내가 몇 년 동안 정의, 토지 소유권, 이민과 같은 사회 문제에 대해 오랫동안 생각해 왔기 때문이다. 어떤 의미에서 나는 이 대화를 준비하고 있었다는 뜻이다. 우리가 모든 상황에 대비할 수는 없지만, 우리 삶에서 발생하는 많은 갈등은 반복적으로 나타난다. 우리는 똑같거나 비슷한 사건들을 반복해서 마주친다. 종종 우리는 매번 일어나는 사건을 이전에 대했던 똑같은 방식으로 대하는데, 그 결과는 끔찍할 정도로 비슷하다. 앞으로 발생할 수 있는 갈등을 대비하고 적절한 대응 방식을 준비하는 것은 우리 자신과 타인들 모두에 선물이 된다. 그렇게 준비하면 예상치 못한 상황이 발생하더라도 사려 깊게 대응할 수 있다.

3. 사려 깊은 대응방식들이 경기장을 평평하게 해준다. 갈등을 경험할 때, 우리는 흔히 싸우거나, 도피하거나, 얼어버리는 식으로 반응한다. 통상적으로 싸움, 도피, 얼음으로 알려져 있다. 하지만 사려 깊은 대응은 나와 상대방 사이의 역학 관계를 바꿀 수 있는 잠재력을 갖고 있다. 사려

깊은 반응은 친절하고 정직하다. 결국, 만약 우리가 친절하기만 하면 허용적이 되고, 반면 정직하기만 하면 잔인해진다. 친절하면서 정직하게 대응하면 우리 자신의 인간성과 상대방의 인간성을 모두 지킬 수 있다. 정직함으로써 우리는 우리의 경험을 존중할 수 있고, 친절함으로써 우리는 우리와 갈등 중에 있는 상대방을 존중과 은혜로 여겨야 한다는 사실을 기억할 수 있다. 이 남성과의 만남에서 "당신 말이 맞아요."는 정직한 반응으로 그 남성의 이야기에 담겨 있는 진실을 인정하고 있다. "죄송합니다."는 친절한 반응으로 말하는 사람을 존중하며 대하고 있다.

4. 우리 모두에게는 타인에게 보여지고 들려지고 싶은 욕구가 있다. 우리가 진정성 있게 다른 사람을 바라보고 그들의 목소리를 들을 때, 우리는 한 사람의 인정 욕구를 존중하게 된다. 버스 정류장에서 만난 그 남성과의 대화에서 내가 놀랐던 것은 나도 그 남자에게서 인정받았다는 느낌이었고, 그 결과 우리가 뭔가 주고받은 후에 내가 왠지 모르게 더 인간적으로 느껴졌다는 점이다. 그 남성이 감사의 인사를 하러 돌아왔을 때 나는 존경받는 느낌을 받았다. 그 사람도 나의 반응에 대해 같은 느낌을 받았기를 희망한다. 갈등 중에 우리가 진정성 있게 다른 사람을 바라보고 그들의 목소리를 들을 때, 우리는 그 사람의 인간성을 존중하게 된다. 사실 갈등이 우리의 인간성의 일부를 강탈하지만, 상대방을 바라보고 목소리를 듣는 것은 우리 모두에게 인간성의 일부를 되돌려 주는 것이다.

5. 각 사람은 산을 오르고 있는 중이다. 어렸을 때 한 친구가 나에게 이런 명언을 들려주었다. 각 사람은 지금 산을 오르고 있는 중이니, 만나는 사람마다 은혜를 베풀어라. 비록 원주민에 대한 제도적 불의의 역사

는 매일 오르기에 벅찬 산이지만, 나는 그 사람이 그날 어떤 산을 올랐는지 알지 못하며, 그 순간 그 또한 내가 어떤 산을 오르고 있었는지 알지 못했다. 그럼에도 불구하고 만약 우리가 상대방이 오를 산이 없다고 가정하고 상호작용하기 시작하면, 우리는 그들이 의도했던 것보다 사안들을 더 개인적으로 받아들여, 대응을 할 수 있는 능력을 제한하게 된다. 반대로 상대방이 산을 오르고 있다고 가정한다면, 우리는 이미 은혜로 준비된 정신으로 대화를 시작할 수 있다.

6. 약간의 감정적 거리두기는 도움이 된다. 내가 열여덟 살이 되어 집을 떠나기 전까지 나는 캐나다인임을 느낄 수 없었기 때문에, 원주민의 토지 소유권과 정의 문제를 약간의 감정적 거리를 두고 바라볼 수 있었다. 나의 부모는 성인이 되어 이민을 왔다. 이러한 거리 두기 덕분에 나는 "당신 말이 맞아요. 그리고 죄송합니다."라는 말을 더 쉽게 할 수 있었을지도 모른다. 감정적 거리두기가 없으면, 갈등이 발생했을 때 우리는 쉽게 우리의 인격이 위험에 처하는 모습으로 경험한다. 우리는 방어적이 되어 상대방이 우리에게 전하는 메시지의 진실을 잘 듣지 못하게 된다. 약간의 거리만 두어도, 우리는 설령 갈등에 관여하더라도 상대방의 불만이 우리의 인격을 위협하는 것이 아니라는 점을 기억하면, 더 큰 맥락에서 갈등을 들여다 볼 수 있게 된다.

7. 감정적 거리두기가 너무 멀면 문제가 된다. 감정적 거리가 너무 멀다는 것은 그 어떤 것도 나에게 영향을 미치지 않으며 내가 해결할 책임이 없다는 것을 의미한다. 그것은 또한 상대방의 염려는 내 책임이 아니라고 말한다. 나는 개인적으로 원주민의 땅을 훔치지는 않았지만, 선조

들이 차지한 그 땅에서 매일 혜택을 받고 있다. 갈등 상황에서 우리는 적절한 수준의 정서적 거리뿐만 아니라, 적절한 수준의 정서적 연결을 위한 역량을 키워야만 한다. 이러한 역량이 갖춰지면 우리는 상대방이 토로하는 불만을 들을 수 있고, 그 불만에 대해 우리에게 말하는 사람의 관점에 대해 거부감을 갖지 않고 대응할 수 있게 된다.

8. "예"라고 대답할 수 있는 표현을 찾아보라. 몇 년 전, 미국으로 국경을 넘던 중, 내가 하는 업무 유형을 잘 아는 국경수비대가 심술궂은 동료라든가 화난 여행객의 화를 누그러뜨릴 수 있는 지혜 한 가지를 알려달라고 요청했다. 나는 그에게 "예라고 대답할 수 있는 문장"을 찾아 사용해 보라고 권유했다. 예라고 대답할 수 있는 문장은 상대방의 관심사와 염려에 대해 우리가 쉽게 "예"라고 말할 수 있는 생각이나 감정을 담은 문장을 말한다. 내가 원주민 남성과 대화한 경우, 그의 불만은 옳았고 지금도 여전히 옳다. 백인들이 원주민의 땅을 훔쳐갔다는 것이다. 버스 정류장에 있던 사람들이 원주민의 땅을 물리적으로 빼앗았을 가능성은 낮지만, 원주민이 백인들이 취한 손실로 계속 고통을 받고 있는 반면 백인들은 계속 이익을 얻고 있다는 것은 사실이다. 예라고 대답할 수 있는 문장은 상대방의 이야기 속의 진실을 존중한다. 예라고 대답할 수 있는 문장은 우리가 동의하는 사실에 관한 것일 수도 있고, 상대방의 느낌과 감정에 관한 것일 수도 있다. 달리 말하자면, "나는 당신이 X라고 표현한 당신의 의견에 동의합니다."라고 말할 수는 없지만 "이것이 당신에게 큰 영향을 미쳤다는 것을 알 수 있습니다."라고 말할 수 있을 것이다. 나의 경험에 비추어 볼 때, 예라고 대답할 수 있는 문장을 사용하는 것은 갈등을

누그러뜨리는 가장 빠른 방법 중 하나이다. 또한, 예라고 대답할 수 있는 문장은 그것이 무엇이든 상대방이 공유한 내용의 진실을 경청하고 존중하겠다는 우리의 헌신을 소통함으로써 상대방에게 존엄성을 부여하는 매우 실질적인 방법이기도 하다.

9. 각 사람이 갖고 있는 지혜의 씨앗을 존중하라. 일을 하면서 나는 아무리 까다로운 갈등 당사자라도 내가 그들로부터 얼마나 많은 것을 배울 수 있는지 끊임없이 놀란다. 내가 각 사람의 관점에는 진실의 씨앗이 담겨 있다는 가정에서 출발할 때, 나는 다르게 듣고 경청하게 된다. 내가 이러한 지혜를 놓치지 않고 들을 때, 진리가 나에게 모습을 드러낸다.

10. 조건 없는 긍정적 배려를 실천하라. 그날 저녁 버스 정류장에서 "조건 없는 긍정적 배려"라는 표현은 없었지만, 나는 상대방의 온전한 인간성을 보려는 노력이 서로 간에 존재하는 차이를 의미 있게 탐구할 수 있도록 강력한 토대를 만들어 주었다고 확신한다.

용서

나는 20년 넘게 용서에 대해 가르치고 있다. 이 기간 동안 나는 일반적으로 받아들여지고 있는 용서에 대한 정의가 점차 변해가는 모습을 보고 있다. 이전에는 적어도 일부 워크숍 참가자들은 용서를 다른 사람에게 베푸는 어떤 것으로 여겼다. 용서는 "괜찮습니다"라고 말하는 것과 같았으며 화해, 즉 자신과 상대방을 서로 회복시키는 것과 밀접한 관련이 있었다. 그러나 현재 거의 모든 워크숍 참가자들은 용서를 무엇보다도 우리 자신에게 주는 어떤 것으로 여긴다. 용서는 어떤 사건또는 일련의 사건들이 우리를 지배하고 있는 힘에서 벗어나게 하는 것이다. 용서는 "내려놓음"의 한 형태이지만, 내려놓는다는 것만으로는 다 표현할 수 없는 중요한 무게를 갖고 있다. 용서는 묵직하며 심지어 신성한 행위이다.

용서를 통해 우리는 많은 것들에 대한 집착과 혐오를 내려놓는다. 원래의 사건, 원래의 사건에 대한 기억이 우리를 노예로 만들고 계속해서 고통을 주는 방식, 보복에 대한 욕망, 일어난 일을 설명하는 데 도움이 되는 불만 이야기, 이 사건이 우리 삶에 만든 고통, 갈등이 우리 정체성의 원천이 된 방식, 복잡성, 죄책감, 수치심, 우리 자신에게 미안하다고 느낄 권리 등 많은 것에 대한 집착과 혐오 등등. 극단적인 피해를 입은 경우, 용서는 심지어 완벽한 정의 또는 치유된 최종 결과에 대한 집착을 버리라고 요청하기도 한다. 이러한 경우, 회복적이든 아니든 어떤 정의로운 행동도 피해를 완전히 회복할 수는 없다. 용서는 그 자체가 수수께끼처럼 우리에게 다가온다. 우리가 다시금 우리 자신을 발견하는 것은 바로 내려놓는 데서 이루어진다. 견고한 기반을 찾을 수 있는 것도 바로 내려놓는 데서 이루어진다. 하나씩 하나씩 우리의 집착을 내려놓다 보면, 방어적 자아가 마음으로 돌아가는 길을 발견하게 되고, 온전하고 든든한 인격을 다시 한 번 경험하게 된다.

용서의 여정을 걸어온 사람들은 마치 산 자의 땅으로 돌아간 것처럼 자유로워지고 자기 자신을 되찾은 느낌을 받았다고 말한다. 어떤 사람들은 영적인 경험을 묘사하며 빛이 폭포수처럼 쏟아지는 느낌과, 생명을 주신 하나님에 대한 사랑에 사로잡히는 느낌을 받았다고 말한다. 이러한 순간에 용서는 하나됨과 화합의 경험이 된다. 물론 용서가 이러한 것과 전혀 다를 때도 있다. 때때로 용서는 영적인 경험이라기보다는 단순히 힘든 노력이며 이성적인 헌신에 가깝다. 이런 경우, 용서는 삶의 고통에 대한 집착에서 벗어나기 위한 매일, 어쩌면 매시간의 노력처럼 느껴진다.

용서의 여정이 유쾌한 것이든, 지난한 발걸음이든, 아니면 그냥 힘든 일이든, 용서의 경험은 우리에게 흥미로운 퍼즐과 같다. 용서는 자아를 위한 것이지만, 심층적 자아로 들어가게 한다는 면에서 용서는 타자에 대한 것이기도 하다. 결국 심층적 자아는 자신과 다른 사람이 하나가 되는 곳이기도 하다. 따라서 우리가 자신의 정신 건강과 안녕을 위해서라도 애착을 용서하고 놓아줄 때 심층적 자아로 돌아가게 되는데, 이때 우리는 낯선 경험의 한가운데에 있는 자신을 발견하게 된다. 심층적 자아의 집에서 우리는 타자의 존재를 마주하게 된다. 우리 자신의 안녕을 위해 용서를 추구했을지 모르지만, 이제 우리는 다른 사람의 현실에 직면하게 된다. 우리는 아마도 멈춰 서게 될 수도 있다. 비틀거릴 수도 있다. 이 사람과 같은 공간에 있는 것을 어떻게 견딜 수 있을까? 이 사람이 심층적 자아, 즉 자아와 타자가 하나가 되고 신성한 에너지가 깃든 마음의 중심을 가질 가치가 있는 사람인가?

그래서 우리는 포기해야 할 또 다른 집착, 즉 심층적 자아의 공간이 우리만의 공간이 되기를 바라거나 최소한 그 공간이 우리와 우리가 사랑하는 사람들만을 위해 남겨지기를 바라는 욕망에 직면하게 된다. 용서는 우리에게 너무나 많은 것을 요구한다. 이 욕망마저 내려놓으라고 요구할 수 있을까? 만약 우리가 이 욕망마저 내려놓으면, 두 번째 용서의 표현 즉 연민의 눈으로 상대를 바라보게 하는 용서의 표현이 우리 안에서 일어나게 될 것이다. 우리가 심층적 자아의 중심과 그것이 만들어내는 거룩한 공간으로 깊숙이 들어갈 때, 우리는 일종의 자유를 발견하게 될 것이다. 그렇게 우리는 더 이상 상대방의 상처받은 모습, 집착, 거짓 자아에 얽매이지 않게 될 것이다. 우리는 판단이나 두려움 없이 다른 사람을 대하게 될 것이다. 비록 실제로 그것을 볼 수 없더라도, 우리는 상대방의 심층적 자아에 초점을 맞출 수 있게 된다. 고통스럽고 깨어진 관계라는 맥락 속에서조차도, 나 자신과 다른 사람을 하나로 묶어주는 하나됨을 알아차리게 되면 낯선 느낌을 받게 된다. 심층적 자아라는 공통점에 뿌리를 내리면서 우리는 서로의 온전한 자아를 보기 시작한다. 우리는 자신과 타인을 각각 선하기도 하고 선하지 않기도 한 존재로 바라보게 될 것이다. 왜냐하면 그 누구도 상대보다 우위에 있지 않은 존재로 여기며, 인생 여정에서 서로에게 피해를 끼치기도 했고, 피해를 입기도 한 존재로 바라볼 수 있기 때문이다. 우리는 상처 입은 존재임을 바라봄과 동시에 아름다운 존재라는 것도 보기 때문이다. 요컨대, 우리는 서로가 공유하고 함께하는 충만한 인간성을 이해하게 된다는 의미다.

　우리가 공유하는 인간성은 자연스럽게 세 번째 용서의 표현으로 연결되는데, 이는 어떤 형태로든 상대방에게 은혜의 손길을 내미는 것으로 이어신다. 어떤 사람들은 세 빈째 용서의 표헌이 상대방에게 면지부를 주는 것이 아니냐고 걱정한다. 그러나 사실 용서는 피해를 입혔다는 사실을 확인해주기 때문에 그 반대다. 그렇지 않다면 용서한다는 것은 아무 것도 아니기 때문이다 은혜의 손길을 내미는 것은 단순히 상대방이 잘되기를 바라는 것일 수도 있지만, 그것은 또한 상대방에 대한 배려와 연민의 표현일 수도 있기 때문이다. 어떤 경우에는 이 용서의 단계가 화해로 가는 문을 열어주기도 하고, 정서적 또는 신체적 안전의 근거를 마련해 주기도 한다. 여기에는 상대방과 경계를 유지하되 조롱하지도 않고, 불친절하지도 않은 태도를 취하는 것도 포함된다.

몇 년 전, 한 친구가 용서 운동을 시작했다. 그녀는 자신이 용서하고 싶은 모든 사람 이름을 목록으로 작성하여 몇 주에 걸쳐 각 사람을 적극적으로 용서했다. 그녀는 마음속으로 용서해야 할 사람을 한 사람씩 불렀다. 그런 다음 그녀는 "당신이 나에게 피해를 끼친 것을 용서합니다. 내가 당신에게 피해를 끼친 것에 대해 용서를 구합니다. 나는 우리가 얽매여 있는 동일한 고통의 이야기에서 나 자신과 당신을 사면합니다." 어떤 사람들에게는 위의 문장을 한 번 언급하는 것만으로도 충분했다. 또 어떤 사람들에게는 내 친구가 제안한 이 문장을 며칠이고 반복해야 했다. 또 어떤 경우에는 내 친구가 직접 만나 용서를 구하고 사과를 전해야 할 필요가 있는 경우도 있었다. 대부분의 경우 내 친구는 그가 제안한 용서를 "받아들여졌다"고 느꼈지만, 그가 제안한 용서나 사과를 받아들이지 않은 사람도 한 명 있었다고 느꼈다. 내 친구는 당황했다. 친구와 대화를 나누면서, 나는 우리 인간관계에서 고백과 용서의 선물이 온전히 받아들여지지 않고, 우리와 다른 사람 사이의 공간을 가로지르는 다리 한가운데 놓여있게 될 때가 있다는 것에 동의했다. 우리는 상대방이 선물을 받을 때까지 기다릴 수 있어야 한다. 만약 상대방이 다가오지 않으면, 우리는 선물을 다리 위에 두고 일상으로 돌아갈 수 있어야 한다. 만약 준비가 되면, 그때 상대방이 다리로 선물을 찾으러 올 것이기 때문이다.

우리 자신에 대한 비폭력 무저항

몇 년 전 친구와 함께 스페인의 카미노 길을 따라 언덕길을 걸으며 용서라는 어려운 주제로 대화를 나눈 적이 있다. 친구는 나에게 "너라면 어떻게 깊은 상처를 준 사람을 용서하겠니? 특히 상대가 자신이 저지른 가해행위에 대해 아무런 책임도 지지 않을 때 어떻게 용서할 수 있겠니?"라는 질문을 던졌다. 우리가 이야기를 나누는 동안, 친구는 "좋아, 우선 너 자신을 보호하기 위해서 너와 상대방 사이에 분명한 경계를 그어야 할 때 너는 어떻게 그 사람을 용서할 수 있겠니? 그런 상황에서도 용서가 가능하다고 생각하니?"라는 질문을 더했고, 우리의 토론은 훨씬 더 복잡해졌다. 이 딜레마를 구체화하기 위해, 나와 친구는 오빠에게 심각한 피해를 입은 여동생, 가족에게 공개적으로 비방을 당한 친구, "능지처참"한 고통을 당한 내담자 등 우리가 모두 알고 있는 아주 복잡한 용서에 대한 이야기를 교환했다. 우리가 나눈 각각의 이야기에서 용서의 문제로 씨름하는 사람들은 확고한 바운더리가 없는 상황에서 상대방에게 피해를 입을 위험이 계속되는 상황에 직면해 있다. 오빠에게 더는 찾아오지 말라고 말해야 하는 것과 같이, 어떻게 하면 확고한 바운더리를 유지하면서 상대방을 용서할 수 있을까?

나와 친구가 이야기를 나눈 이러한 상황 속에서, 용서의 문제로 씨름하는 사람들은 가해자를 혐오하는 것으로 인한 죄책감과, 용서할 수 없다는 수치심과도 씨름해야 했다. 그들은 도달할 수 없는 "좋은" 사람에 대한 이미지, 즉 도달할 수 없는 목표임에도 불구하고, 주변 사람들이 갖고 있는 이미지와 씨름해야 했다. 용서와 씨름하는 사람들 중 일부는 복수에 대한 욕망, 자신에게 해를 끼친 사람에게 복수하고 싶은 욕망 때문에 힘들어했다. 나와 내 친구는 이러한 질문에 대해 함께 고민하면서, 용서의 수수께끼를 풀 수 있는 해답의 일부로 **자신에 대한** 비폭력 무저항을 실천하도록 제안했다.

우리 자신에 대한 비폭력 무저항을 실천하면 수치심과 혐오감, 심지어 복수심의 감정들까지 판단 없이 받아들일 수 있다. 우리는 이러한 감정이 존재하고 이것이 사실 우리의 감정이라는 것을 받아들일 수 있다. 우리가 감정을 인정하고 **판단 없이** 바라볼 때, 우리는 감정에 빠져들지도 않고 부정하지도 않음으로써 감정에 대한 집착이나 혐오를 경험하지 않을 수 있다. 감정은 그저 감정일 뿐이다. 우리는 우리를 보호하려는 방법으로 감정이 존재하는 것에 대해 감사할 수도 있다. 이러한 일이 생겨날 때, 우리는 더 이상 감정에 얽매이지 않게 된다. 이때 우리는 우리에게 피해를 끼친 사람들에게 어떻게 대응해야 하는지에 대한 질문을 훨씬 더 중립적으로 다가갈 수 있다.

반대로, 우리는 너무 자주 자신의 감정들과 악마들에 대해 저항적으로 반응하는 연습함으로써, 우리의 감정으로부터 자신을 보호하기 위해 스스로 만들어낸 고통과 망상에 사로잡힌다. 우리는 감정의 존재 자체를 부정하는 모습으로 감정에 저항한다. 우리가 보지 않거나 보지 않기로 선택하는 것은 마치 싱크홀과 같다. 우리는 이 싱크홀의 존재를 알아차리지 못하거나 부정하는 모습으로 쉽게 싱크홀에 빠지게 된다. 간단히 말해, 우리는 볼 수 있는 것보다 볼 수 없는 것에 얽매일 가능성이 더 높다. 또 다른 방식으로 우리는 자신의 감정을 인식하지만 스스로에게 폭력을 행사하는 방식으로 대응할 수 있으며, 그렇게 함으로써 자신이 바람직하다고 생각하는 이미지와 더 비슷하게 행동할 수 있을 것이라 희망하며 자기를 채찍질하기도 한다. 또한 **감정이 곧 우리 자신**인 것처럼 느낌에 사로잡혀 소진될 수도 있다. 우리의 감정이 우리의 인생을 속박하는 사슬이 되어 우리의 자유를 제한한다고 말할 수 있다. 자기 채찍질과 감정 소진은 우리 삶에서 오직 싱크홀만 바라본다는 것을 의미한다. 이런 일이 발생하면 우리도 싱크홀에 빠지게 된다.

우리 자신에 대한 비폭력 무저항은 우리 자신의 온전한 모습 즉 심층적 자아, 서술적 자아, 방어적 자아 전체를 다 받아들일 수 있게 해준다. 그것은 우리 존재의 온전함을 위해 자기 연민을 실천할 수 있게 해준다. 우리의 감정과 악마를 판단 없이 받아들임으로써, 우리는 이러한 감정을 내려놓고, 심층적-서술적 자아 정체성으로 돌아갈 수 있다. 또한 용서의 핵심 요소인 상대방의 온전한 자아를 볼 수 있는 능력을 우리 안에 다시 확립할 수 있게 해준다. 갈등 상황에서 우리는 상대방의 방어적 자아를 쉽게 볼 수 있다. 중립적인 태도로 상대방의 심층적 자아와 서술적 자아를 보는 것은 훨씬 더 어렵다. 우리가 온전하게 자신을 받아들일 때, 우리는 상대방의 심층적 자아와 서술적 자아를 포함하여, 상대방의 온전함에 대한 비폭력적 무저항을 훨씬 더 잘 실천할 수 있다 용서는 이럴 때 가능해진다. 결국, 우리 중 그 어느 누구도 방어적 자아에 빠질 때, 이를 죄 없다 할 수 없다.

용서, 바운더리, 그리고 화해

그렇다면 내 친구의 질문은 어떤가? 용서를 베풀면서 동시에 바운더리를 지킬 수 있을까? 상호책임의 필요성과 상대방과의 바운더리를 유지해야 할 필요성은 그들의 생각에 애초에 경계를 강화해야 할 필요성을 야기한 원래의 상처를 다시 떠올리게 하기 때문에, 자연스럽게 용서를 복잡하게 만든다. 또한 서로 진심 어린 만남이 없다면, 서로를 오해하기 쉬워 용서에서 멀어지고 다시 갈등으로 돌아갈 위험이 있다. 이런 상황에 처한 사람들에게는 어떤 선택지가 있을까? 이럴 때 용서는 일회성 행사가 아니라 상대방과의 바운더리가 재설정될 때마다 새롭게 해야 하는 지속적인 결정이다. 용서는 자신의 심층적 자아와 상대방의 심층적 자아를 모두 기억하려는 끈질긴 노력을 필요로 한다. 그리고 그렇게 할 수 있는 내면의 용기가 있을 때, 다른 수준으로 자신과 타인이 역시 하나라는 사실을 기억하게 된다.

용서와 바운더리에 있어서도, 용서와 화해는 서로 연관되어 있지만 동일하지 않다는 점을 기억하는 것이 중요하다. 화해에는 용서가 필요하지만, 용서를 위해 반드시 화해가 필요한 것은 아니다. 화해는 갈등 이후 자신과 상대방이 다시 한 번 서로에게 편안함을 느끼는 진정한 관계 회복을 의미하며, 때로는 화해의 경험으로 인해 관계가 더욱 강화되고 깊어지기도 한다. 당연히 용서 없이 진정한 화해를 이루기는 어렵다. 또한 비록 당사자가 용서했다고 하더라도, 당사자 중 한 명 또는 양쪽 모두가 자신들이 저지른 피해에 대해 거의 책임을 지지 않거나 전혀 지지 않는 상황에서 화해는 쉽지 않다. 또한 당사자들이 책임을 지고 서로를 용서했지만, 아직 화해할 준비가 되지 않은 경우도 있다. 이럴 때 서로에게 돌아가는 여정에는 시간이 필요하다.

갈등 상황에서 다시 한 번 서로 평화롭게 지내기 위해 화해를 원하는 것은 흔한 일이다. 특히 옆에서 지켜보는 사람들이 갈등을 겪고 있는 사람이나 용서한 사람에게 화해를 기대하는 것은 일반적이다. 그럼에도 불구하고 정서적 또는 신체적 안전의 이유로 화해가 적절하지도 않고 안전하지도 않은 상황이 있을 수 있다. 이러한 상황에서는 관련 당사자들이 관계를 완전히 끝내거나 정서적 안전거리를 유지할 필요가 있다. 또 다른 경우에는 제한적인 화해가 가능하지만, 여전히 엄격하게 바운더리를 제한하는 방법도 있다. 이러한 경우에는 제3의 관계자가 매번 만남에 동석하는 것이 중요할 수 있으며, 만약 대화가 이루어진다면 당사자가 숨을 고르고 필요할 때 언제든지 대화의 장소를 떠날 수 있는 수준을 유지하는 것이 중요하다. 물론 완전한 화해가 이루어지는 상황도 있을 수 있는데, 이런 경우 한 번 깨졌던 관계에 다시 평온함이 찾아온다. 한때 가시밭길이었던 자신과 타인 사이의 공간에 이제 사랑과 기쁨이 자유롭게 흐르게 된다.

연민과 은혜

용서와 관련된 여러 도전 중 하나는 상대를 위한 은혜는 우리 자신을 위한 은혜를 실천할 때만 가능하다는 것이다. 여기서 말하는 은혜는 우리가 아무 책임도 지지 않는다는 의미의 무책임한 은혜를 말하는 것이 아니다. 그 대신, 우리 자신을 오랫동안 냉정하게 바라보고 우리가 연루된 복잡한 갈등과 사회적 역학 관계에서 우리 자신의 공모를 인정하는 데서 나오는 은혜를 뜻한다. 정직한 자기 평가는 우리가 부서지기 쉬운 존재임을 확인시켜 줄 것이다! 지혜는 자기 채찍질이 아니라 조건 없이 자신을 사랑하는 것을 기억하는 가운데 조심스럽게 자신을 포용하는 데서 발견된다. 자기 연민을 실천할 때, 우리는 거룩한 돌봄의 정신을 우리 자신 안에 개발하고, 우리 영혼에 더 큰 연민의 풍경을 창조하게 된다. 이 풍경 속에서 안식을 취하다 보면, 우리가 불가능하다고 생각했던 것에 대해 놀라게 된다. 즉 상대방을 연민으로 바라보려는 내면의 성향이 우리에게 있음을 발견하게 된다. 상대방에 대한 우리의 사전 평가는 우리이게 이미 상대방의 공모를 확신시킨다. 이제 연민 어린 내적 환경에 지지를 받게 되면, 우리는 상대방의 공모뿐만 아니라 상대방의 연약함을 확신하게 된다. 즉 상대방도 우리와 마찬가지로 인간이고 실수할 수 있으며 상처받을 수 있다. 그리고 겸손한 마음으로, 마치 우리 안에 신성한 불꽃이 살아 있는 것처럼 상대방 안에도 살아 있음을 발견하게 된다.

실제로 이런 종류의 은혜에 도달하는 것은 어려운 일이다. 특히 상대방이 끼친 피해에 대해 책임을 회피할 때, 이미 피해를 입은 우리가 연민으로 상대방을 붙잡으려면 엄청난 용기가 필요하다. 은혜를 베푸는 동시에 상호책임으로 나아가기 위해서는 깊은 내면의 강인함이 필요하다. 어떤 경우에는 피해가 너무 크거나, 또는 상대방이 책임을 질 의지나 능력이 없거나, 준비가 되지 않았기 때문에, 어떤 경우에는 우리의 연민과 상대방의 감당할 수 있는 책임 능력이 결코 상응하지 않는다는 점을 알면서도, 연민과 은혜에 헌신하는 것은 위대한 용기라고 밖에 표현할 길이 없다. 이러한 경우 은혜는 때때로 자신을 방어할 권리, 옳다는 권리, 우리의 이야기를 상대방이 공정하게 들을 수 있도록 할 권리를 기꺼이 내려놓으려는 의지와 맞물려 있다.

내가 이러한 내용을 가르치면 사람들은 종종 "하지만 상대방에게 상호책임을 지도록 요청할 수는 없는 건가요? 은혜를 베푸는 것이 상대방에게 계속 해를 끼치도록 허락하는 것은 아닌가요?"라고 묻곤 한다. 내 경험에 따르면 오히려 그 반대다. 우리가 은혜의 심장이 요동치는 것을 접하게 되면, 결국 우리는 상대방에게 어떻게 그리고 무엇에 대해 상호책임을 지게 할지 알게 된다. 은혜가 베풀어지기까지, 상호책임에 대한 우리의 행동은 친절한 언어로 감춰져 있더라도 편견과 복수에 대한 열망으로 점철되는 경우가 너무 많다. 우리가 상대방의 인간성을 온전히 고려할 때, 우리는 상대방에게 망치를 휘두르듯 힘들여서 상호책임을 묻기보다는 상호책임으로 상대방을 초대하는 방식으로 말할 수 있다.

편견으로 장식된 상호책임이 어려운 이유는 그것이 희생양 만들기라는 역학 관계에 따라 춤을 추기 때문이다. 우리는 종종 가해 행위로 부당하게 비난받는 사람을 묘사할 때 **희생양**scapegoat이라는 단어를 사용한다. 하지만 이 단어와 그 함의는 의미하는 바가 훨씬 더 넓다. 고대 유대교에서는 일 년에 한 번 염소 한 마리를 공동체 안으로 끌고 들어온다. 사람들은 개인적인 죄와 집단적 죄를 염소에게 뒤집어씌우고 공동체 밖으로 이 염소를 쫓아낸다. 이러한 행사를 집행하는 데는 분명 나름대로 의의가 있지만, 오늘날 희생양 만들기는 우리 내면의 상처를 바라볼 필요를 없앤다는 것을 의미하기도 한다. 만약 우리가 상대방을 악당으로 규정하면, 우리는 상대방을 "나쁘다"는 범주에, 우리 자신은 "선하다"라는 범주에 넣게 된다. 시간이 지날수록 우리 자신의 깨어지기 쉬운 자아상을 선한 것으로 보호하기 위해 점점 더 많은 사람들을 "나쁜 사람"의 범주에 넣게 된다. 즉 다른 사람은 나쁜 범주에 넣고, 우리는 어떻게든 "좋은" 범주에 넣을 수 있기를 바라는 셈이다. 물론 우리는 이것이 사실이 아니라는 것을 알고 있다. 조금만 정직하게 자기 평가를 해봐도 우리 각 사람은 나쁜 범주에 속할 만큼 충분히 잘못을 저지르고 있음을 알 수 있다. 이런 맥락에서 우리가 스스로에게 베푸는 은혜는 일종의 거짓 은혜, 즉 속임수로 가득 찬 도망길이 될 수 있다. 아이러니한 것은 우리가 용서를 위한 여정을 걸으며 상대방에게 은혜를 베풀 때, 우리 자신에게도 더 많은 은혜가 가능함을 발견한다는 것이다. 우리는 모두 선하기도 하고 악하기도 하며, 깨져있기도 하고 온전하기도 한 존재다. 여기에 받아들이기 어려운 교훈이 하나 있는데 그것은 상대방을 위한 은혜에 저항하는 사람들이 종종 자신을 은혜의 대상으로 여길 능력 또한 잃어버린다는 사실이다.

내가 진행했던 워크숍 중에 갑자기 대화가 용서에 관한 주제로 바뀌었다. 한 참가자가 **용서**라는 단어는 종교적 색채가 너무 강하니 아예 사용하지 말라고 다소 강하게 말했다. 내가 미처 반응하기도 전에 다른 참가자가 "저도 종교인이 아닙니다. 하지만 용서는 종교인에게만 적용하기에 너무 중요하고 너무 특별한 단어입니다."라며 끼어들었다. 그러면서 그녀는 자신의 삶에 용서가 얼마나 중요한지 설명했다. 용서의 실천은 거룩한 영역이다. 우리의 영혼에 깃든 용서는 마치 상한 마음에 희망을 속삭이는 고요하고 작은 목소리와 같다. 그 목소리는 "당신도 자유로워질 수 있습니다."라고 속삭인다. 당신은 이 목소리에 대해 "무엇으로부터 자유로워집니까?"라고 질문하고, "증오, 고통, 분노, 옳아야 한다는 강박관념, 수치심, 죄책감, 부담감 등으로부터 자유로워지는 것이지요."라고 답할 수도 있다. 이렇게 속삭이는 동안 영혼은 우리가 거의 알아차리지 못할 정도로 작은 은혜의 씨앗을 우리 존재 안에 심는다. 그러나 그 씨앗은 자라고, 우리는 은혜가 우리의 영혼에 뿌리를 내리고 있음을 발견한다. 우리 안에 있는 은혜의 새싹은 너무 연약하고 취약해서, 우리는 삶의 변덕스러운 모습에 의해 짓밟히지 않도록 그것을 보호하고 지키고 싶어 한다. 그럼에도 불구하고 은혜는 여전히 우리에게 신비로 남겨져 있다. 시간이 지남에 따라 은혜는 자란다. 그리고 그렇게 우리 안에서 자라는 은혜는 우리를 우리 자신의 집으로 반가이 맞는다. 거기에는 우리의 연약함과 우리를 위한 은혜가 있다. 그렇게 천천히 우리 안에 은혜는 측량할 수 없을 만큼 풍성하다는 알아차림이 자리를 잡게 된다. 은혜가 우리를 그 집안으로 환영하는 동시에 다른 사람도 환영한다. 이 은혜의 선물을 받아들이게 되면서 우리는 우리에게 피해를 준 사람을 위해 영혼에 공간을 마련하는 자신을 발견한다.

몇 년 전, 나는 어려운 갈등을 겪은 한 그룹을 위해 치유 서클을 진행했다. 갈등이 진행되는 동안 그룹의 리더는 꽤 불쾌한 방식으로 동료들에 의해 상당히 나쁜 대우를 받고 있었다. 치유 서클의 마지막 질문으로 나는 참가자들에게 서로 잘 지내기 위해 내려놓고 싶은 것과 끌어안고 가고 싶은 것이 무엇인지 물었다. 리더가 말할 차례가 되자 그는 잠시 침묵을 지켰다. 그러고는 고개를 들며 천천히 "저를 방어할 권리를 내려놓

겠습니다."라고 말했다. 그의 발언이 끝나자마자 방 안의 모든 사람이 숨을 죽였다. 리더의 상처가 눈에 보였을 뿐만 아니라, 다른 모든 서클 참가자들이 그가 받은 상처에 어떤 기여를 했는지 알고 있었기 때문이다. 이 짧은 한 문장으로 참가자들은 자신들의 잘못을 인정했고, 그 상황에서 풀려나게 되었다. 이 짧은 한 문장과 함께 방 안의 에너지가 확 바뀌었다. 리더는 말을 계속 이어갔다. "**그리고 저는 서로를 돌보고 일을 잘 하기 위해 여러분 한 사람 한 사람을 끌어안고 함께 가고 싶습니다.**" 성스러운 순간이었다. 서클이 끝나고 언제 내가 안개가 자욱한 밤공기를 가르며 그곳을 떠났는지 아무도 눈치채지 못했다. 참가자들은 리더의 용서의 영혼이 만들어낸 신성한 땅 위에서 서로 화해하느라 정신이 없었기 때문이었다.

용서를 정의하려는 우리의 시도에도 불구하고, 용서는 언제나 그리고 끝까지 신비로 남아 있다. 그 어떤 것도 이미 행해진 피해를 되돌릴 수 없다. 그러나 은혜의 여명은 낯선 방식으로 여전히 치유의 빛을 비춰준다. 어떻게 이런 일이 가능할까? **원한에 매달리는 것은 내가 독을 마시면서 상대방이 죽기를 기대하는 것과 같다**고 한다. 반면, 용서는 그 독을 마시지 않기로 선택하는 것이다. 용서는 죽음 너머 삶을 선택하는 것이다. 용서는 화를 낼 권리를 내려놓는 일, 즉 우리 자신을 방어할 권리를 내려놓는 것으로, 이러한 이야기는 그것을 살아보지 않은 사람은 결코 온전히 알고 이해할 수 없다. 용서는 서로가 불완전하고, 상처받은 존재임을 인정하고 아직 도달하지 못한 우리 자신을 존중하는 행위이다. 용서는 우리 각자가 선하고 우리 각자가 상처받은 존재임을 자유롭게 인정할 수

있음을 의미한다. 누가 더 낫고 누가 더 나쁘다는 위계질서가 뒤집어진
다. 속 깊은 겸손이 증오, 부인, 괴롭힘, 우울감, 그리고 자신의 존재를 사
로잡은 다른 모든 형태의 분노와 회한을 대신한다. 상처 하나 없이 이 경
주를 마친 사람은 아무도 없지만, 용서의 세상에 들어서면 모두가 사랑
받는다.

용서를 가로막는 장벽

몇 달 전, 한 교사가 행동 문제로 어려움을 겪는 학생들과 함께 일할
때 따르는 원칙 하나를 나에게 알려주었다. "그들이 할 수 있다면, 그들은
해낼 것이다."였다. 만약 아이들이 더 잘할 수 있다면, 그들은 그렇게 할
것이다. 만약 학생들이 그렇게 하지 않으면, 그것은 아이들의 삶이나 몸
이나 학습 환경 안에 뭔가가 일어나고 있기 때문일 수 있다.

그 교사는 이와 똑같은 원리를 보다 일반적인 맥락에 적용하면서 다
음과 같이 말했다. "만약 갈등을 겪는 동안 사람들이 달라질 수 있다면,
그들은 달라질 것입니다. 이 말이 이상하게 들리겠지만, 갈등을 해결하
려면 우리가 사람들에게 기대하는 것에 초점을 맞추기보다는 사람들이
할 수 있거나 할 수 있었던 것에 대한 기대치를 낮출 필요가 있습니다."

서로에 대한 기대치를 낮추라는 말이 이상하게 들리겠지만, 이는 갈
등 치유를 향한 여정에 있어 아주 중요한 기술이다. 아마도 이 선생님은
그 기술을 몰랐다면 용서를 가로막는 주요 장벽 중 하나에 채여 넘어졌
을지도 모른다. 즉 우리가 생각하기에 다른 사람들이 그들의 삶이나 갈
등에 있어서 해야만 하거나, 해서는 안된다고 생각하는 뭔가를 명령하는

실행 불가능한 규칙들에 다른 사람들을 붙들어 놓는 것 말이다.[47) 대부분의 사람들은 자신이 가진 기술과 자원으로, 그리고 삶의 더 큰 맥락이라는 현실 속에서 할 수 있는 일을 하며 산다. 단순히 우리의 기대에 부합하는 것이 그냥 불가능한 사람들에게 우리가 강제적으로 행동 규칙들을 강요할 수는 없다. "그들이 할 수 있다면, 그들은 해 낼 것입니다. 그들이 할 수 없다면, 그들은 하지 않을 것입니다. 내가 갈등 해결을 위한 모임에 들어가서 사람들을 **가르치려** 할 때마다 일이 제대로 진행되지 않습니다. 오히려 내가 뭔가 배우고자 할 때, 일이 잘 풀렸습니다."고 이어서 말했다. 그 선생님의 말이 맞았다. 가르치기 위해서가 아니라 배우고 연결하기 위해 들어갈 때 우리는 동등하게 된다. 우리가 다른 사람과 같은 수준의 마음을 갖고 만나게 된다. 그럴 때 사람들은 자신의 목소리가 들려지고 있다고 느낀다. 아이러니하게도 배우기 위해 다가간다는 것은 가르칠 권리를 포기하는 것처럼 느껴질지 모르지만, 우리가 배우는 자세로 시작할 때 상대방의 배움도 시작된다. 달리 표현해서 우리가 가르치기 위해 들어가면 배움은 일어나지 않는다는 뜻이다. 우리가 연결하기 위해 들어갈 때, 마치 연결의 부산물처럼 배움이 일어난다.

　내가 이 일을 시작하게 된 초기 무렵, 아버지와의 갈등을 해결하고 싶다는 한 여성이 나를 찾아왔다. 나는 그녀가 중재를 요청할 것을 예상하

---

47)『용서하라: 건강과 행복을 위한 검증된 처방』에서 프레드 러스킨은 (1) 사람들을 강제할 수 없는 규칙에 가두는 것, (2) 생각이 과거를 바꿀 수 있다고 생각하는 것, (3) 어떤 일이 우리에게 미친 영향에 대해 상대방을 비난하는 것, (4) 불만 이야기로부터 살아가는 것 등 용서의 네 가지 장벽에 대해 기록한다. 나는 이 목록에 다섯 번째 장벽을 추가했다. (5) 상대방의 의도가 우리에 대한 것으로 이해하기.

며 이야기를 경청했다. 하지만 그녀는 자신의 요구 사항을 설명한 후 아버지가 몇 년 전에 돌아가셨기 때문에 아버지와의 중재가 어려울 것이라고 말했다. 그래서 나는 만약 아버지가 아직 살아 계셨다면 그녀가 아버지와 어떤 중재를 원했을지에 대해 이야기하는 방식으로 코칭 관계를 전환했다. 그녀는 자신의 아버지가 좀 더 다른 유형의 아버지였으면 좋겠다고 말했다. 대화를 하던 어떤 지점에서 나는 그녀 아버지의 인생이 어땠는지에 대해 물었다. 그녀는 아버지가 힘든 삶을 사셨다고 했다. 그는 자기 아버지로부터 무시당하는 삶을 살았고, 상당한 트라우마를 경험했으며, 삶의 환경으로 인해 자신의 전문 분야와는 거리가 먼 직업을 추구할 수밖에 없었다고 했다. 어느 순간 그녀는 나를 바라보며 "아버지가 어떤 분이셨는지 생각해 보니, 아버지는 자신에게 주어진 상황에서 최선을 다하신 것 같네요."라고 말했다. 그 여성의 감정이 아버지가 종종 불친절하고 부재중이었다는 사실을 부정하는 것은 아니지만, 그녀의 통찰력은 자신의 아버지가 결코 도달할 수 없는 아버지에 대한 기준을 내려놓도록 해주었다. 나는 그녀에게 "만약 당신이 갖고 있던 아버지에 대한 기준을 내려놓는다면 어떨까요? 만약 어떤 이유로든 아버지가 정말 좋은 아버지가 되기 위한 규칙을 지킬 수 없었다는 사실을 인정한다면 어떨까요? 그러면 어떤 일이 일어날까요?"라고 질문했다. 그 여성의 대답을 들으면서 나는 그녀의 어깨에서 엄청난 짐이 덜어지는 것을 느낄 수 있었다. 그녀는 더 이상 아버지의 부족한 모습에 대한 아픈 마음을 품고 있을 필요가 없었고, 다른 훌륭한 아버지들을 보면서 질투할 필요도 없었다. 대신 그녀는 아버지를 있는 그대로 받아들이기 시작했다.

그날 그 여성이 경험한 것에는 **타인의 복잡한 실체를 받아들일 수 있을 때 우리는 우리 자신과 우리 자신의 복잡성을 받아들이기 시작할 수 있다**라는 엄청난 신비가 들어 있다. 만약 우리가 스스로에게 정직하다면, 우리 중 누구도 강제할 수 없는 규칙의 기준에 따라 살 필요가 없다는 사실을 인정하게 될 것이다. 시간이 지남에 따라 주변 사람들의 상처를 받아들이지 못하는 우리의 무능력은 우리 자신을 받아들이지 못하는 무능력이 될 것이다.

실행할 수 없는 규칙을 고집하는 것은 용서를 가로막는 다섯 가지 장벽 중 하나에 불과하다. 용서를 가로막는 두 번째 장벽은 반추를 통해 우리의 과거를 바꿀 수 있다는 잘못된 믿음이다. 이 두 번째 장벽은 "만약에"로 알려져 있다. "만약 내가 그 말을 하지 않았더라면...", "만약 내가 그 대화에서 일찍 빠져나왔더라면…", "만약 그녀가 그런 사람이 아니었다면…" 안타깝게도 우리가 부정하는 것은 치유할 수 없는데, "만약에"라는 사고 패턴이 바로 부정의 한 형태라는 점이다. 과거로부터 배우는 것은 매우 중요하고 배움에 종종 우리가 어떻게 다르게 행동할 수 있었는지 상상하는 것이 포함되지만, "만약에"는 우리를 대안적이고 불가능한 현실에 대한 환상으로 도피하게 만들 수 있다. 또한 "만약에~ 했더라면"은 우리를 과거에 갇혀 있게 하는데, 대개는 방어적 자아와 연결되어 있다. 결국 "만약에~ 했더라면"의 사고방식을 작동시키는 것은 우리의 방어적인 자아이기 때문이다. 이러한 사고방식은 우리가 방어하고 싶은 과거를 여전히 우리의 집착에 의해 지배를 받는 희망적인 미래에 투사하게 만들 수 있다. 정의상, 용서는 과거로부터 우리를 해방시켜 새로운 미래를 살아갈 수 있도록 우리를 자유롭게 함으로써 현재를 살게 한다.

그렇다면 어떻게 하면 도움이 되지 않는 "만약에"라는 생각에 사로잡히지 않고 과거로부터 교훈을 얻을 수 있을까? 나는 종종 내담자들에게 자신의 갈등 경험을 설명해보도록 한 후, 무엇이 잘못되었는지 파악하도록 요청하곤 한다. 우리는 다양한 갈등 원칙과 도구라는 렌즈를 통해 이러한 순간을 고려하고, 각 사람이 어떻게 다르게 대처할 수 있었을지 상상해 본다. 때때로 나는 내담자에게 오래된 사건을 역할극으로 표현해보도록 요청하는데, 이때 갈등의 결정적인 순간들에 생명력을 불어넣도록 함으로써 이야기가 전환된다. 역할극을 통해 다시 들려지는 이야기는 과거의 기억을 되살리는 데 도움이 될 뿐만 아니라, 상상할 수 있는 것은 더 쉽게 대처할 수 있다는 원칙을 통해 미래를 변화시키는 데 초점을 맞출 수 있다.

과거로부터 배우는 것과 "만약에"라는 생각에 사로잡히는 것 사이의 차이는 우리가 과거를 탐구할 때 어떤 형태의 인식을 가지고 있느냐에 따라 달라진다. 만약 과거에 대한 우리의 성찰이 다람쥐 쳇바퀴 돌 듯이 우리는 옳고 상대방은 틀렸다는 생각을 되풀이하거나, 우리가 망쳤으니 구원을 받기 위해서 자책이라도 해야 한다는 식이라면, 우리는 거짓 자아라는 시스템에 갇혀 갈등을 고착시키고 말 것이다. 그렇게 하는 대신, 만약 우리가 갈등의 이야기로 들어가 마음의 공간을 확보하면, 우리는 심층적 자아라는 렌즈를 통해 과거를 바라보고, 과거로부터 우리를 해방시키는 동시에 현재의 순간으로 돌아오게 하는 연민이 담긴 배움을 위한 공간을 열어주는 동시에, 우리의 인간성과 상대방의 인간성을 더 완전하고 수용적으로 포용할 수 있게 된다.

　용서를 가로막는 나머지 세 가지 장벽은 모두 우리가 1장에서 살펴본 의도-행동-결과라는 의사소통 모델과 밀접하게 연결되어 있다. 즉 상대방의 의도를 우리에 대한 것으로 보는 것, 어떤 일이 우리에게 미친 영향에 대해 상대방을 비난하는 것, 불만 이야기 속에서 살아가는 것 등이다. 이러한 역학 관계가 용서를 가로막는 장벽으로 작용하고 의사소통 모델에도 나타난다는 사실은 우리의 의사소통 패턴과 용서하는 능력이 서로 깊이 연관되어 있다는 점을 다시 한 번 강조해 준다. 상대적으로 평화로운 시기라도 우리가 서로의 의사소통에 얼마나 관심을 기울이는가라는 겸손한 생각은 용서할 수 있는 능력과 관련이 있다.

　의도-행동-결과 의사소통 모델과의 연관성 외에도 용서를 가로막는 이 세 가지 장벽에는 자신을 피해자의 역할에, 상대방을 가해자의 역할에 둔다는 또 다른 공통점이 있다. 물론 선의의 피해자가 발생할 수 있고 실제로 발생하지만 이를 최소화하려는 의도는 아님, 갈등이 발생했을 때 실제로 일어난 일과 관계없이 자신은 무죄인 것처럼 보이면서 상대방을 유죄로 인식하는 것이 일반적이다. 문제를 더욱 복잡하게 만드는 것은 때때로 제3자가 피해자의 구원자 역할을 자처하며 이러한 역학 관계에 개입하는 경우가 있다는 점이다. 이때 구원자와 피해자는 모두 그들이 악당으로 지목한 사람들을 피해의 원인으로 여긴다는 점이다. 그러나 문제는 그 어느 누구도 자신을 악당으로 자처하고 나설 사람이 없을 때 발생한다. 사실상 악당이라고 자처하며 나설 사람은 없을 것이다. 모든 피해자는 다른 사람의 악당이고, 모든 악당은 피해자이거나 구원자가 된다. 결국에는 모두가 결백을 주장한다. 우리는 자신의 공모를 무시하는데, 왜냐하면 우리는 호기심을 발휘하기보다는 상대방을 비난하며, 상대방의 의도를 알 수 있다고 가정하고, 어려운 경험이 있을 때는 불만 이야기, 즉 스스로에게 결백의 빛을 비추는 이야기로 포장하는 경향이 있기 때문이다.

　　용서를 가로막는 후자의 세 가지 장벽은 우리에게 호기심 어린 질문을 불러일으킨다. 즉, 피해자로서 규정하는 것이 왜 용서의 능력을 제한하는가? 우리에게 해를 끼친 사람들을 용서하는 것, 이것이 바로 용서가 아닌가? 진실로, 용서란 바로 가해 행위가 우리에게 넘겨준 보복할 힘을 내려놓는 것이다. 그리고 여기에 피해자−용서라는 어려운 수수께끼에 대한 해답이 놓여있다. 가해 행위가 우리에게 넘겨준 힘을 내려놓는다는 것은 피해자라는 정체성도 내려놓는다는 뜻이다. 마찬가지로, 만약 우리가 제3자인 경우라면, 가해 행위가 다른 사람에게 넘겨준 힘을 내려놓는다는 것은 구원자의 정체성도 버린다는 뜻이 된다. 피해자/구원자 서사를 중심으로 정체성을 구축한 경우, 용서와 치유를 위해 이 정체성을 내려놓는 것은 영혼을 내려놓는 것과 비슷하게 보일 수 있다. 우리의 불만 이야기는 애착으로 중독과 같은 기능을 한다. 힘을 내려놓는 것은 일종의 금단 현상을 수반한다. 만약 우리가 더 이상 피해자가 아니라면 우리는 누구인가?

　　이러한 역동으로 들어가면서 우리는 방어적 자아가 아니며, 우리는 우리의 상처가 아니며, 우리는 우리의 불만 이야기가 아니라는 것을 기억하도록 초대된다. 우리는 우리의 수치도 아니며, 우리는 우리의 비난에 끌려가는 생각도 아니다. 우리는 사랑받는 존재다.

그리고 많은 갈등에서 우리는 이쪽이든 저쪽이든 한쪽과 연루되어 있다.

타자를 비난하고, 타자의 의도를 나에 대한 것으로 보고, 불만 이야기에 얽매여 사는 것의 문제점은 다양하고 복잡한 방식으로 우리 또한 공모했다는 점을 놓치고 있다는 점이다. 아마도 우리가 너무 피곤해서 말을 잘 못했을 수도 있고, 방어적이었을 수도 있고, 의도치 않게 다른 사람에게 해를 끼쳤을 수도 있다. 어쩌면 근본적으로 해로운 편견을 갖고 행동했을 수도 있다. 어쩌면 자신의 자아가 위험에 처해 있다고 느껴서 그렇게 반응했을 수도 있다. 어쩌면 현재 상황을 타개해 보려고 시도하는 과정에서 어린 시절의 트라우마가 드러났을 수도 있다. 단순히 잘못된 판단을 내렸을 수도 있다. 어쩌면 마음속에 증오를 품고 있었을 수도 있다. 그것이 어떤 경우이든, 피해자라는 정체성을 굳게 붙잡고 상대방을 가해자의 역할에 두면, 우리의 시야는 근시적이 되어 갈등에 대응하는 창의적인 방법을 찾는 능력이 제한되고 우리-그들이라는 시각을 굳히게 된다. 더 중요한 것은 우리도 우리 자신의 이야기에서 변화의 주체가 될 수 있다는 사실을 놓친다는 것이다. 우리가 경험한 고통에 대해 상대방을 탓할 때, 우리의 치유는 상대방의 변화에 묶여버리고 만다. 우리가 경험한 고통을 우리의 고통으로 소유할 때, 불만 이야기를 따라가려는 충성심을 내려놓을 때, 내가 상대방의 의도를 잘 안다는 믿음을 버릴 때, 우리는 우리 자신의 치유에 집중할 수 있는 힘을 얻게 된다. 우리는 피해 사건이 우리에게 넘겨준 힘을 내려놓는 법을 배운다. 이러한 일이 일어날 때, 우리는 먼저 우리 자신에 대한 용서를 시작하고, 결국에는 갈등을 겪었던 사람들을 위한 용서의 길을 걷게 된다.

넘어졌다가 다시 일어나기

가끔 내 머릿속에는 오래된 이야기 하나가 맴돈다.

> 수도원 근처에 사는 한 여인이 있었습니다. 그 여인은 도대체 수도원의 수도사들은 하루 종일 무엇을 하며 사는지 궁금했습니다. 어느 날 그녀는 수도원 담장 밖에서 한 수도사를 만나 묻습니다. 수도사님은 하루 종일 거기서 무엇을 하십니까? 수도사는 미소를 지으며 대답합니다. 우리는 매일 넘어졌다 다시 일어나는 일을 합니다.

나는 항상 이 이야기를 좋아한다. 겸손과 인간의 연약함을 말해주는 이야기이기 때문이다. 또한 이 이야기는 우리 각자가 넘어진다고 가정하고, 넘어져서 깨진 것을 복구하는 데 필요한 큰 용기에 대해서 이야기하고 있기 때문이다. 넘어지는 것은 인간 조건의 정상적인 부분이다. 우리 모두는 실패하고 때로는 큰 실패를 경험한다. 만약 이것이 사실이라면, 만약 우리가 넘어졌다면, 어떻게 다시 일어날 수 있을까?

문자 그대로 우리가 바닥에 쓰러졌다가 여러 단계를 거쳐 다시 일어났다고 상상해 보라. 이는 (1) 머리, 몸통, 팔다리가 다시 함께 움직일 수 있도록 몸의 방향을 바꾸어 놓는다. (2) 몸을 곧게 펴도록 만든다. 그리고

(3) 다시 앞으로 걸어가기 전에 상처를 치료하고 돌보게 한다. 넘어진 후 회복하는 이 세 단계, 즉 방향을 잡고, 몸을 곧게 펴고, 상처를 보듬는 과정은 우리가 넘어진 후 갈등을 극복하는 과정에 대한 은유적 표현이기도 하다.

방향 전환

우리가 의도했든 의도하지 않았든 갈등은 자신의 행동이 다른 사람에게 해를 끼쳤다는 사실을 인지하는 경우를 포함하여 방향을 잃게 만든다. 우리가 저지른 해악을 알아차리게 되면, 우리 대부분은 **이런 일을 저지른 나는 누구인가?**라는 질문을 무시하고 싶어한다. 우리가 해를 끼쳤다는 사실을 부인함으로써, 이 질문에서 벗어나려는 유혹을 받는다. 이와는 달리 우리가 일으킨 피해에 대해 상대방이나 상황을 탓하기도 한다. 실제로 우리가 면피하기 위해 탓하는 상황이나 상대방의 행동이 피해에 영향을 미친 것도 사실이다. 그러나 우리의 잘못을 무시하거나 부정하는 것은 우리를 방어적 자아에 뿌리내려 다른 사람과의 관계를 치유하는 능력을 제한하게 된다. 정의에 따르면, 방어적 자아에 집을 짓는 것은 우리 자신의 치유와 기쁨의 능력도 제한한다. 타인을 비난하거나 잘못을 부정하는 것이 우리의 잘못에 대해 반응하는 두 가지 유혹이라면, 세 번째 유혹은 수치심이다. 우리의 잘못에 대해 진지하게 생각하는 것은 힘든 일이다. 그것은 우리를 불편한 곳으로 데려가 방향을 잃게 한다.

부정과 비난, 수치심은 우리가 일으킨 피해에 관해 책임을 질 수 있는 가능성을 향해 다시 방향을 전환하는 우리의 능력을 제한한다. 예를 들어, 어떤 사람들은 사과한다는 것또는 자신의 죄과에 대해 생각한다는 것은 자신을 더 이상 선한 존재로 여기지 않고 찌질한 존재로 여기는 것을 의미한다고 믿는다. 또 어떤 사람들은 책임을 지려는 자신의 행동이 상대방의 잘못을 묵인하고 면책하는 것이라며 두려워한다. 어떤 사람들은 상대방을 사과할 가치가 없는 사람으로 간주하는 경우도 있다. 또 다른 사람들은 피해를 입은 사람이 너무 예민해서 그런 것이지 피해를 끼칠 의도가 없었으므로 사과를 할 필요가 없다고 말하기도 한다. 불행히도 이러한 각각의 주장은 자신과 타인의 엄격한 분리를 가정하고, 우리 인생에 있어서 사람들의 행복은 우리의 책임이 아니라고 전제한다. 또한 우리의 공모와 자아에 대한 감각 사이의 밀접한 연관성을 드러내기도 한다. 만약 우리의 의도와 행동에 대해 의문이 제기되면, 우리는 방어적 자아와 그에 따른 당연한 결과로서 수치심에 빠질 수 있게 된다. 그래서 우리는 공모를 피하고 방어적 자아에 빠져들게 된다. 방향 전환은 우리가 자아를 잃지 않고도 자신의 행동에 책임을 질 수 있음을 상기시키면서 내면의 여정에 참여하라고 도전한다.

몸을 곧게 펴기

넘어진 후 우리가 몸을 곧게 펼 때, 우리는 주위를 다시 한 번 명확하게 볼 수 있게 된다. 갈등 상황에서 방향을 전환하고 자신의 공모를 인정한 후에서야, 우리는 상대방에게 시선을 돌려 우리가 일으킨 피해를 고백하도록 초대된다. **고백**이라는 단어는 **용서**처럼 종교적인 맥락에서 자주 사용되지만, 이 단어는 종교적인 용도로만 사용하기에는 너무 중요하다. 고백은 우리가 저지른 피해에 대해 책임을 지는 물리적 행위다. 고백은 겸손의 정신, 즉 넘어진 길에서우리의 실패를 인정하면서도 더 나은 관계를 구축하기 위한 여정에 전념하도록 정신을 불러일으킨다.

고백은 책임, 사과, 속죄, 상호책임 등 다양한 이름으로 불린다. 어떤 이름으로 불리든 고백의 행위는 자유를 가져다주는 심오한 행위이다. 아마도 이는 사과를 하지 못하는 것이 인격적이지 못하다는 느낌과 연결되어 있기 때문일 것이다. 우리가 저지른 피해에 대해 사과할 수 없는 것은 우리의 정체성이 방어적 자아에 머물러 있음을 선언하는 것이다. 반대로 사과는 우리를 방어적 자아로부터 해방시켜 마음 안으로 되돌아가게 해준다. 아주 간단히 말하자면, 사과는 우리를 앞으로 나아갈 수 있게 해준다.

좋은 사과는 다음과 같이 몇 가지 핵심 단계를 거친다.

1. 먼저 일반적인 사과를 할 수 있다. 우리가 망쳐놓은 것이 무엇인지 알고, 사과를 통해 긍정적인 의도를 드러내고 자신과 상대방 사이의 운동장을 평평하게 할 수 있다.

2. 두 번째 단계로, 상대방의 이야기를 경청하고 우리의 행동으로 인해 끼쳐진 영향과 상대방의 고통에 귀를 기울일 수 있다. 이 단계에서는 우리가 야기한 고통을 충분히 이해하기 위한 질문을 하는 것이 매우 중요하다.

3. 세 번째 단계로, 유감의 표현과 함께 보다 구체적으로 사과한다. 우리가 야기한 고통에 대해 자세히 들었으므로, 어떤 행동에 대해 사과하는 것인지, 그리고 우리의 행동이 상대방에게 미친 영향에 대해 구체적으

로 말할 수 있다. 구체적인 사과는 일반적인 사과로 결코 표현할 수 없는 영향력을 가지고 있다. 우리가 들은 내용을 바탕으로 우리가 저지른 피해에 대해 자세히 설명함으로써, 우리는 우리가 야기한 고통이 무엇인지 잘 듣고 이해하고 있음에 대해 의사소통한다.

4. 네 번째 단계에서는 전환적 미래를 위해 무엇을 변화시킬 것인지 제시한다. 데스몬드 투투 대주교의 "내 펜을 빼앗고 미안하다고 말만 하면서 펜을 돌려주지 않는다면 당신은 사과한 것이 아니다"라는 인용문은 이 점을 명확하게 설명하고 있다. 우리는 다시 넘어지지 않겠다고 약속할 수 없다. 왜냐하면 사실 우리는 다시 넘어질 수 있기 때문이다. 우리가 할 수 있는 것은 미래에 우리의 관계를 다르게 하기 위해 최선을 다하는 것이다. 어떤 경우 이것은 우리가 가져간 펜을 돌려주는 등의 가시적인 회복 행위가 포함될 수 있다.

5. 마지막으로, 사과를 주고받는 대화에서, 우리가 끼친 피해에 대한 해명 없이 상대방이 우리의 의도에 대한 설명을 듣고 싶어하는지 물어보는 것이 적절할 때가 있다. 우리의 행동에 대해 변명하지 않으면서, 방어하지 않고 우리의 의도에 대한 정보를 제공하면 깨진 관계를 치유하는 데 도움이 될 수 있다.

이 모든 것을 종합하여 다음과 같이 사과문을 작성할 수 있다.

제 행동이 당신에게 피해를 끼쳤다는 것을 잘 압니다. 죄송합니다.
// 제가 당신에게 한 행동이 당신에게 어떤 영향을 미쳤는지 좀 더
말씀해 주실 수 있는지요? // 제가 한 말이 여러분에게 큰 영향을

미쳤습니다. 죄송합니다. 고통을 야기한 제 행동에 대해 유감을 표합니다. // 앞으로 이런 종류의 발언을 하지 않겠습니다. // 제가 그런 발언을 했을 때 저에게 무슨 일이 있었는지 들어주시겠습니까? 그날 저에게 무슨 일이 있었는지는 말씀드린다고 해서 그것이 저의 행동에 대한 변명이 될 수는 없지만, 그날에 일어난 일의 큰 맥락을 이해하는 데 도움이 될 수 있을 것 같습니다.

사과하는 것은 취약성을 드러내는 행위이다. 어떤 의미에서 끝내 사과가 받아들여지지 않을 수도 있는 위험이 따르기 때문이다. 하지만 사과에는 그 이상의 의미 즉 자신과 타인에게 우리의 방어적 자아와 거짓 자아를 드러내는 의미가 있다. 마치 우리 자신을 다 드러내는 것과 같다. 사과는 듣는 모든 사람에게 우리의 연약함을 선언하고 우리가 잘못했음을 고백하는 것이기 때문이다. 여기에 신비가 있다. 종종 우리의 방어적 자아가 우리를 붙잡고 있지만, 묘하게도 사과는 이 방어적 자아를 해체할 수 있는 힘을 가지고 있기 때문이다. 우리의 사과가 상대방에게 받아들여지지 않을 수도 있지만, 그럼에도 불구하고 그것은 우리를 우리 자신으로 되돌려놓으며, 방어적 자아에 대해 가지고 있던 충성심을 느슨하게 만들기 때문이다.

돌보기

사과를 한 후, "내가 그런 짓을 했다는 게 믿기지 않는다."는 감정과 밤새 씨름을 한 후 어떻게 일어날 수 있을까? 자기 연민을 느끼지 못하면,

우리가 저지른 잘못에 대한 자각과 그에 따른 사과는 처벌의 의미로 받아들여질 수 있다. 실제로 우리가 저지른 피해에 대해 고백하는 삶의 실천은 자기 연민 없이 불가능하다. 슬프게도 시간의 흐름에 따라, 알아차림과 고백하는 것이 넘어진 채로 계속 땅에 머물러 앉아있겠다, 상처 입은 채로 틀어박혀 있겠다고 약속하는 것처럼 느껴질 수 있다. 이를 바로잡는 방법은 은혜의 정신으로 우리 자신을 보듬으며 상처받은 영혼을 돌보는 것이다.

은혜는 우리가 관계의 어려움을 헤쳐 나가는 작업을 지속하는 동안 우리 자신과 상대방을 연민으로 바라보도록 초대한다. 은혜는 인생 여정에서 우리가 넘어질 수 있다는 현실을 존중한다. 은혜는 고백과 알아차림을 통해 우리가 다시 일어설 수 있도록 힘을 북돋고 서로 더 나은 관계를 구축하는 일을 계속할 수 있도록 도와준다. 만약 알아차림과 고백만으로 우리가 넘어진 후에도 땅을 딛고 일어설 수 있다면, 그것이야말로 은혜와 연민으로 우리가 발로 다시 걸을 수 있음을 보여줄 것이다.

갈등 대화

갈등을 변화시키려고 할 때 우리가 사용하도록 장려하는 기술 중 하나는 자신과 타인의 진실을 모두 보는 양자 통합적 사고both-and thinking 능력을 키우는 것이다. 깊은 분열이 발생하여 상대방이 내린 결론에 동의하지 않을지라도, 서로의 진실을 이해하기 위해 노력할 수 있다. 성공회

주교 마이클 커리Michael Curry는 최근 *On Being*이라는 팟캐스트[48]에서, 우리와 우리의 의견을 형성하는 삶의 이야기를 듣기 위해, 서로 주장하려는 세세한 부분을 넘어 깊은 경청의 소중함을 상기시켜 주었다. 커리는 "당신이 말씀하시는 결론에 도달하게 된 삶의 이야기를 들려주세요."라고 부탁하도록 제안한다. 중재자 조 셰퍼Joe Schaeffer는 당사자들이 동의하지 않는 어려운 주제에 대해 토론할 때, "··· 라고 말씀하신 것을 기억합니다."로 문장을 시작하라면서 동일한 제안을 한다.[49]

양자 통합적 사고방식은 우리의 관점에서 진실을 공유하면서 상대방의 관점에서 진실을 경청하고, 경계를 지키면서 동시에 용서할 수 있으며, 원칙에 충실하면서 타협할 수 있다고 말한다. 우리는 자신과 타인의 장점과 단점을 볼 수 있다. 양자 통합적 사고는 자아와 타자가 둘이면서 동시에 하나라는 점을 존중한다.

양자 통합적 사고에 도달하기 위해서는 기술적인 대화를 넘어 마음의 자리에서 서로 만나야 한다. 최근에 나는 내담자인 조샤Zosha와 중재 세션을 마친 후, 그녀의 경험에 대해 이야기를 나누고 있었다. 양측 모두 자신의 이야기를 들려주고 서로가 다르게 할 수 있었던 부분에 대해 양보하는 등 회의는 충분히 잘 진행되었다. 세션이 끝날 무렵, 두 당사자는 머리 수준에서는 서로를 이해하는 듯했다. 하지만 마음속에는 여전히 간

---

48) 2020년 12월 10일, "마이클 커리 주교와 러셀 무어 박사-영적 가교의 사람들" 팟캐스트 인터뷰, *On Being with Krista Tippett*, December 10, 2020, 50:58, https://onbeing.org/programs/bishop-michael-curry-dr-russell-moore-spiritual-bridge-people/.

49) Joe Schaeffer, Communication and Creative Leadership Workshop, Waterloo, ON, 2002.

4장 갈등 전환 _ 209

극이 남아있었다.

조샤와 대화하는 동안 그녀는 나에게 "지난 세션 이후, 저는 이 문제에 대해 깊이 생각하고 저의 입장을 명확히 하기 위해 상당히 많은 시간을 보냈습니다."라고 했다. 나는 그의 말을 경청했다. 그리고 이렇게 제안했다. "입장을 명확히 밝혀주셔서 감사합니다.… 만약 선생님께서 마음속에 있는 것도 명료하게 말씀해 주신다면 어떤 일이 일어날까요?"라고 물었다. 우리가 갈등을 놓고 대화하는 동안에는 다양한 기술적 문제에 대해 앞으로 나아갈 방법을 찾으면서 머리 수준에서만 합의에 도달할 가능성이 많다. 하지만 마음과 머리가 일치하지 않으면 서로의 평화는 깨지기 쉽다. 마음은 항상 머리가 요구하고 양보하는 것보다 더 큰 것, 뭔가 더 위대한 것에 관심이 있다. 실제로 머리에만 집중할 때 우리는 제자리에 갇히게 되는 경향이 있다. 경직되면 우리의 몸과 마음이 지배당하고 우리를 고집스럽게 만들고 우리의 영혼에 접근하기 어렵게 만든다. 갈등 해결이 어려워지는 것은 당연하게 된다. 이러한 맥락에서도 갈등 대화가 가능하고 때로는 필요하기도 하지만, 만족스러운 결과를 얻기는 힘들다. 부드러움이란 조금도 없이 강경한 두 당사자 간의 갈등을 해결하려는 것은 덜 익은 복숭아를 깨무는 것과 같다. 불쾌한 일이다.

직접 또는 제3자의 도움을 받아 갈등대화에 참여하는 것은 적절하다. 서로 대화를 잘하려면, 다음과 같이 몇 가지 핵심 단계를 따르는 것이 지혜로운 방법이 될 것이다.

1. 자기 성찰. 무슨 일이 일어났는지 생각해보고 나와는 상관없는 상대방의 의도가 무엇이었을지 상상해보는 시간을 갖고, 자신의 의도, 어

떻게 영향을 받았는지, 뒷이야기, 불만 이야기, 공모 여부 등을 성찰한다. 당신의 자아가 어디에 사로잡혔는지, 어디에 집착하게 되었는지, 어떻게 방어적 자아에 빠지게 되었는지 알아차리고, 서술적 자아를 판단 없이 받아들이고 심층적 자아로 돌아가야 한다. 심층적 자아에 다시 중심을 잡고, 서로 직접 대화하는 것이 적절한지 의도적으로 분별하고, 적절하다면 대화를 시작하라.

2. 대화 준비하기. 상대방을 대화에 초대하고 서로 대화를 나누기에 안전하고 중립적인 공간을 선택한다.

3. 대화 계획하기. 함께 있을 때 어떤 말을 하고 싶은가? 당신은 당신의 영혼 속에서 어떻게 '존재'하기 원하는가? 그렇게 되고 싶다면, 심층적 자아에 자신의 중심을 맞추고 기도하고 명상하라. 자기 연민과 상대방에 대한 연민을 연습하라. 앞으로 펼쳐질 일들과의 만남을 위해 마음을 준비하라.

대화

4. 기쁨으로 하기. 일단 함께 만나면, 서로를 즐겁게 맞이하고, 서로의 인간성을 기억하고 연결하라. 이것은 아주 중요한 단계임에도 간과하기 쉽다. 우리가 서로를 배려하는 토대 위에서 시작할 때, 대화는 항상 기운을 얻게 된다. 또한, 신뢰의 틀에서 벗어난 채 진실을 말한다는 것은 어렵고 심지어 불가능하다. 우리가 어떻게 대화를 시작하느냐에 따라 대화의 에너지가 결정된다.

이 단계의 상상력은 또한 시험적인 기능을 한다. 기쁨의 렌즈를 통해 상대방을 생각할 수 있는 일말의 가능성을 즐길 수 없다면, 서로 만나지 않는 것이 가장 좋다.

일단 서로의 기쁜 마음을 확인했다면, 어떤 이야기를 할 것인지 대화의 초점을 정해야 한다.

5. 발견하기. 서로의 말에 귀를 기울이고 서로에게서 배우라. 양자 간에 발생한 갈등에 대한 이해를 공유하라. 무슨 일이 일어났는지 당신의 이야기를 들려주라. 각 관점을 깊이 파헤치기 전에 양쪽의 이야기를 충분히 들을 수 있는 시간을 가지라. 이야기할 때 서로의 인격을 존중하고, 자신이 져야할 책임을 지며, 호기심을 발동시키고, 상대방이 들어주었으면 하는 이야기에 귀 기울여야 함을 잊지 말라. 상대방을 문제로 만들지 않으면서 "문제를 문제로 다루기"가 무엇을 의미하는지 파악하라.

6. 깊은 대화로 들어가기. 열린 질문과 바꿔 말하기를 통해 상황을 더 깊이 이해하고, 이해가 부족한 부분이 없는지 확인하라. 갈등이 왜 자신에게 영향을 미쳤는지 공유하라. 갈등이 왜 상대방에게 그런 식으로 영향을 미쳤는지 들어보라. 1장에서 설명한 의도-행동-결과 모델과 의사소통의 구성 요소를 대화를 지원하는 가드레일로 활용하라. 대화 중에 은혜가 치고 들어올 수 있는 순간에 귀를 기울이라. 그런 순간이 오면 그 순간을 존중할 수 있는 공간을 마련하라.

많은 사람이 "발견하기"에서 다음 단계인 "분별하기"로 넘어가기를 좋아해서 이 "깊은 대화로 들어가기" 단계를 무시하는 경향이 있다. 그러나 진정한 갈등 전환을 위해 깊은 대화로 들어가는 과정은 매우 중요하다. 이곳은 서로의 마음을 확인하고 각자가 내린 결론이나 결론에 이르게 된 삶의 이야기에 대해 배울 수 있는 장소다.

7. 분별하기. 분별하고 다음 단계의 계획을 세우라. 틀어진 관계를 회복하기 위해 당신에게 필요한 것은 무엇인가? 앞으로 나아가기 위해 지속적인 관계 유지와 선의를 위해 어떤 약속을 할 수 있는가? 다음 단계 계획은 선의를 표현하는 것처럼 간단할 수도 있고, 앞으로 관계를 어떤 성격으로 변화시킬 것인지 아주 구체적인 행동 단계처럼 상세할 수도 있다.

당신이 참여한 만남의 결과들을 정리해 보는 시간을 가지라. 여전히 이견이 있는 부분, 결과를 요약하지 않고 만남을 끝내고 싶은 유혹이 있을 수 있다. 불행하게도 이 시기를 놓치면 서로 다른 기억을 가지고 만남을 종료할 수 있다. 만남을 검토하고 요약한다는 것은 양측 모두 만남에 대한 공통된 이해를 가지고 만남의 장소를 떠난다는 것을 의미한다.

갈등 대화 후

8. 다시 함께 걸어가기. 심지어 좋은 대화였다고 할지라도 갈등 대화 이후에, 다시 함께 걷는 일은 어려울 수 있다. 틀어진 관계는 회복될 수 있지만, 많은 경우 여전히 관계가 정상적으로 느껴지지 않을 수 있다. 갈등 대화를 나눈 후 다시 연락을 취하는 것은 용기 있는 행동이다. 특히 갈등 대화가 완전히 만족스럽지 않았을 때 다시 연락을 취하는 일은 더 어렵다. 그러므로 서로 다시 함께 걷는 방법을 배워야 한다. 자신의 고통을 넘어 상대방의 인간성을 보려는 끈질긴 노력이 필요하다. 경우에 따라 이것은 이별을 의미할 수도 있다.

갈등 전환 요약

갈등은 일어날 것이다. 우리 각자를 초대하는 것은 전환의 가능성을 감수하면서 이러한 어려운 순간들에 기대본다는 것이다. 항상 그런 것은 아니지만 종종 갈등을 겪은 상대방과 의미 있고 어려운 대화를 나누는 위험을 감수해야 하는 경우가 있다. 이러한 갈등 대화를 잘 헤쳐 나가기 위해 여러 가지 실용적인 방법들과 도구가 도움이 되겠지만, "내면으로부터 염장하기"는 우리의 더 깊숙한 마음 중심에도 기댈 수 있어야 함을 더불어 기억해야 한다. 마음 깊은 곳에 뿌리를 내리면 우리 자신은 물론 시간이 지나면서 상대방에게도 은혜의 우물에서 물을 길어 올릴 수 있다. 은혜는 우리 자신과 고통과 투쟁의 생생한 경험에 임할 수 있게 해주고, 준비가 되면 우리의 공모를 인정하고, 우리에게 해를 끼친 사람들을 용서하도록 우리를 초대한다. 우리가 넘어지더라도 은혜는 우리 각 사람이 다시 일어설 수 있게 해준다. 그리고 기적적인 일이기는 하지만, 때때로 은혜는 상대방이 다시 일어설 수 있도록 우리의 손을 내밀 수 있도록 해준다.

5장 • 갈등 전환과 영적 훈련의 실천

갈등이 발생하면 갈등이 우리를 뿌리째 뽑아 통제 불능 상태로 몰아넣는다. 이럴 때 우리는 방어적 자아에 빠지기 쉽다. 우리는 때때로 자신도 모르게 방어적으로 되며, 상대방이 나에게 한 것 못지않게, 상대방에 대한 반응이 우리의 방어적 자아에 의해 주도되었다는 것을 뒤늦게 깨닫는다. 화가 나고 악의가 생길 정도로 자신이 옳다고 느끼기도 한다. 우리는 오해를 받았다고 느낄 수도 있고, 우리의 의도가 긍정적이거나 적어도 정당한 것이었는데 어떻게 상대방이 우리를 그렇게 부정적으로 생각할 수 있는지 의아해할 수도 있다. 우리는 삶의 갈등으로 인해 상처와 아픔을 느끼고 심지어 심신이 쇠약해질 수도 있다. 일어난 일에 상관없이 최악의 순간에는 우리가 사랑받는 존재라는 사실을 잊어버릴 수도 있다. 최근 내 친구 한 명이 힘든 갈등을 겪은 후, 부정적인 자기 대화 때문에 밤을 견디기 힘들어졌다고 이야기를 나눈 적이 있다. 내 친구는 혼자가 아니다. 은혜와 치유의 사람이 되기를 갈망하는 우리 또한 자기 성찰이라는 힘든 여정을 걷고 있다. 때로는 이러한 자기 성찰이 지나치면, 건강한 자기 인식에서 자해의 형태로 변질될 수도 있다. 이러한 일이 발생하거나 상처가 너무 깊거나 더 이상 자신을 인식하기 힘들 정도로 방어적이라고 느낄 때, 어떻게 하면 다시 자신을 일으켜 세울 수 있을까? 어떻게 하면 심층적 자아로 돌아갈 수 있을까? 이번 장에서는 이 여정을 안내하는 몇 가지 영적 훈련에 대해 살펴본다.

이 장에 들어있는 각각의 훈련법은 한쪽 끝에는 말로 하는 기도가 또 다른 한쪽에는 침묵 명상이 놓여있는 연속체의 어느 지점에 자리한다. 만트라와 안내 명상은 그 성격에 따라 이 연속체의 양쪽 끝 사이에 자리한다. 이러한 형태의 기도와 명상은 서로 다른 다양한 방식이지만, 우리의 자아를 발견하고 다른 사람의 자아를 발견할 수 있는 우리의 중심 즉 하나님의 마음으로 우리 자신을 돌아가게 하려는 의도를 공유한다.

기도 훈련

내 친구는 일찍이 병원 원목으로 일했다. 어느 날 한 여성이 원목의 방문을 요청했다. 산모였던 그 여성은 예정일보다 훨씬 전에 진통이 시작되었고, 내 친구에게 그녀의 자궁수축이 끝나도록 하나님께 기도해 달라고 부탁했다. 내 친구는 약간 말을 더듬거렸다. 그는 그 여성에게 사람은 하나님을 통제할 수 없으며, 기도로 무슨 일을 할 수 있겠느냐며 다소 수줍은 듯이 말했다. 그러자 여성은 "목사님 아니신가요? 목사님은 목사님이 설교하는 내용을 믿지 않으십니까?"라며 반문했다. 그녀는 강하고 고집스러웠다. 그래서 내 친구는 다소 다급한 목소리로 기도를 시작했다. 그가 기도하는 동안 그 여성은 그가 기도한 내용을 마치 자신에게 끌어당기듯 친구의 기도 내용을 따라 하기 시작했다. 내 친구가 더 이상 기도할 말이 없어지자, 그 여성은 기도하는 데 말이 필요 없으니 계속 기도해 달라고 요청했다. 내 친구는 계속 기도했고, 이제는 가끔씩만 소리 내어 기도했다. 결국 여자는 잠이 들었고 내 친구는 집으로 돌아갔다. 다음 날 그는 산모의 진통이 실제로 멈추고 퇴원했다는 소식을 들었다.

신앙을 가진 사람이든 아니든, 우리 중 많은 사람이 위기에 처하거나 깊은 갈등에 빠졌을 때 더 높은 힘을 가진 존재로부터 도움을 요청한다. 이 점에서 우리도 내 친구와 크게 다르지 않다. 우리는 더 높은 힘을 가진 존재로부터 도움을 요청하지만, 신뢰의 문제로 넘어지기도 한다. 우리는 정말 이 더 높은 힘이 우리 삶의 문제에 작용한다고 믿는가? 큰 고통에서 살아남은 제임스 핀리James Finley는 "하나님의 사랑은 무에서 유를 창조할 수 있을 뿐만 아니라, 어떤 고통 속에서도 우리를 지탱해 줄 수 있다"고 말한다.50) 나는 핀리의 말에 동의한다. 그러나 나는 또한 위대한 신비의 존재를 경험했고, 자비의 행위를 포함하여 불가능할 것 같은 우연의 교차로에 서 있다는 것 또한 알고 있다. 이 신비를 어떻게 받아들일 수 있을까? 이보다 더 큰 수수께끼와 같은 신비에 대해 말하는 것은 이 책의 범위를 넘어선다. 다만 내가 확언할 수 있는 것은 우리보다 더 큰 사랑의 존재가 때때로 우리를 압도하고, 우리를 놀라게 하며, 마치 밧줄처럼 우리를 고통으로부터 벗어나 우리의 마음을 하나님과의 일체감으로 끌어당긴다는 사실이다.

---

50) James Finley, (presentation, Living School Symposium, Center for Action and Contemplation, Albuquerque, NM, August, 2016).

고통에서 구원받기 위해 기도하기

내가 일하는 분야에서 경력을 쌓는 동안, 나는 갈등 후 회복 과정을 코칭해 달라는 요청을 여러 번 받아왔다. 어떤 경우에는 갈등이 그리 극단적이지 않았고, 코칭을 받으러 온 사람도 일어난 일로부터 순전히 배우기를 원했다. 하지만 어떤 경우에는 갈등으로 시작된 일이 어느 순간 극단적인 피해로 확 기울어지기도 했다. 또 어떤 경우에는 당사자 간의 관계가 정상, 갈등, 큰 피해 사이에서 춤을 추면서, 내담자들에게 엄청난 상처와 혼란을 남기기도 했다. 극단적인 피해를 당한 사람들은 자신의 경험을 "미친 짓"이라고 표현했다. 시간이 지남에 따라 그들은 자신을 의심하기 시작했고, 평소라면 하지 않았을 실수를 저질렀으며, 그들이 이전에 알지 못했던 생사를 가를 만큼 깨어지기 쉬운 취약성을 경험했다. 아주 극단적인 경우에, 내담자들은 가해자가 떠난 후에도 살아가는 것이 두렵다고 했다.

큰 피해를 당한 내담자들의 경험을 듣고 나서, 나는 구원을 받기 위해 기도한다는 것이 어떤 의미인지 새롭게 이해하기 시작했다. 이러한 경험을 하기 전에는 "죄와 구원"이라는 기독교적 언어가 결코 따뜻하게 마음에 와 닿지 않았다. 도대체 우리는 무엇으로부터, 무엇 때문에 구원을 받아야 할까? 궁금했었다. 그러던 중 이 대화가 내 인생에 모습을 드러냈다. 죄가 아닌 고통과 관련된 이 경험은 내담자에게는 영혼이 짓눌리는 일이었다. 물론 자세히 들여다보면 내담자의 행동이 완벽하지 않았다는 것을 알 수 있을 것이다. 그럼에도 불구하고 내담자의 실수 중 어느 것도 그녀가 당한 피해를 받아 마땅하다고 이야기할 수는 없었다. 그녀의 경험은 너무 강렬해서 그녀는 목숨과 생계를 모두 두려워했다. 나의 내담자는 숨 쉬는 것조차 힘들었던 최악의 순간에 가해자로부터 자신을 구해달라고 하나님께 부르짖었다.

내담자는 도움을 갈구하는 데 있어서 혼자가 아니다. 최악의 고통의 순간에, 우리는 더 크고 은혜로 가득한 우주로 다시 연결되고, 혼자가 아니라는 것을 알고, 구원받기를 갈망한다. 우리는 누군가가 혹은 그 '어떤 분Someone 신'이 우리의 이야기를 듣고 있기를, 우리의 생명을 구할 수 있기를, 우리가 다시 온전해질 수 있기를 바라며 울부짖는다.

내담자는 고통 속에서 울부짖은 후, 자신의 삶에서 오래 전 친구가 보낸 한 장의 카드, 그녀의 상황에 대해 말하고 있는 책상 건너편의 물건, 안부를 묻기 위해 전화한 가족 구성원 등과 같은 작은 기적과 경이로움을 발견하기 시작했다고 내게 말해주었다. 그 내담자는 꿈속에서 하나님의 손이 자신의 어깨 위를 토닥이며 "나를 봐요. 내가 이 문제에 개입하고 있으니, 괜찮을 거야."라고 하는 말을 듣기도 했다.

임사 체험臨死體驗은 점점 분명한 사건으로 언급되고 있다. 극심한 갈등 속에서의 임사 체험 또한 분명한 사건으로 언급되고 있다. 누구도 바라던 경험은 아니지만, 극심한 고통은 우리를 한계 공간으로 몰아넣을 수 있다. 우리는 삶과 죽음의 문턱에 서 있으며, 만약 우리에게 또 한 번의 인생이 주어진다면, 다른 사람으로 살고 싶어한다는 사실을 알고 있다. 우리는 달라진 삶을 살 것이다. 하지만 어떻게 달라질 것인가? 더 고통스럽고, 불안한 모습으로 돌아오지는 않을까? 아니면 더 온전하고 선함, 관대함, 은혜에 더 열려 있는 모습으로 돌아올 것인가?

리처드 로어Richard Rohr는 그의 저서『불멸의 다이아몬드』에서 인생에서 우리가 확신할 수 있는 세 가지가 있다고 말한다. 첫 번째는 우리가 사랑받고 있다는 사실이다. 우리가 삶에서 어떤 일을 했든, 어떤 일을 당했든 우리는 사랑받고 있다는 이 진리는 변하지 않는다. 우리는 가치 있는 존재다. 둘째는 고통이 찾아 올 것이라는 사실이다. 삶은 삶이 하는 일을 한다. 어떤 식으로든 우리에게 고통이 닥칠 것이다. 여기에는 갈등으로 인한 고통도 포함된다. 그리고 마침내 우리가 고통의 시간을 보내고 있을 때, 우리를 다시 삶으로 끌어당기는 손길이 우리를 향해 뻗어 올 것이다.[51] 그 손은 친구, 마트에서 만난 낯선 사람의 친절한 몸짓, 치료사 또는 책상 건너편에 놓인 어떤 물건의 형태로 다가올 수 있다. 또한 꿈에서 깨어 있을 때나 잠을 잘 때 하나님의 손이 어깨를 토닥이며 "나를 봐요. 내가 이 문제에 개입하고 있으니, 괜찮을 거야."라는 느낌으로 다가올 수 있다.

이 "우리가 확신할 수 있는 세 가지"라는 이야기에는 또 다른 지혜의 핵심이 담겨 있다. 우리 대부분은 갈등을 원하거나 갈등을 추구하지는 않지만, 어느 정도의 고통은 우리의 인생 전환에 있어 중요한 역할을 한다는 점이다. 우리가 첫 번째 단계인 사랑하는 단계에서만 머물러 살면 안주하게 되고, 심지어 자신도 모르게 집착에 빠질 수 있다. 고통은 우리의 배를 흔들고, 우리를 깨우고, 우리를 강제로 변화시켜 삶으로 되돌아와 우리를 현존하도록 요청하는 사랑으로 인도하는 방법이다. 여기에는

---

51) Richard Rohr, *Immortal Diamond: The Search for Our True Self* (San Francisco: Jossy-Bass, 2013), xix-xxii.

갈등으로 인한 고통도 포함되어 있다. 그 누구도 갈등의 고통을 원하는 사람은 없다. 그 어느 누구도 갈등으로 인한 고통을 선하다고 말할 수 없다. 그럼에도 불구하고 우리는 큰 고통의 시기에 어떻게든 신의 존재를 더 분명하게 보게 되는 것 같다. 여기서 지혜는 올라가는 길이 때로는 내려가는 길이 되며, 놓아주고, 풀어주고, 집착을 내려놓는 것이 우리의 발전에 매우 중요하다고 알려준다.

우리가 구해달라고 부르짖을 때, 우리는 가해자로부터의 구원뿐만 아니라 우리 자신에게도 구원이 필요하다는 것을 알게 된다. 또한 우리는 두려움, 자기 의심, 도망치고 싶은 욕망으로부터 구원받기를 갈망한다. 여기에는 우리가 삶에서 반복해서 보게 될 이상한 신비가 놓여있다. 두려움을 자신의 것으로 받아들일 때 우리는 가해자의 손아귀에서 벗어날 수 있다. 달리 말하면, 우리가 자신의 감정을 자기 것으로 받아들일 때, 우리는 가해자와 차별화할 수 있는 힘을 얻게 된다. 결국, 우리의 두려움은 우리의 방어적 자아와 공격자 모두에게 묶어두는 일종의 애착이기도 하기 때문이다. 두려움은 처음에는 우리를 보호하지만, 시간이 지나면 우리를 가두어 버린다. 두려움을 우리의 일부로 인식하면서, 우리가 두렵다고 느끼는 자아를 보살필 수 있어야 한다. 그럴 때 우리의 두려움은 우리를 일깨우는 명료한 부름으로 우리 존재 안에서 정당한 목적을 찾을 수 있으며, 우리를 마음으로 되돌아가게 한다. 이때, 자아가 결코 위험에 처하지 않을 견고한 토대 위에 서서 우리는 상대방에 대한 건강한 반응이 무엇인지 분별할 수 있게 된다.

최근 나는 자신이 담당하는 내담자에 대해 말하고 싶어 하던 유럽의 동료와 다음과 같은 이야기를 나눈 적이 있다. "저는 당사자가 가능한 빨리 이 갈등을 끝내고 싶어한다는 것을 알고 있습니다. 하지만 저는 제대로 갈등을 끝내려면 반드시 이 과정을 거쳐야 한다고 생각합니다. 이러한 갈등이 필요한 이유는 만약 그들이 이 갈등을 제대로 받아들이기만 한다면 그것이 그들을 변화시킬 수 있기 때문입니다."52) 결국 갈등이란 더 이상 도움이 되지 않는 낡고 오래된 패턴을 버리는 데 도움이 될 수 있기 때문이다. 나의 동료는 사람들이 학대를 받는 상황에 계속 머물러야만 한다고 말하는 것이 아니다. 오히려 그는 갈등이 때때로 우리에게 자기 성찰, 분별력, 배움, 행동을 요구하는 스승이 될 수 있다고 했다. 여기서 **요구하다**demanding라는 동사가 중요하다. 갈등은 어려운 스승이다. 만약 갈등의 혼돈 속에서 잠시 멈춰서, 실제로 순간의 차이를 통해 인간이 된다는 것이 무엇을 의미하는지 발견하라는 요청을 받는다면 어떻게 답할 것인가? 나의 동료는 문제 해결을 향한 서두르는 모습을 십자가 위의 죽음의 고통을 건너뛰고 바로 부활에 도달하려는 열망에 비유했다. 특히 갈등이 너무 고통스러웠거나 오래된 상처와 이야기를 다시 건드렸거나 갈등이 너무 오랫동안 지속된 경우에 이를 극복하는 것은 쉽지 않다. 그러나 여전히… 우리는 전환과 관련된 힘들고 어려운 일에 연루될 때, 우리 자신을 위한 은혜를 포함하여 다양한 은혜를 발견한다. 때로는 우리가 온전해지는 것은 우리의 연약함을 다룰 때 이루어진다. 이상하게도 때때로 우리의 갈등이 우리를 구원하기도 한다.

---

52) 2020년 8월 5일 Paul Hutchinson과 나눈 사적 대화에서.

천사를 찾는 기도

때때로 우리는 구원받기 위해서가 아니라 삶을 유지하기 위해 기도한다. 기도는 우리가 어려운 갈등 대화에 참여할 때 가까이에서 은혜의 손길을 느끼기 위해 필요한 것이다.

몇 년 전, 나는 친한 친구와 복잡하고 곤란한 상황으로 인해 갈등을 겪은 적이 있다. 우리는 둘 다 서로에게 최선의 것을 원했다. 우리는 서로를 증오하는 곳으로 빠지지 않았으며, 서로 친구됨의 의미와 상황에 대해 이야기하면서 더 많은 오해를 갖기도 했지만, 양측 모두의 의도는 결코 서로에게 해를 입히려는 것이 아니었다. 그저 고통의 짐을 함께 나누자는 취지였을 뿐이었다. 그러나 우리는 매우 복잡한 상황으로 인해 서로에게 상처를 주었다. 상황은 서로에게 돌아갈 길을 쉽게 찾을 수 없을 만큼 어려워졌다.

나는 지금이 아닌 미래의 언젠가 서로에게 무슨 일이 있었는지 다시 이야기해야 할 필요가 있겠다는 걸 알았다. 나는 그때가 오기까지 기다려야 할 필요가 있음을 알게 되었다. 하지만 그 때가 언제가 될 것인가? 18개월 동안, 때가 적절하지 않다고 느꼈다. 그러던 어느 날 밤, 나는 모닥불을 피워놓고 함께 이야기를 나누는 꿈을 갖게 되었다. 나에게 이것은 하나의 신호였다. 지금이 바로 그때였다. 하지만 18개월이 지난 후에 어떻게 관계를 다시 시작해야 할까? 나는 이메일을 친구에게 보내면서 먼저 용서를 구했다. 그녀는 만나서 이야기를 나누자고 제안했고, 나는 만남에 동의한 뒤 몇 주 후 만날 날짜를 정했다.

친구를 만나는 것이 긴장되어서인지 나는 천사가 우리 둘의 대화에 함께 하면 좋겠다고 기도했다. 그 당시에는 천사를 위해 기도하는 것이 나의 영성이나 기도 습관이 아니었지만 나는 그렇게 기도했다.

우리는 새해를 맞은 토요일 저녁에 커피숍에서 만나기로 했다. 토요일 오후, 나의 가족과 나는 새로운 눈썰매를 사러 지역의 대형 철물점에 갔다. 눈썰매들 사이에 서 있는 동안 나는 카트가 필요하다고 느꼈다. 나는 남편과 아이들을 장난감 코너에 남겨두고, 카트를 가지러 매장 앞으로 돌아왔다. 매장은 거의 텅 비어 있었다. 카트를 끌고 통로를 지나가는데 전혀 어울리지 않는 복장을 한 커플이 눈에 들어왔다. 우리는 허름한 작업복을 입은 반면 이 커플은 긴 흰색 코트를 입고 있었다. 우리는 단정하지 않아 보였지만 그들에게서는 빛이 났다. 나는 그들이 현지인이 아닐 거라고 확신했다. 남편을 보자마자 나는 "가게에 한 커플이 있는데 빛이 나네요. 마치 영화에 나오는 천사들 같지 않아요?"라고 말했다.

토요일 저녁, 나는 친구를 만나러 집을 나섰다. 염려가 올라왔다. 대화가 잘 진행되기를 바랐고 우리 사이에 고통을 더하고 싶지 않았기 때문이었다. 커피숍에 도착했을 때 친구는 이미 그곳에 와있었다. 나는 창문을 바라보며 자리에 앉았다.

대화가 시작된 지 한 15분쯤 지났을 때, 지역의 대형 철물점에서 본 커플이 바깥 길가로 지나가는 모습을 보았다. 여전히 그들은 길고 빛나는 흰 옷을 입고 있었다. 나는 이 커플을 보며 천사를 위해 드렸던 기도에 대해 생각했다. 그런데 이 부부가 카페 창가로 걸어오고 있었다. 나는 깜짝 놀랐다. 내가 천사에게 기도를 해왔었는데, 불과 몇 시간 전에 내가 천사라고 묘사했던 이 커플이 이곳을 지나가고 있었기 때문이다. 내 얼굴에는 작은 미소가 스쳐 지나갔고, 나는 다시 친구에게 집중했다. 친구와 나는 이야기를 나눴다. 우리는 우리가 알고 있는 모든 기술을 사용하며 좋은 대화를 나누었다. 그렇게 대화는 잘 진행되었다. 우리는 오해를 풀고, 갈등에 관여한 부분에 대해 사과했으며, 상황이 우리 둘이 생각했던 것보다 더 커져버렸다는 데 동의했다. 좋은 만남이었다. 대화가 끝날 무렵 나는 실수로 동전 하나를 바닥에 떨어뜨렸고 그것을 주우려고 허리를 굽혔다. 그 순간 나는 내 바로 뒤 테이블에 앉은 사람들을 처음으로 보게 되었다. 바로 그 천사 같은 커플이 또 다른 커플과 함께 앉아 있었다. 기쁨의 놀라움이 나를 휘감았고, 이어서 은혜가 폭포수처럼 내 위로 쏟아지는 느낌이 들었다. 천사들이 보도를 따라 그냥 지나가 버린 것이 아니라, 커피숍에 들어와서 우리와 가장 가까운 테이블에 앉았다. 그리고 그 테이블에는 두 명이 아니라 네 명이 있었다. 철물점 천사가 나의 천사라면, 두 번째 커플은 내 친구를 돌보기 위해 보내진 천사들이었을까? 우리 둘을 위해 천사들이 온 걸까? 나는 경외감에 사로잡혔다.

이 두 커플은 정말 천사였을까? 머리는 아니라고 말하지만 마음은 "아마도?"라고 말하고 있었다. 그들은 우연히 빛을 발하는 흰 코트를 즐겨 입는 평범한 낯선 사람일 수도 있었을 것이다! 내가 아는 것은 이 커플의 존재와 함께 나의 기도가 내 뼛속 깊은 신뢰를 만들어냈고, 친구와의 힘든 대화를 고립된 채 나 혼자만 감당한 일이 아니었다는 깨달음이었다. 그 대화는 우리를 응원하고, 우리를 지지하고, 이 더 큰 은혜에 상호 참여하도록 유도하는 더 큰 은혜 안에서 일어났다는 것이다.

우리의 잘못을 치유하는 기도하기

앞서 살펴본 바와 같이, 갈등을 잘 극복하는 일은 내면으로의 여정, 우리가 경험한 고통을 인정하고, 우리가 가담한 갈등이나 피하고 싶었던 갈등에서 우리 자신의 잘못을 냉정하게 바라보는 것을 포함한다. 대부분의 갈등에서의 잘못은 어떤 형태의 애착과 관련이 있기 때문에, 갈등은 생각만큼 쉽지 않다. 어떤 사람들은 자신과 다른 사람 사이에 발생한 역학 관계 때문에 좌절감으로 인한 갈등을 겪기도 한다. 어떤 사람들은 갈등이 없다고 생각하지만 그 여파로 불안과 고통을 남긴다. 어떤 사람들은 친밀한 관계에서 자연스럽게 발생할 수 있는 위험을 두려워하여 의미 있는 대화를 회피한다. 어떤 사람들은 갈등이 필요하지 않거나 더 부드러운 접근이 더 효과적이라 여겨지는 곳에서 적극적으로 갈등을 유발하기도 한다. 어떤 사람들은 과거의 유령과 싸우거나 인생에서 해결되지 않은 문제와 싸우기 위해 지금 여기의 갈등을 이용하기도 한다. 어떤 사람들은 겉으로는 모든 것이 괜찮은 것처럼 행동하면서 마음속으로는 증오를 품고 있다. 또 다른 사람들은 자신도 모르게 갈등에 빠지는 실수를 저지르기도 한다. 목록은 끝이 없다.

우리의 잘못을 치유하기 위해 기도하는 것은 고통의 계곡을 걷는 것과 관련되어 있다. 우리 대부분은 잘못한 편에 서고 싶어 하지 않는다. 그러나 "내가 이것을 했습니다. 이것은 내 최선의 모습이 아닙니다. 미안합니다. 제가 잘못했습니다"라고 말하는 능력 안에서 깊은 자유를 느낀다. 지은 죄나 잘못에 대한 책임을 지는 것은 우리를 피해자의 입장에서 벗어나게 한다. 갈등에 대해 자신이 기여한 바가 더 크면 클수록, 우리는 자신의 이야기에서 변화의 주체가 된다. 이러한 자세로부터, 상대방에게 "투명하게" 책임을 묻기가 더 쉬워진다. 방어적인 태도에서 벗어나, 상대방의 잘못에 관해 상대방과 대화할 때, 각자가 옳았다고 상대방에게 설득하기보다는 앞으로 나아갈 길을 찾는 것이 더 중요하다. 우리는 상대방에게 가르치려는 자세보다 배우려는 자세를 취하고자 할 때 자유하게 된다. 깨어진 관계를 치유할 수 있게 된다.

갈등의 일부로서 우리가 져야할 책임은 우리의 죄책감과 싸우는 것과 관련된다. 우리는 죄책감을 좋아하지도 않고, 죄책감으로 인한 수치심에 빠지는 것도 원하지도 않는다. 여기에서 죄책감과 수치심을 구분하는 것은 매우 중요하다. 죄책감은 회복하기 쉬운 반면, 수치심은 우리를 더 비난과 갈등으로 몰아넣는 경향이 있다. 죄책감은 내가 나쁜 일을 했다고 말하지만, 수치심은 내가 나쁜 사람이라고 말한다.[53] 수치심은 우리를 심층적 자아, 즉 완전한 선함이 존재하는 내면으로부터 분리시킨다. 수치심은 우리를 서술적 자아에 결함이 있다고 선언한다. 방어적 자아에 의해 정의되는 수치심은 종종 우리가 살아남기 위해 자신을 보호해야 한다고 말한다. 이것이 수치심이 종종 비난으로 전환되는 이유이다. 그리고 전환이 불가능할 때, 수치심은 내면으로 향하여 우리를 내면에서 죽게 만든다. 죄책감은 "내 자아는 위험에 처하지 않았고 내가 책임질 수 있을 만큼 나쁜 일을 저질렀다"고 말한다. 죄책감은 심지어 "나는 큰 고통

---

53) 수치심과 죄책감의 차이에 대한 자세한 내용은 Brene Brown, *Daring Greatly: How the Courage to Be Vulnerable Transforms the Way We Live, Love, Parent, and Lead* (New York: Gotham, 2012) Brene Brown, "Listening to Shame," Filmed March 2012 at TED2012, TED Video, 20:22, https://www.ted.com/talks/brene_brown_listening_to_shame/ 참조.

을 초래하는 삶의 패턴에 따라 살아왔고, 그에 대한 책임은 내가 지고 있으며, 내 자아는 위험하지 않다. 내 마음에는 여전히 나를 무조건적으로 사랑하시는 거룩한 마음이 있다"라고 말하기까지 한다.

갈등에 연루된 우리의 잘못을 치유하기 위해 기도할 때, 우리는 우리를 처음 존재로 부르신 사랑에 우리의 복잡하고, 깨지고, 잘못에 연루된 자아를 내놓는다. 우리는 자신을 용서하는 법을 배운다. 그리고 우리는 종종 지친 상태에서, 우리가 확신할 수 있는 첫 번째 진리, 즉 우리가 사랑받는 존재라고 선포하는 은혜의 품 안에 안기게 된다. 우리는 우리 삶의 갈등에 기여한 바와 상관없이 여전히 사랑받는 존재다. 이 받아들여짐 속에서 우리는 이제 우리의 애착을 분류하고, 애초에 우리를 건강하지 못한 갈등에 빠지게 만든 애착 중 적어도 몇 가지를 놓아 보내는 기술을 연습할 용기를 얻게 된다.

고통 받는 사람들을 위해 기도하기

갈등이 우리를 미약하게 만드는 이유 중 하나는 우리가 통제할 수 있는 것이 아무것도 없는 것처럼 느끼기 때문이다. 상대방의 치유 여정에 우리가 자비를 베풀고 있는 것처럼 보일 수 있다. 이에 대해 우리가 통제할 수 있는 것이 무엇인지 생각해 볼 필요가 있다. 우리가 통제할 수 있는 영역 중 하나는 우리의 고통이 자신만의 것이 아님을 관찰하는 것이다. 전 세계의 많은 사람들이 우리의 고통을 공유하고 있다. 그들도 고통스러운 갈등에 빠져 만약 다르게 행동했더라면 하는 바람으로 자신들을 바라보고 있다. 그들도 다른 사람의 행동으로 인해 상처를 받았다고 느껴왔다. 우리의 아픔뿐만 아니라 우리와 같은 이야기를 가진 사람들의 아픔을 통해 우리는 세상의 아픔을 우리의 아픔과 연결할 수 있다. 이러한 경우, 우리는 우리의 고통을 받아들이는 기도 "나는 고통에 대한 나의 감정을 받아들입니다."와 세상의 고통을 받아들이는 기도 "내가 겪은 것을 겪고 있는 세상 사람들의 고통을 내 영혼으로 받아들입니다."를 드린다. 이 두 단계가 끝나면 우리의 고통을 내려놓고 세상의 고통을 내려놓기 위한 기도에 두 단계를 더 추가할 수 있다. "나는 나의 고통의 감정을 하나님과 우주에 내려놓습니다. 나는 세상의 고통 또한 내려놓습니다."

우리 자신의 고통이 극심할 때, 우리는 아직 세상의 고통을 받아들일 준비가 되어 있지 않을 수 있다. 어떤 의미에서 우리 자신을 세상의 아픔에 열어놓는 것은 잣대와 같은 기능을 한다. 우리의 영혼이 자신의 고통뿐만 아니라 세상의 아픔까지 받아들일 수 있을 때, 우리는 치유의 길에 한 발짝 다가섰다는 것을 알게 된다.

우리와 갈등하고 있는 사람(들)을 위해 기도하기

갈등이 있을 때 우리는 빠르고 쉽게 해결되기 원할 것이다. 하지만 서로에게 공간을 마련해 주어야 하는 상황도 있다. 이러한 상황에서 우리는 좀 더 기다릴 수 있어야 한다. 우리는 상대방을 위해 기도할 수 있고, 명상의 시간을 가질 수 있으며, 갈등의 이야기에서 자신의 역할을 이해하기 위해 자기 성찰에 참여할 수 있다. 이 모든 것들은 우리 영혼의 밭을 경작하는 것과 같아서, 갈등에 대한 대화가 가능하도록 때를 준비해준다.

우리가 갈등이 있을 때 갈등을 겪고 있는 사람을 위해 기도하는 것은 매우 자연스러운 일이다. 이는 우리가 상처를 입었거나 다른 사람에게 상처를 주었거나, 갈등의 규모가 크거나 작거나 상관없다. 다른 갈등에 있어서 우리는 상대방을 위해 기도할 수 있지만, 그렇게 하는 것은 힘든 일이다. 그리고 어떤 경우에 다른 사람을 위해 기도하는 것은 다른 사람들이 우리를 위해 짊어지도록 우리가 허락하는 책임이기도 하다.

다른 사람을 위해 기도한다는 것은 어떤 의미일까? 그것은 상대방이 잘 되기를 바라는 아주 간단한 것일 수 있다. 그것은 하나님의 빛이 상대방에게 비춰지기를 기도하는 것처럼 심오한 것일 수도 있다. 상대방의 안녕에 대한 사랑과 희망의 표현일 수도 있다. 또한 갈등이 해결되기를 바라는 마음을 포함할 수도 있다.

나는 **하나님, 당신의 사랑과 친절하신 팔로 이 사람을 품어 주십시오**라는 기도를 사용하곤 한다. 우리가 갈등을 겪고 있는 사람을 포용할 수는 없지만, 우리보다 더 큰 사랑의 에너지가 우리를 대신해 포용해 달라고 기도할 수는 있다. 이 기도를 드릴 때 우리 자신의 마음도 부드러워지는 것을 발견하게 될 것이다. 우리가 사랑의 기도를 드리는 동안 동시에 복수심에 불타는 생각을 오래 지속할 수 없다. 곧 기도가 우리를 변화시킬 것이다. 설령 상대방이 우리에게 큰 해를 끼쳤더라도, 사랑의 기도는 고통 속에서도 상대방의 인격을 존중한다. 극심한 고통의 경우, 우리는 하나님께 이 사람을 사랑해 달라는 기도조차 할 수 없을 것이다. 이러한 상황에서 우리는 우리에게 해를 끼친 그 사람을 위해 기도하는 일을 다른 사람이라도 할 수 있게 해야 한다.

상대방을 위해 기도하는 것은 상대방의 심층적 자아, 서술적 자아, 방어적 자아를 포함한 그의 인격의 충만함 속에서 상대방을 바라보는 영적 훈련과 서로 관련되어 있다. 이것은 누군가에게 자유이용권을 주는 것과는 다른 문제다. 오히려 이것은 상대방의 인간성을 이해하려 들고, 상대방의 상처와 선한 잠재력을 모두 인정하려는 끈질긴 노력이다. 그것은 무엇이든 잘못된 일에 연루된 우리에게도 연민의 손길이 미치기를 바라면서도 연민을 가지고 상대방을 대하려는 노력이다. 그것은 상대방에게서 하나님의 얼굴을 보고자 헌신하겠다는 의지다. 때때로 이 헌신은 우리가 드리는 말로 하는 기도와 관련이 있다. 때로는 이 헌신은 말없이 이루어지기도 한다.

명상 훈련

갈등 상황을 경험할 때, 우리를 보호하기 위해 여러 가지 생리적 과정이 수반되지만, 이는 우리를 심층적 자아로부터 멀어지게 한다. 심장이 뛰고, 위장이 뒤틀리고, 호흡이 얕아지고, 뇌가 정지한다. 아마도 다리가 후들거릴 수도 있다. 우리가 너무 빨리 반응하거나, 제자리에 갇히거나, 아예 그 상황으로부터 도피할 수도 있다. 시간이 지나면 우리 몸은 휴식을 취하지만, 만약 그 사건이 트라우마를 일으키거나 우리 삶에서 일어난 큰 패턴의 사건과 유사한 경우, 우리 몸은 휴식을 취하는 것이 아니라, 자기방어를 할 다음 상황이 벌어질 때까지 기다리며 준비 상태를 유지하게 된다. 마찬가지로, 어떤 갈등은 우리의 마음을 쉬게 하지만, 어떤 갈등은 우리가 방어적이고 때로는 강박적인 사고 패턴에 관여하면서 자기 대화를 끊임없이 하도록 만든다. 요컨대, 갈등에 사로잡히는 상황에 빠지게 된다.

우리의 심층적 자아로, 그리고 신의 존재로 돌아가는 길을 서서히 만들어 나가는 것과 관련된 가장 중요한 훈련 중 하나는 명상 수행이다.^{중재} mediation와 혼동하지 말 것 명상은 다양한 종교적 전통에 뿌리를 두고 있으며 향심기도, 마음챙김 명상, 그냥 명상 등 다양한 이름으로 불린다. 가장 단순하게 정의하자면, 명상은 의도적으로 또는 안내에 따라 침묵에 참여하는 행위이다. 명상적 침묵 수행은 몸과 마음을 안정시켜 건강에 큰 도움을 주는 치료법으로 널리 알려져 있다. 이것은 진실이며 명상의 치료 효과를 과소평가해서는 안되지만, 명상에는 몸과 생각을 고요하게 하는 것 이상의 것이 있다. 명상 수련은 우리를 마음과 심층적 자아로, 우리 몸과 호흡을 통해 흐르는 하나님의 현존으로 되돌아가게 해준다.

연민과 건강한 바운더리를 위한 명상

우리는 상대방을 위해 기도하고 연민으로 껴안을 수 있지만, 상대방에 대한 연민은 건강한 바운더리를 유지할 때 강화된다는 점을 기억하는 것이 중요하다. 상대방에게 더 가까이 다가가는 에너지로써 우리가 연민을 제공하고, 상대방과 거리를 두는 에너지로써 바운더리를 유지한다는 것은 역설이다. 이 역설과 함께 살아간다는 것은 두 가지 에너지를 동시에 사용한다는 것을 의미한다. 결국, 만약에 우리가 바운더리만 강조한다면 상대방을 잃게 되고, 연민만 강조한다면 우리 자신을 잃게 된다. 또한 우리가 바운더리에만 갇혀 있으면 시간이 지남에 따라 우리 자신도 잃어버리게 될 것임은 자명하다. 왜냐하면 자아는 연결 없이 생존할 수 없기 때문이다. 마찬가지로, 만약 우리가 연민만 앞세우면 다른 사람을 잃게 될 것이다. 사람들은 연결이 너무 많으면 생존할 수 없다. 영적 훈련이라는 관점에서 볼 때, 어떻게 연민과 바운더리를 동시에 제공할 수 있을까?

지난 수년 동안 나는 워크숍 참가자들에게 연민과 적절한 바운더리의 균형 잡힌 모습을 반영하는 두 가지 손짓을 진지하게 숙고해보도록 가르쳐왔다. 왼손은 환영과 은혜의 몸짓으로 열린 컵처럼 손바닥을 위로 향하게 하고, 오른손은 멈춤 신호처럼 들어 올려 바운더리를 나타내도록 하는 것이다. 최근에 나는 다른 사람과의 까다로운 관계를 탐색할 때 이러한 손동작에 의지하는 안내 명상54)에 대해 알게 되었다. 다음은 이 명상에 대해 수정한 안내 지침이다.

1. 발을 바닥에 대고 허리를 곧게 펴고 편안하게 앉습니다.
2. 숨을 편히 쉬고 몸이 자리를 잡도록 합니다.
3. 왼손을 컵처럼 벌립니다. 열린 손으로 상대방의 영혼을 은혜와 연민으로 받아들입니다.
4. 몇 분 후, 멈춤 신호처럼 오른손을 앞으로 들어 올립니다. 판단하지 않는 가운데 강한 영혼으로 자신과 상대방 사이에 바운더리를 설정하고 유지합니다.
5. 몇 분 후, 팔을 가슴 위로 교차시킵니다. 자기 자신을 연민으로 다

---

54) lizabeth Lesser "The Do No Harm and Take No S*** Practice," interviewed by Tara Brach, November 20, 2020, 18:39, https://www.youtube.comn/watch?v=C6chvht814s.

독입니다.

6. 명상이 완료될 때까지 3~5단계를 반복합니다.

우리는 종종 바운더리를 없애고 더 많은 고통에 자신을 개방함으로써 갈등을 해결하려는 유혹을 받거나, 우리를 보호하기 위한 철옹성 같은 바운더리를 유지하면서 오히려 우리를 가둬버리고 마는 상반된 접근 방식을 취한다. 열린 손과 바운더리를 설정하는 손과 함께 하는 명상은 역설 속에서 살아가는 법, 즉 상대방을 은혜의 정신으로 대하면서도 안전에 대한 욕구를 존중할 수 있는 방법을 가르쳐준다.

침묵 명상

인간의 영혼은 세상을 이해하고자 하는 갈망, 의미에 대한 갈망, 타인의 품에 안긴 안정감, 우리를 갈망하는 더 큰 영혼과의 일치감과 소속감에 대한 갈망으로 단단하게 연결되어 있는 듯싶다. 다음은 제임스 핀리의 글이다.

우리 존재의 핵심은 하나님이 영원한 그리움으로 우리를 기다리시는 조용한 심연의 순간 속으로 돌처럼 끌려 들어간다. 그러나 거짓 자아는 그 깊은 곳까지 우리를 여행하도록 허락하지 않는다. 수면 위의 물수제비를 뜨듯 뛰어가는 돌처럼 우리는 삶의 주변적이고 일차원적인 변두리를 따라 계속 훑고 지나간다. 가라앉는다는 것은 사라지는 것이다. 하나님과의 연합을 향한 하나님의 부르심의 알 수 없는 심연으로 가라앉는다는 것은 거짓 자아가 알고 소중히 여기는 모든 것을 잃는다는 것이다.[55]

명상한다는 것은 우리를 갈망하시는 하나님의 품에 안겨 가라앉는 것이다. 그러나 핀리의 말처럼, 우리는 이러한 포옹을 갈망하면서도 하나님과의 연합이라는 미지의 심연 속에서 자신을 잃는 것을 거부하기도 한다. 우리의 거짓 자아와 방어적 자아는 우리를 쉽게 놓아주지 않는다. 우리가 명상을 하는 이유가 바로 이 포옹 속으로 자신을 가라앉히고 사라지게 하는 수행을 하기 위해서다. 명상은 생각과 몸을 침묵시킨다. 그것은 식료품 목록, 영광의 비행, 갈등, 강박적인 생각, 혹은 기타 거짓 자아로 산만해진 생각 등 어떤 것이든지 상관없이 끝없이 생각해야 한다는 강박과 쉴 수 없는 상황에서 벗어나게 해준다. 분명하게 말하자면, 침묵 명상의 목표는 완벽한 침묵에 **도달하는** 것이 아니다. 목표는 침묵을 수행하는 것이다. 침묵에 **도달하는 데** 초점을 맞추면 명상이 성공 또는 실패로 자신을 판단하는 또 다른 프로젝트로 변질되어 집착을 일으키고 방어적 거짓 자아로 되돌아가게 된다.

명상은 가만히 앉아 호흡에 집중하고 떠오르는 생각과 방해 요소를 놓아 버리는 수행이다. 명상은 침묵으로 돌아가는 행위, 즉 우리 내면의 중심인 신성한 존재로 돌아가는 행위다. 어떤 형태의 명상은 명상하는 사람의 생각이 사라지고 내면의 침묵을 찾을 때까지 짧은 구절이나 만트

---

55) James Finley, *Merton's Palace of Nowhere* (Notre Dame, IN: Ave Maria Press, 1978), 30.

라를 천천히 반복하도록 권장한다. 향심 기도라고 알려진 또 다른 흐름의 명상은 명상하는 사람을 즉시 침묵에 들어가도록 초대하고, 마음이 방향을 잃고 헤맬 때마다 침묵으로 돌아가도록 "신성한 단어"를 사용하도록 초대한다. 어떤 사람들은 몇 년 동안 같은 단어나 만트라를 사용한다. 어떤 사람들은 스스로 계절에 맞는 단어나 만트라를 수정해가며 사용한다.

방황하는 마음을 가라앉히고 우리의 중심으로 돌아오게 하는 일은 쉽지 않다. 대부분의 명상 전통에 저마다 마음을 가라앉히는 데 도움이 되는 단어나 만트라가 있는 이유다. 생각이 떠오를 때 우리는 그 생각을 인식하고 침묵으로 들어가는 친절한 안내자로 단어나 만트라를 사용하도록 권장한다. 우리가 사용하는 만트라는 지팡이와 같아서 우리 존재에 리듬을 만들어 불안한 마음이나 초조함을 가라앉히는 데 도움을 준다. 그 과정에서 숨을 천천히 들이마시고 내쉬는 호흡에 주의를 기울이도록 권장한다. 숨을 들이마시고 내쉴 때마다 우리의 중심, 심층적 자아, 우리 안에 살아 계신 하나님의 현존으로 돌아가는 것이다. 숙련된 명상가는 하루에 두 번, 20분 이상 이러한 침묵의 공간에 머물 수 있다. 나는 명상법을 가르칠 때 사람들에게 1분, 2분, 5분, 15분 등 작은 시간부터 시작해서 차츰 늘려나가라고 말한다. 나는 다음과 같은 리듬과 함께 명상을 시작하도록 제안한다.

1. 가부좌를 하거나 의자에 앉을 수 있는 편안한 공간을 찾는다. 등을 곧게 세우고 앉는다. 이렇게 앉을 때 깨어 있기가 더 쉽다. 원한다면 잠

시 소리를 내어 기도를 한다.

    a. 몸의 통증을 알아차린다. 몸을 안정시킨다. 얼굴을 부드럽게
       한다.

    b. 가지고 온 생각들을 관찰한다. 생각들을 버리고 생각을 가라
       앉힌다.

    c. 자신의 감정에 주의를 기울이고, 감정을 인정하고 내려놓는다.

2. 명상 타이머를 설정한다.

3. 명상을 시작한다. 호흡에 주목하며 숨을 들이쉬고 내쉰다.

4. 호흡의 속도에 만트라를 맞추고 만트라를 반복한다. 만약 당신
이 완전한 침묵으로 들어가면, 침묵에 머문다. 만약 생각이 번잡
스러우면, 생각이 번잡스럽다는 것을 알아차리고 당신의 중심인
만트라로 돌아간다. 만약 생각이 고통스러운 이야기에 머물러
있으면 그 이야기를 놓아주고 만트라로 돌아간다. 생각이 즐겁
고 고양된 사고에 사로잡히면 그것을 놓아주면서 만트라로 돌
아간다. 명상 시간을 마친 후에도 이러한 즐거운 생각은 여전히 여러분을 기다리고
있을 거라는 사실을 기억하라.

5. 명상을 종료한다. 만약 원한다면 명상 시간을 마무리하는 기도를
드린다.

명상이 쉽지 않은데, 생각이 **많이** 방황하기 때문이다. 하지만 여기에
바로 요점이 있다. 방황하는 마음을 가라앉히는 훈련을 명상 한가운데에
두는 이유는 명상이 인생에 매우 중요하고 갈등상황에 있어서도 중요하

기 때문이다. 나는 명상이 영혼을 위한 체육관이라고 생각한다. 우리가 운동하러 체육관에 가는 이유는 하루 24시간 1주일 내내 삶을 건강하게 살 만한 근육을 단련하기 위해서다. 명상에 시간을 할애하는 이유는 하루 24시간 1주일 내내 중심 근육을 발달시켜 자신을 중심에 두는 삶으로 돌아가기 위해서다. 방황하는 생각을 가라앉힐 때마다 우리는 우리 존재의 근간을 다시 세운다. 방황하는 마음은 결국 더 강도 높은 운동이 필요하다는 의미이며, 결국 중심을 잡는 더 강한 근육이 필요하다는 뜻이다. 시간이 지나면 명상할 때뿐만 아니라 명상이 끝난 후에도 강해지는 자신을 발견할 것이다. 강박적인 생각, 갈등, 걱정들이 우리의 정신 공간을 가득 채우려들 때, 명상은 우리를 중심으로 좀 더 쉽게 돌아가도록 만들어 줄 것이다.

명상 수행을 한다고 해서 하룻밤 사이에 우리가 바뀌지는 않는다. 실제로 많은 사람들이 명상 수행을 하는 처음 몇 주 동안 혹은 몇 달 동안 대인관계가 좋아지기보다는 더 나빠졌다고 말해주었다. 다시 말해, 사람들이 명상을 시작한 후 갈등이 줄어들기보다는 오히려 더 많아졌다는 것이다. 왜 그럴까? 나는 명상을 시작할 때, 우리의 오래된 생활 패턴이 우리에게 더 잘 드러나고, 그리고 명상이 항상 유쾌한 방식으로 드러나는 것은 아니기 때문이라고 생각한다. 우리의 패턴이 알아차림의 빛으로 들어오는 것이 좋은 소식인 것은 우리가 알아차림에 대해 적극적으로 대처할 수 있다는 것이다. 우리가 내려놓았다고 생각했던 행동과 사고 패턴을 발견할 수도 있다. 우리 삶의 전환에는 시간이 걸린다. 명상은 우리의 생각과 패턴을 받아들이고 놓아주는 수행을 통해, 우리를 방어적 자아와 거짓 자아에 쉽게 빠지게 만든 존재 방식, 나와 타인 사이의 관계에 대한 충성심, 나와 타인을 대하는 방식을 천천히 그러나 확실하게 내려놓게 해준다.

명상과 관련된 어려움 중 하나는 방황하는 생각을 판단하기보다는 은혜로 바라보는 방법을 배우는 것이다. 많은 사람이 방황하는 생각과 관련된 자기 판단의 힘든 여정을 걷고 있고, 때로는 생각을 가라앉히는 것이 너무 어려워서 명상을 포기하기도 한다. 하지만 방황하는 생각이 문제는 아니다. 방황하는 생각을 판단 없이 바라보는 것은 큰 도전이자 숙제다. 핀리는 방황하는 생각으로 힘들어하는 사람들에게 다음과 같은 위로의 말을 전했다. "명상에 있어서 우리는 모두 초보자입니다. 우리 중 일부는 다른 사람들보다 더 노련한 초보자일 뿐입니다."[56] 또 다른 명상 가인 토마스 키팅Thomas Keating은 같은 주제에 대해 다음과 같은 이야기를 들려주었다. 20분 동안 침묵을 지키던 한 수녀가 이렇게 항의했습니다. "저는 기도에 제대로 실패했습니다. 20분 동안 오만 가지 생각이 떠올랐어요!"라고 말입니다. 키팅은 "신께로 돌아갈 수 있는 오만 가지의 기회가 있으니 이 얼마나 멋진 일입니까?"[57]라고 대답했다. 명상은 판단에 대한 우리의 잘못된 자아 성향을 반복해서 놓아주는 연습을 할 수 있는 멋진 기회를 제공하는 것 같다. 판단에서 벗어날 때마다 자기 연민의 근육이 단련되며, 이 근육은 다시 자연스럽게 연민으로 이어진다.

---

56) James Finley, *Following the Mystics through the Narrow Gate: Seeing God in All Things* (Albuquerque: Conference at the Center for Action and Contemplation, 2010).

57) Cynthia Bourgeault in *The Heart of Centering Prayer: Nondual Christianity in Theory and Practice* (Berkeley: Shambhala, 2016), 14.

명상은 만병통치약이 아니다. 우리는 넘어질 것이고 다시 일어나는 연습을 할 필요가 있다. 그럼에도 불구하고 명상은 우리에게 자유를 맛보게 해준다. 그것은 하나님의 마음, 우리의 심층적 자아로 돌아가는 훈련이다. 우리 자신이 이 집에 점점 더 가까워갈수록 우리는 고난 속에서도 더 많은 경이로움과 기쁨, 온전함을 경험할 수 있게 된다. 마음에 중심이 잡히면, 불필요한 갈등에 빠지지 않고, 갈등이 발생했을 때 중심을 되찾아 더욱 분별력 있게 대응할 수 있게 된다.

24시간 1주일을 위한 인생 만트라

내가 어렵게 배운 가장 놀라운 지혜의 핵심 중 하나는 **저항하는 것에 빠져든다**는 것이다. 물론 이 문장은 더 많은 설명이 필요한데, 내가 노예제, 불의, 학대를 환영해야 한다고 주장하는 것은 아니다. 그러나 내 경험에 따르면 노예제, 불의, 학대에 사려 깊게 대응하는 우리의 능력은 이러한 현실이 실제로 일어나고 있다는 사실을 부정하는 것에서 제한된다. **흑인의 생명도 소중하다**는 운동은 뼛속 깊이 이를 알고 있다. 결국, 오랜 세월 동안 조직적인 인종차별을 방조하고 조장한 것은 백인들의 부인이다.

우리가 저항하는 현실적인 문제들은 많다. 우리는 우리 자신을 정직하고 냉정하게 바라보는 것을 거부하며, 우리가 다른 사람에게 가하는 해악을 볼 수 있는 능력을 제한하고 있다. 우리는 우리의 삶이 왜 이 모양인지, 왜 우리가 주변 사람들보다 열등하거나 우월하다고 믿는지 그 이유에 대해 제한적이지만 쉽게 설명하는 방식으로 우리가 살아가는 삶의 패턴을 인정하기를 주저한다. 우리는 고통스러운 감정들에 대해 관심을 멀리하거나 혹은 그것들에 집착하는 식으로 저항하는데, 이 두 가지 모두 저항의 한 형태이다. 우리가 저항하는 것에 우리는 빠져들게 되어 있다. 그리고 우리가 고집하는 것은 다른 사람들과 갈등을 일으키는 경향이 있다.

허용-수용-놓아 보냄-안식

몇 년 전, 나는 관계가 틀어진 두 자매의 분쟁을 중재해 달라는 요청을 받은 적이 있다. 이 분쟁에서 양측이 겪은 고통의 깊이를 감안할 때 중재는 예상대로 잘 진행되었다. 결국 두 자매는 가족 모임 외에는 더 이상 함께 시간을 보내지 않기로 했지만, 서로 우호적인 관계를 유지하기로 동의했다. 두 사람은 더 큰 가족 단위에 피해를 입히고 싶지 않았지만, 두 사람 사이에 놓인 다리 밑에 너무 많은 아픔이 있는 상황에서 함께 보내는 시간을 늘리는 것은 너무 무리한 요구였다.

몇 년 후, 자매 중 한 명이 코칭 세션을 받기 위해 나를 찾아왔다. 그녀는 언니와 동생 사이의 계속되는 분열로 인해 괴로워하고 있었다. 상담을 진행하는 동안 그녀는 하루에도 여러 번 언니와의 깨어진 관계에 대해 생각한다고 말해주었다. 깨어진 관계는 마치 중독처럼 몇 년 동안 이 여성의 생각과 감정을 집어삼켰다. 대화 중 어느 시점에서 나는 내담자에게 6주 동안 생각할 시간을 낼 수 있는지 물었다. 그녀는 의아해했다. 나는 그녀에게 앞으로 6주 동안 다음과 같은 만트라를 따라 살아보도록 제안했다. "나는 이 관계가 깨졌음을 받아들인다. 그리고 이 깨진 관계를 하나님의 보살핌에 맡긴다." 만약 내담자가 좀 더 긴 만트라를 원한다면 다음과 같이 반복하게 했을 것이다. "나는 이 관계의 깨어짐을 내가 느끼도록 허용한다. 나는 이 관계가 깨어졌음을 받아들인다. 나는 이 깨어진 관계를 하나님의 돌봄에 맡긴다. 그리고 나는 나를 향한 하나님의 사랑 안에서 안식한다." 원하시는 분들을 위해 이 만트라의 후반부를 "나는 이 깨어진 관계를 놓아주고, 나는 자기 연민 속에서 안식한다"로 대체해 볼 것을 추천한다.

이 만트라는 몇 가지 핵심 원칙을 토대로 한다.[58]

허용allow. 우리는 스스로 우리의 고통을 느낄 수 있도록 허용해야 한다. 우리가 경험한 고통이 우리 몸에 들어오도록 내버려두고, 우리 몸에서 고통이 자리 잡은 곳을 알아차릴 때, 우리는 고통이 존재한다는 것을 인정하게 된다. 우리는 스스로 우리의 고통을 느끼도록 허용해야 한다. 그리고 그 고통이 우리의 것이 되도록 허용해야 한다. 어떤 의미에서 우리는 고통을 소화하여야 더 쉽게 고통을 놓아 보낼 수 있다.

몇 달 전, 나는 받기로 되어 있던 수상이 실현되지 않았다는 실망스러운 소식을 듣게 되었다. 전화를 받자마자 슬픔이 온몸으로 밀려오는 것을 느꼈다. "어차피 나는 이 상을 받을 자격이 없었어."라는 부정적인 혼잣말이 머릿속을 맴돌았다. 내 몸속으로 일종의 실망 에너지가 스며드는

---

58) 나는 명상에 대해 배운 내용을 7일/24시간이라는 생활 속에서 생생하게 실천하기 위해 이 형태의 수용 기도/만트라를 개발했다. 물론 이 기도문은 우리 중 어느 개인의 아이디어는 아니며, 그동안 여러 차례 읽은 책에서 이 기도문의 정신을 얻었다고 생각한다. 이후 나는 토마스 키팅이 제안한 "환영의 기도"와 마음챙김의 욕구에 이 기도가 공명되고 있음을 발견했다.

것을 느꼈다. 이 실망 에너지가 곧 있을 대화들에 영향을 미칠까 봐 두려웠기 때문에 나는 **허용**의 원칙을 기억하며 산책을 나섰다. 걸으면서 나는 네 자신에게 반복해서 말했다. **실망감을 스스로 느끼도록 허용하라. 고통을 느낄 수 있도록 허용하라.** 나는 내 몸의 어느 부분에 통증이 자리 잡고 있는지 알아차리는 데 시간을 할애했다. 내가 사무실로 돌아와 책상 앞에 앉았을 때 통증이 소화된 상태였다. 나중에 몇 명과 나의 실망감을 공유했는데, 그 과정에서 나의 실망감이 고통이나 부정적인 자조의 말이 아니라는 것을 깨닫게 되었다. 그것은 단순히 사실에 대한 지적일 뿐이었다. 그렇게 통증은 사라졌다. 물론 어떤 고통은 놓친 수상보다 훨씬 더 크고 어떤 고통은 소화하는 데 훨씬 더 많은 시간이 걸리겠지만, 우리가 우리의 고통을 느끼도록 허용한다면, 우리는 다람쥐 쳇바퀴 돌기를 멈추고, 정신을 산만하게 하거나 해를 끼칠 수 있는 고통의 능력을 차단할 수 있다,

처음 이 만트라를 실험하기 시작했을 때, 나는 **수용**과 **놓아 보냄** 부분만 사용했었다. 그러나 이 만트라의 두 단계 버전에 어느 정도 익숙해진 후에는, 실제로 "네, 나는 이미 받아들였으니 놓아 보냄으로 넘어갑시다."라고 말할 때, 나의 뇌는 "내가 수용합니다."라고 말하는데 이미 익숙해져 있다는 사실을 깨달았다. 이런 일이 발생했을 때 놓아 보냄은 보통 무승부로 끝나는 길거리 싸움과 같다. 다시 말해, 우리는 놓아 보내는 방법을 속일 수 없다는 뜻이다. 결국 나는 내가 경험하고 있는 모든 것을 진정한 나 자신의 공간으로 만들기 위해 이 만트라에 **허용** 단계를 추가하게 되었다. 그러고 나니, 나머지는 훨씬 더 자연스럽게 따라왔다.

수용. 만트라의 두 번째 단계는 수용의 단계다. 고통을 놓아보내기 위해서는 먼저 고통을 수용해야 한다. 수용은 허용의 단계와 비슷하지만, 허용과 수용은 그 에너지 자체가 서로 다르다. 나 자신이 고통을 느끼도록 허용한다는 것은 내 몸과 마음, 정신의 어느 부분에서 고통이 느껴지는지 알아차린다는 뜻이다. 나의 고통을 수용한다는 것은 이 고통이 나만의 독특한 고통임을 인정하는 것이다. 우리의 고통을 우리 것으로 소유하는 것이 고통의 전이를 막는 첫 번째 단계다. 또한 고통에 어떻게 대응할 것인지에 대한 분별력을 키우는 중요한 단계이기도 하다. 어떤 의미에서 나의 고통을 나의 고통으로 받아들이는 것은 힘을 부여하는 행위다. 그것은 **나의** 고통이다. 만약 내가 그 고통을 내 고통으로 소유할 수 있다면, 나는 그 고통과 함께 무언가를 시작할 수 있다. 그 고통이 내 것이 아닌 경우, 즉 내가 고통을 거절한다면, 부인, "만약에"라는 생각, 회피, 주의 분산, 비난, 무고한 주변인에게 고통 전가 등의 여러 함정 중 하나에 빠질 것이다.

놓아 보냄. 고통을 허용하고 받아들인 후에는 고통을 놓아 보내야 한다. 어떤 사람들은 하나님이나 동정녀 마리아에게, 어떤 사람들은 도움이 된다면 우주에, 또 다른 사람들은 지구의 중심에 있는 녹은 용암에 고통을 놓아 보낸다. 여기서 우리가 짊어지고 있는 고통은 우리 혼자 짊어지고 있는 것이 아니라는 생각이 중요하다. 우주, 혹은 하나님의 보살핌은 우리의 고통을 받아들이고, 우리의 상처를 보살피고, 우리를 삶으로 회복시킬 수 있을 만큼 충분히 크다. 우리가 고통을 놓아줄 때, 우리를 지배하는 고통의 힘도 떠나간다. 우리는 그것이 무엇이든 그냥 내버려둔다.

　놓아 보냄의 단계에는 주의할 점이 있다. 나는 종종 "나는 그냥 내버려 둡니다."라고 말하는 사람들을 만나곤 한다. 혹은 "우리 모두는 그냥 내버려 놓고 앞으로 갈 필요가 있습니다."라고 말한다. 이 말에는 누군가가 자신을 옭아매는 무언가를 굳게 붙잡고 있다는 의미의 지혜가 담겨있다. 하지만 우리는 종종 내려놓지도 않고 스스로와 주변 사람들에게 내려놓았다고 설득하려 든다. 누군가가 우리의 거짓 놓아주기의 표면을 긁게 되면 억눌려 있던 것이 쏟아져 나온다. 고통은 결코 표면에서 멀리 떨어져 있지 않다. 이러한 경우, "놓아주기"는 "꽉 붙잡혀 있기"일 가능성이 높고, 잘못된 놓아주기를 한 사람은 다시 어떤 사건이 발생하면 다시 고통과 갈등에 던져질 위험에 놓이게 된다. 우리가 탐구해 온 만트라는 우리에게 교훈을 준다. 놓아 보냄또는 놓아주는 행위은 만트라의 첫 번째 단계가 아니라 세 번째 단계다.

　놓아 보냄의 경험은 강력하지만, 우리 삶의 큰 고통에 대해서는 여러 번 만트라로 돌아가야 할 가능성이 높다는 것도 사실이다. 비유하자면 우리 몸의 고통 경로는 너무나 익숙해서, 우리의 더 나은 판단에 반하더라도 쉽게 그리고 반복적으로 이러한 경로에 빠지는 경우는 아주 흔한 일이다. 그렇다면 우리가 고통을 관리하기 위해 발전시켰지만 종종 도움이 되지 않는 사고방식을 어떻게 멈출 수 있을까? 우리 생각의 골이 깊어질 때, 우리가 생각의 골에 빠지지 않도록 사고의 패턴을 꾸준히 다스릴 필요가 있다. 이것이 바로 만트라가 도움이 되는 이유다. 만트라는 이러한 안정된 손으로써 기능한다. 우리의 고통과 관계 맺는 새로운 방법을 개발하려면 시간과 헌신이 필요하다. 어떤 만트라는 3주 동안, 어떤 만트라는 6주 동안, 때로는 그 이상을 사용하기도 하는데, 큰 고통의 시기에는 쉬지 않고 항상 함께한다.

안식. 우리가 다루는 만트라의 마지막 단계는 하나님 안에서, 자기 연민 안에서, 또는 둘 다 안에서 쉬는 것이다. 왜 자기 연민일까? 우리 치유의 가장 큰 장애물 중 하나는 우리 자신을 사랑하지 못하는 능력 부족에 있다. 사실 우리가 때때로 모든 것을 망쳐놓는다는 것은 진실이다. 우리 모두는 고통을 느낀다. 그리고 우리 대부분은 스스로를 자책하는 경향이 있다. 자기 연민 없이는 치유하기 어렵다. 자기 연민이 없으면 다른 사람에게도 연민을 베풀기 어렵다. 매우 비판적인 사람들을 만나면, 그들은 인생 여정의 상당 부분을 스스로를 비판하는 데 보냈을 가능성이 크다. 우리가 경험하는 대부분의 갈등을 보면, 갈등과 관련된 각 사람이 갈등의 전개에 한몫을 담당하고 있음을 알 수 있다. 우리 자신을 냉정하고 정직하게 바라보는 것은 갈등으로부터 배우고 치유하는데 있어 매우 중요하다. 하지만 우리 자신을 냉정하고 정직하게 바라보는 것은 고통스러운 일이다. 자기 연민은 "내가 일을 망쳤지만 나는 여전히 가치 있는 사람이다"라고 말할 수 있게 해준다. 하나님과의 관계를 가꾸는 사람들에게 있어, 하나님의 사랑 안에서 안식하는 것은 깊은 위로를 주고 우리가 사랑받는 존재임을 상기시켜 준다.

이러한 만트라를 실험하기 시작하면서 나는 어려운 대화에서, 식료품점에서, 교통체증 한가운데서 그리고 모든 곳에서 "수용하고 내려놓기" 형태의 만트라를 사용했다. 수용하고 내려놓기는 나에게 끊임없는 만트라 또는 호흡 기도가 되었다. 또한 이 만트라와 함께 여행하면서 수용하고 내려놓아야 할 것이 많다는 것을 깨닫게 되었다. "나는 방금 나눈 대화에 좌절감을 느낀다는 것을 받아들인다. 나는 나 자신과 상대방을 하나님의 돌보심에 맡긴다." "나는 이 교통체증이 나에게 좌절감을 준다는 것을 받아들인다. 나는 이 교통체증에 대한 나의 좌절감을 내려놓는다." "나는 내가 좌절하는 경향이 있다는 것을 받아들인다. 나는 미완성된 자아로 인한 좌절감을 하나님의 돌보심에 맡긴다. 나는 미완성된 자아를 자기 연민 속에서 쉬게 한다." 핀리는 우리의 거짓 자아에 대한 애착을 끝없는 처형대의 연속이라고 묘사한다.[59] 우리가 처형대를 제거할 때마다 또 다른 처형대가 나타나서 제거해야 한다. 때때로 우리의 처형대를 발견하는 것은 고통스러운 일이다. 하지만 시간이 지나면 우리에게 자신을 드러내고 놓아 보냄을 기다리는 다양한 처형대를 받아들일 때, 그것은 은혜로 가득한 경험이 될 수 있다.

몇 년 전, 나는 동료들 때문에 좌절감을 겪고 있지만 직장 내 상황을 잘 헤쳐 나가기 위한 만트라를 원하는 한 여성과 함께 일한 적이 있었다. 이야기를 나누면서 나는 그녀에게 이미 사용하고 있는 만트라가 있는지 물었다. 그녀는 혼란스러워했다. 그녀는 만트라를 찾고 있었지만 가져본 적은 없다고 말했다. 그래서 나는 그녀에게 퇴근길에 그녀의 생각에 떠오르는 단어가 있는지 물어보았다. 그러자 그녀는 "오, 그건 쉬워요. 저는 매일 스스로에게 이 바보야. 왜 그런 짓을 했어? 또는 왜 그런 멍청한 말

---

59) James Finley, *Exploring the Middle Way as a Path to Non-Dual Consciousness*, Living School, Unit 4, Section 1, (Albuquerque: Center for Action and Contemplation, 2017)

을 했어? 라고 말하죠. 매일 그런 일이 일어납니다."라고 말했다. 나는 분명히 그녀에게 만트라가 있다고 말해주었다. 다만 좋은 만트라가 아니었을 뿐이다. "나는 바보야"라는 그녀의 만트라는 직장에서의 불쾌감과 직장에서의 갈등을 효과적으로 관리하지 못하는 원인이 되고 있었다. 그래서 나는 그녀에게 좀 더 도움이 되는 만트라를 사용하도록 부탁했다. 그녀는 "더 열심히 노력할 필요가 있어"라고 말할 수 있다고 제안했다. 우리는 만트라에 대해 한참을 이야기했다. 나는 그녀가 이미 열심히 노력하고 있고, 더 열심히 노력하라는 말은 하루를 마무리할 때 자신을 채찍질하는 말로 해석되기 쉽다고 지적해주었다. 대화 중에 우리는 또 다른 만트라를 생각해냈다. "나는 오늘 직장에서 최선을 다했다는 사실을 받아들입니다. 나는 오늘 마치지 못한 모든 일을 내려놓고 자기 연민 속에서 안식을 취합니다."

허용-수용-놓아 보냄-안식 만트라는 여기에 뭔가를 더하여 추가 만트라를 만들 수 있는 기본 만트라로서 기능한다. 건강한 갈등 만트라의 원칙은 다음과 같다.

1. 자신과 타인을 있는 그대로 받아들인다.
2. 고통을 회피하지 않고 지금 이 순간의 고통을 받아들인다.
3. 만트라는 존재에 대한 건강한 진실을 말한다.

나는 일을 하면서 사람들이 자신들의 상황에 맞는 만트라를 맞춤 설계하는 것을 도와왔다. 나에게는 나와 함께 일했던 건강관리 분야의 사람들이 내 인생의 중요한 순간에 나에게 전해준 만트라도 있다. 많은 만트라가 허용-수용-놓아 보냄-안식이라는 리듬을 따른다. 어떤 만트라는 허용-수용-놓아 보냄-안식의 원리를 따랐지만, 리듬을 그대로 따르지 않은 것도 있다. 다음은 이러한 만트라의 몇 가지 예들이다.

- "나는 상대방이 변하기를 바라지 않고 상대방을 있는 그대로 받아들입니다. 나는 나 자신이 변할 것이라는 희망 없이 있는 그대로의 나를 받아들입니다." 참고: 여기서 "나 또는 상대방이 변하기를 바라지 않고"라는 문구가 중요하다. 이 문구를 놓친다면 우리는 스스로를 속일 수 있다. 우리는 우리의 수용이 상대방을 변화시킬 것이라는 희망을 가지고 상대방을 받아들이는데, 그것도 빠를수록 좋다고 생각한다. 흥미롭게도 변화는 다른 사람을 있는 그대로 받아들일 때만 가능한 것으로 보인다. 수용이 우선이다.

- "나는 아름답고, 나는 가치 있고, 나는 사랑받는 사람입니다."

- "우리는 둘 다 가치 있는 존재들입니다."

- "나는 두렵지만 부드러움으로 나 자신과 두려움을 함께 붙잡고 있습니다."

- "하나님께서 이 사람을 사랑의 팔로 감싸 안아주시길 바랍니다."

- "이것은 내 몸이니 그것으로 인해 내가 기뻐하노라."

- "나는 내 몸의 모든 세포에서 나오는 모든 고통과 슬픔을 하나님과 우주로 놓아 보냅니다."

소소한 판단을 위한 만트라

우리가 심층적 자아와 서술적 자아의 유쾌하고 중립적인 본질에 더 가까이 조율될수록 우리는 우리가 다른 사람들에게 내리는 소소한 판단에 직면하게 될 것이다. 이러한 일은 회의 중에, 길을 걷거나 의견이 맞지 않는 사람을 대할 때 마주하게 된다. 소소한 판단은 너무 흔해서 우리가 거의 알아차리지 못할 정도로 배경 음악처럼 우리 생각에서 흘러나온다. 평범해 보이고 무해해 보이는 우리의 소소한 판단들이 마음속에서 이루어지는데, 그것이 그렇게 중요할까? 중요하다. 우리의 소소한 판단은 우리의 근본적인 편견, 즉 우리가 주변 사람들과 관계를 맺는 방식, 고용하는 사람, 사교 행사에서 연설하기로 선택하는 사람 등에 구체적인 영향을 미치는 편견의 변함없는 본질에 기여한다. 또한 우리의 소소한 판단은 우리를 방어적 자아에 가두어두는 요인으로 작용하기도 한다. 결국, 이러한 판단은 누가 더 낫고 누가 더 못하다는 기준에 따라 우리 사회를 분류하는 경향이 있다. 갈등을 겪은 사람에 대한 우리의 소소한 판단은 상대방의 온전한 인간성을 보는 우리의 능력을 제한한다. 또한 선함, 관대함, 은혜의 근원인 심층적 자아로 돌아가는 데도 제약을 준다. 갈등의 상황또는 삶의 패턴에서 우리의 소소한 판단은 관문처럼 기능할 수 있다. 일단 이 관문을 통과하면 우리는 우리의 영혼을 열어 더 많은 판단을 내리고 우리-그들이라는 함정에 빠질 수도 있다.

그렇다면 우리 안에서 일어나는 소소한 판단을 어떻게 관리할 수 있을까? 우선, 우리의 소소한 판단들이 얼마나 만연해 있는지를 고려할 때, 우리가 실제로 소소한 판단들을 알아차린다는 것은 축하할 만한 일이 된다. 알아차림은 첫 번째 단계이다. 위험 요소는 그 다음에 무엇을 해야 할지 고려할 때 나타난다. 자신을 채찍질하고, 자신을 심판하기 위해 판단하고 싶어 한다. 안타깝게도 이 전략은 역효과를 낳아 우리를 더 비판적으로 만드는 경향이 있다. 대신, 더 도움이 되는 전략은 소소한 판단의 함정에 빠졌을 때 우리 자신과 상대방에게 연민을 베푸는 것이다.

몇 년 전, 나는 다른 사람에 대한 내면의 소소한 판단을 발견할 때마다 하와이 원주민 치유사로부터 배운 다음과 같은 만트라를 사용하기 시작했다. **나는 당신을 사랑합니다. 미안합니다. 나를 용서해 주세요. 감사합니다!**[60] 나는 이런 판단을 내린 상대방을 향해 마음속으로 읊조리며 이 만트라를 사용한다. 또한 소소한 판단의 유혹을 받은 나 자신에게 사과하기 위해 이 만트라를 사용한다. 당연히 상대방은 그 소소한 판단이나 그에 대한 나의 만트라에 대해 전혀 알지 못한다. 이러한 대화는 내 안에서만 이루어지는 일이다. 그럼에도 불구하고, 이 만트라를 사용하기 시작한 후 아주 놀랍게도 나의 일상에서 소소한 판단이 줄어들었다. 이 만트라는 짧지만, 판단의 순간을 나 자신과 상대방 사이의 의미 있는 공간과 치유의 순간으로 전환해준다. 우리는 항상 연민의 정신으로 자신과 타인을 포용할 때 판단에서 은혜로 더 쉽게 전환할 수 있다.

통증을 견딜 수 없을 때를 위한 만트라

페마 최드뢴은 『일이 실패로 끝났을 때: 힘든 시간을 위한 진심 어린

---

60) 이 만트라는 ho'oponopono로 알려진 영적 수련과 관련이 있다. 나는 이 만트라를 차용하여 이 맥락에 적용했다.

조언』이라는 책의 마지막 페이지에서 쟝-폴 사르트르의 말을 인용하면서 이렇게 말한다. "가스실로 들어가는 길에는 자유의 길과 자유가 아닌 두 가지 길이 있다."61) 비슷한 맥락에서 나치 강제 수용소의 생존자였던 빅터 프랭클은『삶의 의미를 찾아서』라는 책에서 "우리가 더 이상 상황을 바꿀 수 없을 때, 우리는 우리 자신을 바꾸라는 도전을 받는다."62)고 했다. 마찬가지로 롤로 메이Rollo May는『창조를 위한 용기』라는 책에서 "인간의 자유는 자극과 반응 사이에서 멈추고 그 멈춤 속에서 선택할 수 있는 우리의 능력과 관련이 있다"63)고 했다.

특별히 홀로코스트와 같은 끔찍한 불의를 경험한 두 사람을 비롯하여 위의 세 사람의 인용문에 담긴 낙관주의에 대해 우리가 할 수 있는 일은 무엇일까? "다른 사람들의 죄"로부터 인간이 자유로울 수 있을까? 우리는 실제로 우리가 공포를 마주하는 환경에서 자유로울 수 있을 정도까지 우리 자신을 변화시킬 수 있을까? 만약 우리가 그럴 수 있다면 세상을 경험하는 방식에 실제로 어떤 변화가 있을까? 일의 성격상 때때로 나는 큰 트라우마에 노출되기도 하는데, 그 중에는 심각한 피해와 학대로 이어진 갈등의 당사자가 된 사람들이 포함되어 있다. 가해자가 여전히 권력을 휘두를 때 트라우마를 입은 사람들은 어떤 선택을 할 수 있을까?64)

"자유롭게" 되는 것은 우리가 가져야 할 것과 상대방이 가져야 할 것

61) Pema Chödrön, *When Things Fall Apart: Heart Advice for Difficult Times*, 20th anniv. ed. (Berkeley: Shambhala: 2016), 146.

62) Victor E. Frankl, *Man's Search for Meaning* (Boston: Beacon Press, 1959)

63) Rollo May, *The Courage to Create*, rev.ed. (New York: W.W. Norton; 1994).

64) 이 부분에서 나는 Roral Derksen-Hiebert, Jules Hare, Joan Pries의 영향을 받았음을 인정하고 싶다.

사이의 명확한 바운더리를 유지하는 것과 관련되어 있다. 이는 마음속으로 해를 끼치는 사람에 대해 무조건적으로 긍정적으로 생각하면서 "당신의 여정은 내가 아닌 당신이 걸어가야 할 길이지 내 길이 아닙니다. 나는 당신이 내게 주려는 고통의 주인이 되지 않을 것입니다. 나는 당신의 여정을 당신에게 돌려주고, 당신의 것을 스스로 돌보도록 초대합니다." 라고 말하는 것과 같다. 고통의 상황에서는 이상하게도 우리가 짊어져야 할 것뿐만 아니라, 상대방이 짊어져야 할 것까지 안아주고 싶은 유혹을 받게 된다. 우리는 우리 자신의 고통뿐만 아니라 상대방에 대한 우리의 두려움과 상대방에 대한 우리의 기대까지도 부담하려 한다. 무조건적인 긍정을 실천할 수는 있지만, 고통이나 기대 때문에 상대방의 이야기를 붙잡는 것은 우리의 치유를 타인에게 묶어 놓는 행위이다. 그렇게 되면 우리는 상대방의 치유 능력에 속박되어, 상대방이 언제 변화될지 기다렸다가 치유를 시작하거나 끝내게 된다. 우리 자신과 상대방 사이에 은혜 가득한 경계선을 설정하면, 우리 둘 다 각자의 속도로 각자의 여정을 걸을 수 있게 된다.

물론 우리의 자기기만 능력은 우리가 짊어져야 할 책임과 짊어지지 말아야 할 책임을 분별하는 것이 쉽지 않기에 이러한 헌신을 헷갈리게 만든다. 아마도 우리가 피해에 어떤 기여를 했는지에 초점을 맞추는 것이 합리적일 수 있다. 하지만 우리가 감당해야만 하는 또 다른 책임이 있는데, 그것은 더 파악하기 어렵고 더 결정하기 어렵다. 이것은 다른 사람의 여정에 도움이 되지 않음에도 우리를 붙잡는 우리 내면의 감정 과정이다. 바운더리는 각 사람을 둘러싸 그 사람의 자아를 보호해준다. 극심한 갈등의 상황에서, 이러한 바운더리의 장벽들이 쉽게 무너질 수 있다. 우리는 다른 사람의 변덕스러움에 휘둘리고, 생각지도 못한 방식으로 엮일 수 있다. 1장에서 현존의 실천으로 설명한 명상의 정신은 우리 안에서 일어나는 감정들을 판단 없이 관찰하고 아이러니하게도 이러한 감정을 포용하는 것을 포함한다. 우리 내면에서 일어나는 뭔가를 부정하면 우리는 계속 거기에 엮이게 된다. 자유로워진다는 것은 우리가 경험하고 있는 감정들과 친구가 되는 것을 포함하는데, 왜냐하면 이러한 것들이 곧 우리의 감정들이기 때문이다. 우리의 감정들은 다른 사람 것이 아니라 우리 것이다.

만트라의 첫 번째 단계는 우리 안에 떠오르는 감정을 인식하는 것이다. 그것이 두려움인가? 분노인가? 상처인가? 배신감인가? 이 감정은 내 몸 어디에 자리를 잡고 있는가? 그 감정의 모양은 어떤 형태를 하고 있는가? 감정은 우리에게 그리고 우리 안에서 무엇을 하는가? **나는 내 안에서 일어나는 <두려움>을 알아차립니다. 나는 그것이 내 몸에 미치는 영향을 알아차립니다. 나는 그것이 나를 통제 불능 상태로 만드는 것을 봅니다.**

두 번째 단계는 이러한 감정이 우리의 일부임을 인식하는 것이다. 이 것은 상식처럼 보이겠지만, 우리는 자주 상대방에게 우리의 감정에 대한 권한을 넘겨준다. 우리는 우리의 감정이 어느 정도 상대방의 감정이며, 우리의 감정이 변하려면 상대방이 변해야 한다고 믿는다. "이것은 내 감정입니다. 나는 그것을 내 감정으로 받아들입니다."라고 말하는 권한을 부여하는 행위이다. **<두려움>, 나는 당신이 나의 일부임을 받아들입니**

다. 나는 당신이 나의 <두려움>이라는 것을 알고 있으며, 당신을 나의 일부로 환영합니다.

세 번째 단계는 우리의 감정 상태를 친절하게 대하고 부드러움으로 우리 자신을 보듬는 것이다. 몇 년 전, 나는 우리가 왜 상처받은 자신에게 그렇게 가혹한지 궁금해 하는 틱낫한의 책을 읽은 적이 있다. 그가 말하길 만약 우리 아이가 상처를 입었다면, 우리는 그 아이를 무시하거나 꾸짖지 않을 것이라고 했다. 그 대신 아이를 품에 안고 포옹하며 "괜찮을 거야. 넌 괜찮아질 거야."라는 식으로 부드럽게 말을 건넸을 것이다. 우리 자신에게도 똑같이 할 수 있다. 나는 <두려워하는> 내 자아를 위로합니다. 나는 <두려워하는> 나의 자아를 내 품에 부드럽게 안아줍니다. 나는 당신을 사랑합니다.

네 번째 단계는 **나는 나 자신을 하나님의 보살핌에 놓아 보내고, 자기 연민 안에서 안식합니다**라는 만트라로 되돌려 주는 단계다. 자신의 감정을 자신의 것으로 소유하고, 자신이 감당할 일이 아닌 것을 감당하지 않으며, 상대방을 연민으로 바라볼 때 우리는 우리를 둘러싸는 건강한 바운더리를 유지할 수 있게 된다. 이제 우리의 자아는 위험에 처하지 않으며, 주변 상황에 어떻게 대응할지 다시 한번 분별력을 가질 수 있게 된다.

우리는 혼자 치유하지 않는다

몇 년 전, 나는 매우 복잡한 상황을 겪은 한 내담자를 만나고 있었다. 그녀가 직장을 떠날 무렵 그녀는 트라우마에 시달렸고 치유를 받아야 할 필요가 있었다. 그녀는 나에게 자신이 어떻게 만트라를 거의 쉬지 않고 반복했는지 설명해 주었다. 그녀는 치유를 위해, 고통의 짐을 덜어달라고 기도했다. 그녀는 자신의 감정을 받아들이고 내려놓았다. 최선의 노력을 다했음에도 불구하고 그녀는 중심을 잡을 수 없었다. 마침내 그녀는 치유사와 그녀의 코치인 나에게 자신의 이야기를 꺼냈다. 그녀는 우리 둘에게 스스로 중심을 잡을 수 없으니, 우리가 중심을 잡아줘야 한다고 말해 주었다.

나의 내담자와 나는 함께 우리는 혼자 치유할 수 없다는 중요한 교훈을 떠올렸다. 이러한 경험을 하는 동안, 여러 친구, 동료, 치료사들이 사랑과 관심으로 나의 내담자를 둘러싸고 있었다. 그들은 그녀의 다리가 후들거릴 때, 그녀가 올바로 서도록 붙들어주었다. 그녀가 혼자 중심을 잡는 능력의 한계에 다다랐을 때 그들이 중심을 잡아주었다. 그들은 그녀가 다시 힘을 낼 수 있도록 도와주었다. 그들은 함께 그녀의 치유를 도왔다. 우리는 혼자서 고통을 감당할 수 없으며 그럴 수도 없다. 우리는 서로를 돌보며 치유해야 한다.

2장에서 언급했듯이, 마음챙김과 관상 영성의 세계를 향한 비난 중 하나는 우리가 평화로울지 모르지만 우리 주변의 세상은 평화롭지 않다는 것이다. 관상 영성과 마음챙김을 가르치는 대부분의 교사들은 이것이 이 훈련에 대한 오해라고 주장한다. 마음챙김은 상대방과 주변 사람들의 건강에 초점을 맞출 때에만 마음챙김이 된다. 간단히 말해, 마음챙김은 개인주의적 행동이 아니라는 말이다. 나는 항상 이 생각에 동의해왔다. 하지만 이번 내담자의 치유 여정에서 나는 개인주의적 마음챙김의 위험성을 새로운 방식으로 보게 되었다. 개인주의적 마음챙김은 나 자신의 치유에 대한 책임이 나에게 있다고 말한다. 즉 내가 내 마음의 주인이 될 수 있다고 믿는 것이다. 물론 우리의 치유에 대한 책임을 스스로 지는 것은 당연한 일이지만, 나는 우리의 한계를 인식함으로써 선물을 받을 수 있다는 것을 깨닫게 되었다. 우리는 이 중심을 잡는 여정을 혼자서 할 수 있는 존재가 아니라는 뜻이다. 그렇다. 우리는 명상하고, 기도하고, 만트라를 연습하고, 만트라가 우리의 중심을 잡아준다. 그리고 ⋯ 인생의 여정에는 우리가 다른 사람에게 의지하여 우리의 중심을 잡아야 할 때가 있다. 이는 우리가 약해서가 아니다. 그것은 우리가 힘든 여정을 혼자 걸어갈 수 있는 존재가 아니기 때문이다. 우리를 삶으로 돌아가도록 우리를 다시 일으켜 세우는 손길이 우리를 향해 뻗어 있기 때문이다.

최근 어려운 대화를 앞둔 한 친구로부터 문자를 받았다. 그녀는 중심을 잡지 못했고, 곧 있을 대화를 위해 강해질 필요가 있다고 썼다. 나 자신도 어려운 대화를 앞두고 있었으므로, 나는 친구에게 다음과 같이 답장을 보냈다. "내가 중심을 잡을 수 있다면, 너도 중심을 잡을 수 있어. 각자 잘해보자고."

"놓아 보내기" 훈련

우리의 서술적 자아 및 서로의 관계를 하나님의 마음에 뿌리를 내리도록 재정립하는 가운데 시행하는 모든 좋은 치료, 마음챙김, 설교, 명상, 관상 기도, 만트라 등은 우리를 심층적 자아로 돌아가게 한다. 하지만 내가 추천하고 싶은 훈련이 하나 더 있는데, 이 훈련은 가능한 분들에게만 권장한다. 그것은 바로 의도적으로 우리의 집착을 버리는 훈련이다.

　20대 중반이었을 때, 내는 생각을 실험해보기로 결심했다. 내가 아는한, 생각의 실험에 대한 아이디어는 의도적인 노력조차 없이 그냥 나에게다가왔다. 그 당시에는 이 실험이 오랜 시간 동안 검증되었지만 잘 알려져 있지 않은 영적 훈련이라는 사실을 몰랐었다. 나는 이 실험이 심오한의미를 갖고 있다는 것을 알게 되었고, 나의 인생 전반에 걸쳐 다양한 방식으로 이 훈련으로 돌아가곤 했다. 이 훈련은 다음과 같다.

1. 자신의 모든 특성, 강점, 한계, 자아 욕구, 애착, 혐오, 관계, 역할및 책임… 등의 목록을 작성해 보라. 보시다시피, 이것은 매우 긴 목록이될 수 있다!

2. 목록의 각 항목을 하나씩 마음속에 떠올려 보라. 각 항목을 놓아보내는 자신의 모습을 적극적으로 시각화하라. 성향에 따라 이항목을 단순히 놓아 보내는 모습, 하나님께 넘기는 모습, 발을 땅위에 굳게 딛고 지구의 중심부로 흘러가도록 놓아 보내는 모습등을 상상할 수 있다. 어떤 것은 놓아 보내기가 쉽게 이루어질 것이지만, 어떤 것들은 내려놓는 데 더 많은 시간이 필요할 것이다.

3. 당신이 갖고 있는 각각의 애착을 내려놓은 후에 어떤 현상이 나타나는지 주의를 기울이라.

　내가 이 훈련의 초기에 직접 만든 의견서에 따르면, 나는 아무 것도 남지 않을 때까지 특성을 하나씩 차례로 놓아 보냈다. 정말로 아무것도 남아 있지 않았다. 나의 자아를 지탱해 줄 어떤 특성도 남김없이 나에게는 아무 것도 없는 지점에 도달했다. 나는 깊은 심연에 도달해 있는 나 자신을 발견했다. 다소 두려운 느낌이 들었다. 하지만 나는 내가 성스러운 무언가의 가장자리에 서 있다는 것도 알게 되었다. 그때 정말 성스러운 것이 보이기 시작했다. 비록 나는 나중에야 머튼의 작품을 알게 되었지만, 토마스 머튼이 묘사한 것처럼 그곳은 모든 것이 시작되는 완전한 무의 장소였다. 나는 거룩함을 만졌고, 그 순간 가장 진정한 자아의 형태는 하나님과의 합일, 즉 각각의 서술적 자아를 놓아 보낸 후에만 볼 수 있는 합일이라는 사실을 알게 되었다.

안타깝게도 우리는 그 순간에 영원히 머물러 있을 수 없다. 삶은 삶이 하는 일을 한다. 불교 교사인 잭 콘필드Jack Kornfield는 『깨달음 이후, 빨랫감』이라는 유쾌한 책을 출간했다.65) 그것은 단순한 세탁이 아니다. 삶. 일. 어려운 결정. 갈등. 최선을 다하지 못하는 우리의 자아들. 우리의 전환 여정은 때로는 웅장하게, 그러나 더 자주 생각하고, 선택하고, 넘어지고, 다시 일어서는 힘든 과정 속에서 우여곡절을 겪는다.

몇 년 전, 내담자 중 한 명이 이와 똑같은 연습을 한 적이 있다. 그는 무의 경지에 이르렀을 때 전율을 느꼈다고 말했다. 내가 그에게 무아를 경험한 기분이 어떠냐고 물었을 때, 그는 이전에는 느껴보지 못한 자유로움이었다고 설명했다. 하지만 한편 걱정도 했다. 자신의 특성을 버린다는 것은 더 이상 형제나 친구로서 즐길 수 없다는 뜻이 아닐까 하는 걱

---

65) Jack Kornfield, *After the Ecstasy, the Laundry: How the Heart Grows Wise on The Spiritual Path* (New York: Bantam Books, 2000) 한국어 번역본 참고.

정이었다. 나는 내려놓는 여정을 통해 오히려 그 반대가 가능해질 수 있다고 제안했다. 우리가 자아에 대한 집착으로 우리의 특성을 꽉 붙잡고 있을 때, 그것은 마치 주먹을 꽉 쥐고 있는 것과 같다. 그러면 공기나 빛이 들어오지 않고 우리가 사랑하는 특성이 고통 받기 시작한다. 그러나 만약 우리가 아무런 집착 없이 열린 마음으로 특성을 품으면, 삶과 기쁨이 모두 가능해져 우리의 특성에 고마움을 갖게 된다.

지난 몇 년 동안 여러 차례 친구들이 나에게 그들이 겪었던 지인들의 죽음의 여정에 관한 이야기를 들려주었다. 어떤 경우에는, 특히 젊은 사람이 죽었을 때, 그들은 어떻게 사랑하는 사람이 자신의 특성을 하나하나 잃어 가는지 그 과정을 설명해 주었다. 그들은 "생산하는" 사람으로서 자신에 대한 감각을 놓아 보냈다. 다른 사람들이 그들을 돌보게 됨에 따라, 그들은 독립성을 내려놓게 되었다. 그들은 부모로서, 형제자매로서, 아이로서, 배우자로서 그들의 정체성을 내려놓았다. 그것은 그들의 서술적 자아에 대한 애착과 짐으로 느껴오던 부담감, 어떤 면에서 그들 자신이 갖고 있던 서술적 자아에 대한 철저한 놓아 보냄이었다. 놓아 보냄은 종종 처음에는 고통을 초래하지만, 그 다음에는 상쾌함과 자유로움에 가까운 무언가로 느껴지기도 한다.

좋은 수식은 우리가 이 황홀경을 경험하기 위해 임종 때까지 기다릴 필요가 없다는 것이다. 이는 죽기 전에 죽을 수 있다는 의미다. 예수께서는 이것을 자아에 집착하는 삶을 잃어버리고 중심이 있는 삶을 다시 찾을 수 있다는 식으로 설명했다. 다시 말해, 우리가 우리의 개성을 놓아 버릴 때, 우리 자신에게로 돌아오게 된다는 말이다. 그러면 이제 우리의 집착에서 벗어나 우리가 태어날 때 입도록 주어진 바로 그 옷으로 더 온전하고 더 충만하게 뻗어 나갈 수 있게 된다.

결론

1993년, 나는 처음으로 중재를 할 수 있는 특권을 얻었다. 내가 맡은 바로 그 첫 번째 사건에서, 나의 역할은 주로 공동중재자가 당사자 간의 대화를 이끌어가는 과정을 지켜보는 관찰자였다. 이 사건은 피해자-가해자 사건으로, 법원이 법정 판결보다는 중재를 통해 갈등을 해결할 수 있기를 바라며 우리에게 의뢰한 사건이었다. 이 갈등에는 원칙적으로는 친구관계였던 댄과 알이라는 두 명의 남자가 연루되어 있었다. 그러나 실제로는 댄이 몇몇 친구들과 함께 정기적으로 알을 괴롭힌 사건이었다. 특히 끔찍한 경우에는 댄과 그의 친구들이 알에게 술을 먹여 알을 만취시킨 경우도 있었다. 남성들은 알을 여러 가지 위험한 자세로 눕히고 그 상태에서 알의 사진을 찍었다. 그 후 며칠 동안 남성들은 이 사진을 알에게 보여주며 조롱하고 욕설을 퍼부었다. 알은 겁에 질렸고 부끄러웠다. 깊은 고통에 빠진 그는 댄과 그의 친구들에게 욕설을 퍼부으며 댄의 재산을 일부 부수었다. 재빨리 사진을 숨긴 뒤 그들은 경찰에 신고했다. 알은 너무 부끄러워서 자신의 입장을 말하지 못했다. 결국 알은 댄의 재물손괴 혐의로 기소되었다.

알은 중재가 시작될 때까지 사건 경험에 대해 침묵을 지키며 경찰이나 중재자인 우리에게도 무슨 일이 있었는지 말하지 않았다. 중재 세션이 진행되는 동안 뭔가 잘못되었다는 것이 분명하게 드러났다. 댄은 대범했고 "모든 것을 놓아 보내줄" 준비가 되어 있었다. 반면에 알은 눈에 띄게 불편해 했다. 공동중재자와 나는 잠시 휴식을 취한 후, 알을 개별적으로 만났고, 이어서 댄을 만났다. 알과의 대화에서 마침내 뭔가 일어났던 큰 이야기가 드러나기 시작했다. 알은 펑펑 울었다. 보통의 중재였다면 우리는 알에게 중재실에서 자신의 입장을 말하도록 초대했을 것이다. 그러나 이 사건에서 알은 준비가 되어 있지 않았고 그렇게 하는 것이 안전하지 않다고 느꼈다. 그래서 알의 허락을 받아 사건을 법원으로 돌려보냈는데, 이번에는 각 당사자의 관점에서 발생한 사건의 큰 줄거리를 자세히 설명하는 메모를 첨부했다. 당사자 간의 해결에 기여하지 못한 중재는 "실패한 것"이라고 주장할 수도 있지만, 알이 마침내 자신의 이야기를 경청할 만큼 관심을 가진 누군가에게 자신의 입장을 공유할 수 있었다는 점에서 중재는 성공적이었다.

알과 댄의 이야기는 학대로 점철된 비극적인 이야기이다. 사람들은 두 사람이 매우 다른 방식으로 서로를 방어하기 시작했다고 주장할 수도 있다. 두 사람이 만나기 전부터 알은 자신의 사회적 능력과 지위에 대해 깊은 수치심을 느끼고 있었다. 그는 외로웠고 댄과 그의 친구들의 표적이 될 수 있다는 두려움에 시달렸다. 댄은 알을 무시하고 허세를 부리는 태도로 보아, 우리는 그가 친구들은 물론 그 누구에게도 보이고 싶지 않은 깊은 수치심을 감추고 있다고 추측할 수밖에 없다.

댄과 알이 다시 자신에게로 돌아가기 위해 필요한 것은 무엇이었을까? 나는 두 사람과 이 질문에 대답할 기회가 없었지만, 아마도 우리는 우리 자신을 그들의 입장에 놓고 생각해 볼 수 있을 것이다. 알과 같은 편에 서서 댄을 거부하고, 우리 자신을 알과 함께 선한 편에 놓은 뒤, 댄을 포함한 나쁜 사람들을 거부하고 싶은 유혹이 있을 수 있다. 하지만 이 책이 말하려는 조언은 우리를 다른 방향으로 데려간다. 우리는 알이나 댄의 인생 이야기를 공유하지 않을 수도 있지만, 우리는 모두 하나라는 점에 있어서 댄과 알의 여정은 우리 내면에도 반영되어 있다. 알과 댄처럼 우리도 방어적 자아에 우리의 집을 짓고 살아왔다. 댄과 마찬가지로 우리도 다른 사람들에게 해를 끼쳤고, 세상을 "안에 있는 사람"과 "밖에 있는 사람"으로 나누었으며, 때로는 직접적으로, 때로는 우리가 참여하는 더 큰 사회 시스템을 통해 우리와 다른 사람들을 부끄럽게 만들었다. 갈등의 상대방으로서 우리 역시 피해를 입어왔고, 우리 역시 고통을 호소할 정도로 피해를 입어왔다. 알처럼 우리도 때때로 고통을 숨기고, 마침내 더 이상 참을 수 없을 때까지 고통을 내면으로 돌리기도 했다. 이런 일이 발생할 때, 과연 우리는 어떻게 다시 자기 자신으로 돌아올 수 있을까?

우리 앞에는 우리 각자가 선택할 수 있는 길이 놓여 있다. 그 길은 용의 비늘을 겹겹이 벗겨내야 하는 것처럼 결코 쉬운 길이 아니다. 시간이 지남에 따라 우리를 가두는 비늘을 사랑하게 되었기 때문에 이를 제거하는 데는 큰 고통이 따른다. 처음에는 비늘이 우리를 보호해 주었고, 시간이 지나면서 비늘은 우리에게 편안함도 가져다주었다. 우리가 걷도록 요청받은 길은 우리에게 비늘을 제거하는 위험을 감수하라고 요구한다. 우리의 마음으로 가는 길, 기쁨의 가능성으로 이어지는 이 길은 희망으로 가득 차 있다. 우리는 이 길을 혼자 걷도록 되어 있지 않다. 우리가 눈을 뜨면 우리를 앞으로, 다시 삶으로 인도할, "너는 내 사랑하는 자, 내가 기뻐하는 자"라고 우리를 부르는 하나님의 음성을 들을 수 있는 곳으로 우리를 끌어당길 준비가 되어 있는 손이 우리를 향해 뻗어 있는 것을 볼 수 있다.

이제 벽이 무너지기 시작한다. 우리는 방어적 자아의 거짓말을 보게 되고, 우리가 입도록 주어진 서술적 자아라는 외투의 유쾌한 중립성을 보게 되며, 이전에는 볼 수 없었던 연민의 눈으로 상대방을 보게 된다. 우리 사이의 관계 공간에 안개가 걷히기 시작한다. 이제 우리는 자신과 타자 모두가 다시 숨 쉴 수 있는 공간을 만듦으로써 이 공간을 치유하는 완전히 새로운 방법을 분별할 수 있게 되었다.

역자 후기

돌봄에는 자기 돌봄, 서로 돌봄, 공동체 돌봄이 있다. 이들은 따로 존재하는 듯하지만, 모두 연결되어 있어 어느 것 하나 소홀히 할 수 없고, 소홀히 해서도 안된다. 약 7년 전, 자기 돌봄에 관심이 많던 나는 캐나다 워털루대학교에서 열린 바운더리 워크숍과 갈등전환 워크숍에 참여했다. 20여 명이 모여 사람과 사람 사이에는 보이지 않는 관계를 이해하고 다루는 워크숍이었다.

'바운더리'란 각 사람이 갖고 있는 사적공간이자, 마땅히 존중받아야 하는 경계선을 말한다. '어떻게 하면 우리 사회에서 매일 경험하는 사람 사이의 긴장이나 갈등을 좀 더 잘 이해할 수 있을까?'라는 기본적인 질문에서 시작하여 '어떻게 하면 나를 지키면서 다른 사람들에게 휘둘리지 않을 수 있을까?' '어디까지가 나이고 어디까지가 내가 아닌가?'라는 정체성 관련 질문에 이르기까지 불분명하던 내 안의 수많은 질문에 대한 궁금증이 풀리기 시작했다. 어느 순간부터인지 알 수는 없으나 워크숍 참여 이후부터 바운더리와 갈등전환은 내게 말을 걸어오기 시작했다. 이들은 내가 누구이며, 어디로 가야 하는지, 그리고 일상을 어떻게 살아야 하는지를 폭넓게 이해하는 기본 개념으로 자리하게 되었다. 그때 워크숍 현장에서 만난 탁월한 강사이자 퍼실리테이터가 바로 이 책의 저자 베티 프리스다.

캐나다에서 한국으로 돌아와 '건강한 관계를 세우는 바운더리 워크숍'을 진행했다. 시간이 흐르면 흐를수록 바운더리와 갈등전환을 쉽게 알려주면서도 관계에 대한 갈증을 시원하게 해소해 줄 샘물과 같은 자료가 있으면 좋겠다는 생각을 하게 되었다. 그러던 차에 이 책『관계 공간』을 만났다. 읽고 또 읽다가 이 책을 한국 사회에 소개하면 좋겠다는 앞선 마음을 모른 체하지 않고 덜컥 번역을 시작했다.

이 책의 저자 베티는 조직과 리더의 성장을 돕는 컨설팅 에이전시인 크레덴스앤코Credence & Co.의 설립자이자 CEO다. 베티는 캐나다뿐만 아니라, 미국과 유럽을 다니면서 건강한 바운더리 세우기, 갈등전환의 이해와 실천, 양극화 이슈 다루기 등을 주제로 수많은 강의와 워크숍을 진행해 온 이 분야 최고 전문가로 잘 알려져 있다. 이 책『관계 공간』에는 저자가 지난 약 30년 동안 코칭, 중재, 훈련, 퍼실리테이션, 컨설팅 전문가로서 걸어온 삶의 거의 모든 것이 들어있다. 저자는 개인과 일터와 가족 구성원으로서 일상에서 자주 만나게 되는 반갑지 않은 갈등이라는 손님을 어떻게 대해야 하는지 직접 현장에서 만난 사람들의 이야기와 사례를 독자들에게 들려준다. 이 책에는 수많은 질문, 사례, 소통 기술들이 가득 들어있다. 그러기에 독자들은 사람과 사람 사이에 보이지 않는 관계 공간을 이해하기 쉽게 그려볼 뿐만 아니라, 자신의 일상에 적용해 볼 수 있는 수많은 힌트, 통찰, 지혜를 얻을 수 있을 것이다.

비단 실제적인 도움을 얻을 수 있는 도구들뿐만 아니라, 갈등에 대한 이론적 토대로서 갈등의 삼각관계, 인간의 욕구, 세 종류의 자아를 탐구하고 전환적 실천을 감행하도록 안내한다. 더 나아가 적극적 돌봄의 방식으로 자기 성찰 및 영성 탐구의 여정으로 독자들을 안내한다. 그런 의미에서 이 책은 단순히 관계 회복이나 치유를 알려주는 당장에 쓸모 있는 책일 뿐 아니라, 자신의 삶은 물론 타인과의 관계를 깊이 들여다보고 성찰할 수 있도록 두고두고 참고할 수 있는 관계학의 지침서나 영적 가이드북으로도 기능할 것이다.

이미 바운더리와 갈등전환 분야의 탁월한 전문가로 정평이 나있는 베티 프리스의 한국 방문을 맞아 책을 출간하게 된 것은 우선 독자들에게는 엄청난 선물이 될 것이며, 역자들에게는 큰 특권이라 생각한다. 이 책의 출간을 제안했을 때, 바쁜 일정을 미뤄두고 흔쾌히 작업해 주신 비공의 배용하 대표에게 먼저 감사드린다. 더불어 공동번역자로 기꺼이 동참해 주신 한승권 선생님과 번역 원고를 읽어주신 정지윤 선생님께도 머리 숙여 감사드린다.

바라기는 이 책이 지역사회의 활동가들은 물론 대학, 의료 조직, 정부 조직 및 기업과의 업무에 통찰력을 얻고자 원하시는 분, 기술 및 조직 관련 분야에서 서로에 대한 배려 및 퍼실리테이션 기술 등 독특한 지혜를 얻기 원하시는 분, 기본적인 갈등 이해 및 갈등 전환, 갈등 소통 기술, 공동체의 소속감, 바운더리 등을 주제로 삶의 혜안을 얻기를 원하시는 분들에게 가닿으면 좋겠다. 이 책이 누군가의 손안에 들려지면, 삶의 이정표로 자리할 만큼 아주 좋은 선물이 될 것이라 확신한다.

우리는 지금, 그 어느 때보다 자기 돌봄이 간절한 시대를 살고 있다.

이 책이 나와 너 사이의 공간을 들여다보는 데 도움을 줄 뿐만 아니라, 우리에게 필요한 돌봄의 차원이 자기 돌봄에 머무르지 않고, 서로 돌봄과 공동체 돌봄의 차원으로 확대되면 좋겠다. 늘 그렇듯이 번역만큼 최고의 배움은 없을 것이라 생각한다. 그런 의미에서 이 책의 최대 수혜자는 독자들보다 조금 먼저 책을 집어든 역자가 아닌가 하는 생각을 떨칠 수 없다.

김복기

한국어판 책을 환영하며 2025년 새해 벽두에